• 经济管理学术文库 •

盈余管理影响因素研究
——公司治理视角

Study on Influencial Factors of Earnings Management:
A Perspective on Corporate Governance

王生年 著

经济管理出版社
ECONOMY & MANAGEMENT PUBLISHING HOUSE

图书在版编目（CIP）数据

盈余管理影响因素研究：公司治理视角/王生年著．北京：
经济管理出版社，2009.5
ISBN 978 - 7 - 5096 - 0621 - 6

Ⅰ. 盈… Ⅱ. 王… Ⅲ. 上市公司－企业利润－研究－
中国 Ⅳ. F279.246

中国版本图书馆 CIP 数据核字（2009）第 070634 号

出版发行：**经济管理出版社**

北京市海淀区北蜂窝 8 号中雅大厦 11 层

电话：（010）51915602　　邮编：100038

印刷：北京银祥印刷厂	经销：新华书店
组稿编辑：曹　靖	责任编辑：曹　靖
技术编辑：杨国强	责任校对：陈　颖

720mm×1000mm/16	10.75 印张　　201 千字
2009 年 5 月第 1 版	2009 年 5 月第 1 次印刷

定价：25.00 元

书号：ISBN 978 - 7 - 5096 - 0621 - 6

序

　　会计信息是具有经济后果的，自从会计信息作为由企业内部向外部传递经济讯号的媒介以来，盈余管理就与之形影相随。而在证券市场日益发达的今天，由于现实的、潜在的投资者与债权人及其他利益相关者的数目急剧膨胀，会计信息的使用者越来越多，正如吴水澎教授所指出的："就会计信息使用者而言，若不加限定的话，则确有不胜枚举之感，诸如投资者、债权人、有关政府管理部门（如财政部门、税务部门、工商行政管理部门、统计部门、物价管理部门、行业管理部门等）、管理当局、雇员、供应商、客户、证券经营机构、经济研究机构、新闻机构等皆可视为会计信息使用者。"在这样的背景下，会计信息的经济后果无疑变得越来越突出。当证券市场传达的会计信息是经过了一定的盈余管理时，会计信息使用者以这种会计信息作为决策依据，就会导致严重的不良经济后果，我国上市公司一系列盈余管理事件已经为我们做了诠释。可以预见，随着证券市场对市场经济建设的作用日益增大、与社会公众经济生活的利益联系日益密切，人们对中国股票市场的发展越来越关注，对会计信息质量的要求也越来越高，盈余管理问题日益成为一个具有广阔前景的学术研究领域。盈余管理是现实中存在的一种具有重大经济后果，并严重误导会计信息使用者的会计问题，但它又不完全是一个会计问题，它是由众多因素，包括经济因素、管理问题等导致的。盈余管理的对象是会计数据，会计数据来源于会计信息系统，会计信息系统一方面是联系公司治理系统和公司管理系统的纽带，是公司治理系统和管理系统得以正常运转的基础；另一方面，会计信息系统的完善及其作用的发挥也离不开企业内部科学严密的组织管理和公司治理结构对其的引导和控制，二者之间形成相互影响、相互制约的关系。因此，跳出会计视野、从公司治理的视角审视盈余管理问题，并最终回到治理上市公司盈余管理的现实中来，无论在国际还是国内都处在前沿性和创新性研究阶段，尤其是当前盈余管理在国内外产生一系列不良经济后果之际，从公司治理视角研究上市公司盈余管理的影响因素无疑在理论上和实践上都具有非常重要的意义。

　　本书以盈余管理动机为线索，以我国沪深股市上市公司为样本，从公司内部治理结构和外部治理机制的视角，对影响盈余管理的公司治理内部因素和外部治理机制进行了理论与实证分析；探索了公司治理结构中股权结构、董事会特征、监事会特征、管理层激励、资本市场、经理人市场、产品竞争市场、审计市场、机构投资者等内外部公司治理因素对盈余管理行为的影响，并提出了相应的政策建议。与我所知的其他相关文献相比，本书的主要贡献在于：①发展了盈余管理的理论模型，运用博弈论的方法将公司治理的内外部因素引入盈余管理模型，有助于从理论上认识管理者管理盈余的动机；②提出了新的盈余管理计量模型——现金流收益模型，在盈余管理计量模型中引入了现金流、收益与费用，经过比较和检验，对我国上市公司盈余管理有更好的检测效力，为后续的盈余管理研究提供了新的计量方法；③系统全面地考查了公司内外部治理结构对盈余管理的影响，克服了已有研究只关注公司内部治理某一方面因素对盈余管理影响研究中遗漏变量的问题，得到的结论更具一般性；④多层次考查了公司外部治理机制对盈余管理的影响，特别是引入了制度环境变量，检验了我国各地区不同的市场化进程对盈余管理的影响，同时以公司治理理论为基础，较为全面地考查了控制权市场、经理人市场、产品竞争市场、债权人治理、审计市场与机构投资者等公司外部治理因素对盈余管理的影响，拓展了盈余管理研究的范围。

　　纵观全书，主要特色在于：①研究视角新颖。本书超越了就会计论会计的习惯思维模式，从根源上寻找我国上市公司盈余管理的影响因素，从而为根本上解决盈余管理问题找到了一条有效的途径。②文献梳理准确到位。作者占有的国内外文献相当丰富，为其研究盈余管理的影响因素奠定了坚实的基础，也从侧面很好地印证了其选题的价值。③理论分析与实证研究相结合，比较可靠地揭示了我国上市公司盈余管理的公司治理影响因素，这为从公司治理视角治理我国上市公司盈余管理提供了逻辑支撑与实证支持。④结构合理，主题突出。本书理论分析主题突出，实证分析资料翔实，层层解剖，旁征博引，分析透彻，为治理我国上市公司盈余管理提供了很有价值的理论参照和实践指导。

　　上述特色无疑大大提高了本书的理论贡献和实践价值，但任何一项研究都有其不完善之处，本书也不例外。诚如作者所言，由于本书的研究样本期间跨度是 1998 ~ 2006 年，没有考虑 2001 年会计制度变革可能带来的会计数据可比性问题，可能会影响到研究结论的可靠性。另外，由于我国上市公司治理数据披露从 1999 年开始，并且披露内容与方式随意性较大，导致上市公司治理数据缺失较多。我国注册会计师协会从 2002 年才开始披露会计师事务所排名情况，同时受限于各地区市市场化指数披露的情况，本研究所取的时间窗口较短，样本数量较少，也可能会影响到研究结论的一般性。在我国短暂的实证研

究历史和少有成熟成果可资借鉴的情况下，这些问题在所难免。相反，从本书
严谨的推理、严格的实证、实事求是的分析，体现了作者扎实的理论功底、较
强的汲取新知识的能力、严谨的治学作风、较高的研究能力和一定的创新精
神。综合而言，瑕不掩瑜。本书在国内仍堪称一本从公司治理视角系统研究盈
余管理现象及其治理的高水平专著。

　　"千里之行，始于足下"。本书虽然在上市公司盈余管理研究方面取得了
一定的创新，但由于上市公司盈余管理源于不同利益相关者的利益冲突，其存
在的基本条件是契约摩擦和沟通摩擦。在现代市场经济中，不可能完全消除利
益冲突、契约摩擦和沟通摩擦，从而也就无法透过法律、规则和人力完全消除
上市公司的盈余管理行为。学海无涯，希望作者继续努力，百尺竿头，更进一
步，将盈余管理治理的研究继续推向深入。我也衷心祝愿作者在其学术研究领
域，心有所得，学有所成。作为王生年的导师，对其所取得的成果颇感欣慰，
乐于命笔，撰授此序。

秦江萍

2009 年 4 月 3 日于北京

目　录

第一章　导　论

第一节　选题背景与研究意义

20 世纪 90 年代以来，随着我国证券市场的逐步兴起与蓬勃发展，股票市场作为市场经济的重要组成部分已经渗透到社会政治、经济生活的各个方面。作为国民经济发展的晴雨表，证券市场对我国宏观和微观经济的影响愈来愈大，已经成为社会资源配置的重要渠道。资本市场发挥资源配置基础作用的主要依据是上市公司披露的会计信息，其中，盈余信息又处于核心地位。会计信息披露不仅是投资者进行投资决策的依据，也是建立公开、公平、公正股票市场的根本前提。因此，上市公司报告的会计盈余是投资者、管理者、债权人等利益相关者关注的焦点，也是连接投资者与上市公司的重要纽带。

虽然我国股票市场正在逐步走向规范化和理性化，但由于起步较晚，各项法规制度还不健全、不完善，信息不对称现象普遍存在，会计准则所具有的灵活性以及对会计信息披露的监管不足都给盈余管理手段的运用提供了空间，导致了证券市场上一系列的会计信息失真现象。引起我国上市公司会计信息失真的重要原因是盈余管理被滥用，上市公司过度盈余管理的行为误导了投资者和其他会计信息使用者的决策。前美国证监会主任委员 Arthur Levitt 批评美国公司的盈余管理为"数字游戏"。他指出，许多公司的财务报告游走于合法与非法边缘的灰色地带，会计原则被滥用，经理人美化账面，使盈余的报道"反映管理层的愿望，而非公司的实际绩效"。上市公司的盈余管理行为，可能会导致严重的经济后果。一方面，由于盈余管理导致的会计信息失真，使得质量低下、缺乏竞争能力的上市公司与真正业绩优良的上市公司鱼龙混杂，优劣难辨，误导投资者的决策，损害广大中小投资者的利益，破坏证券市场资源优化配置功能的发挥。另一方面，进行了盈余管理的公司如果股价处于高位而又缺乏实质性的业绩支撑，容易产生巨大泡沫，加大市场风险，甚至影响投资者对公开披露的会计信息的信任度，危害证券市场的稳定和发展。由此可见，盈余管理已是一个令全球投资者和政府关注但一直未能有效解决的重要问题。在我国，随着资本市场的日益发展和上市公司的大量出现，上市公司的盈余管理问题对证券市场的影响愈来愈严重，已成为我国社会经济发展，尤其是证券市场发展的一大隐患，使得资本市场优化资源配置的功能难以实现，严重危害了资本市场的健康有序发展。要解决我国目前会计失真问题并促使资本市场健康发展，就必须对盈余管理这一问题进行分析与研究。

我国上市公司存在盈余管理行为的原因在于现行会计报告系统中公认会计原则还存在不少局限性，为企业的管理当局留有许多盈余管理的机会。同时，不确定的经济交易和会计事项也越来越多，对这些不确定经济交易和会计事项进行职业判断也越来越困难。因此，只要应计制会计存在，从根本上杜绝盈余管理几乎是不可能的。实际上，盈余管理不仅仅是一种会计行为，更多的是一种管理行为，要想控制盈余管理就必须从根源上寻找原因。在现代公司制下，公司治理的主要目的是解决委托代理关系中信息不对称和利益冲突问题，而企业的会计盈余又是委托代理关系中各方利益主体关注的焦点，所以盈余管理问题也是公司治理需要解决的关键问题，我国上市公司治理结构的缺陷已经成为导致盈余管理问题的最根本原因。盈余管理的对象是会计数据，会计数据来源于会计信息系统，会计信息系统一方面是联系公司治理系统和公司管理系统的纽带，是公司治理系统和管理系统得以正常运转的基础；另一方面，会计信息系统的完善及其作用的发挥也离不开企业内部科学严密的组织管理和公司治理结构对其的引导和控制，二者之间形成相互影响、相互制约的关系。因此，将盈余管理的责任仅仅归结到会计人员身上，让会计人员独自承担维护会计信息真实性的社会责任是不公正的，也是不现实的。研究盈余管理必须跳出会计视野，寻找导致公司盈余管理行为产生的内在激励机制和外部监督原因，明确各方在保证会计信息公正性中的责任，才可能达到从根源上治理盈余管理的效果。

公司治理可以分为内部治理结构和外部治理机制。公司内部治理结构是公司治理的核心，内部治理结构的不合理是盈余管理产生的重要的内在环境。公司治理作为企业有关控制权与剩余索取权的一种制度安排，其内在逻辑就是通过制衡，实现对代理人的约束与激励，从而影响盈余管理的程度与频率，影响利益相关者和企业组织目标的实现，公司治理的框架决定了管理者盈余管理的动机、行为方式和经济后果。国内众多上市公司频频事发，或者由于公司管理层采用种种手段对公司盈余进行管理，误导投资者行为；或者利用大股东的隧道行为损害中小投资者的利益。我国上市公司虽然也建立了现代公司制度，公布了《上市公司治理原则》，建立了独立董事制度，但在实践中并没有发挥出应有的作用。

公司内部治理结构中股东与管理者是一种典型的委托代理关系，由于委托人与代理人之间利益的不一致，信息不对称以及委托代理契约的不完备性和刚性，管理层有可能为了自身利益而采取机会主义行为，利用盈余管理等手段使其自身效用最大化，而委托人却很难监督和约束代理人。为了解决委托人与代理人之间的利益冲突以及信息不对称所带来的道德风险问题，在委托人无法了解代理人努力程度的情况下，为了使二者的目标趋于一致，通常采用一系列报酬契约作为激励机制。显然这种以会计盈余信息为核心的契约，使管理层具有盈余管理的动机，而应计制会计下盈余管理的不可肃清又为盈余管理提供了可能，最终由于管理层的盈余管理行为，引起了契约合作方的利益冲突。因此，为了减少自利型盈余管理对股东利益的损害，必须通过建立和完善公司内部治理结构，加强对管理层的激励与约束机制，使管理层的盈余管理行为以企业组织目标为导向，实现经理人利益与组织利益的均衡。

公司外部治理中资本市场的存在使得盈余管理成为管理层披露内部信息的工具。公开披露的会计盈余信息成为外部投资者据以进行投资决策的重要信息来源，并且对股价产生直接影响，股价变化又会影响投资者的信心和企业的形象。当公司因管理不良导致业绩和形象恶化时，股东会抛售或寻机转让公司股票，股价下跌，公司从证券市场融资的成本会提高，这时会有新的投资者通过收购公司股票或收集其他股东的代理权来接管公司的控制权，并调整董事会和管理层。接管市场形成的对不良管理层进行替代的持续威胁是外部治理中最有效的形式。但接管市场一方面促使企业努力提高经营业绩，另一方面又促使管理层有利用盈余管理达到不被接管的动机。理性的经理人都希望有一个较高的市场价值，这样在订立委托代理契约时就会得到较高的个人效用，经理人市场的存在会激励经理人员为了自身的市场价值而努力使其所服务的企业价值最大化。由于会计报告盈余是评价企业经营重要的指标，因此代理人之间的竞争就会影响到企业报告中盈余的信息含量，代理人有可能利用盈余管理，使得企业所报告的盈余能最大限度地满足其目前的竞争态势。

公司治理作为一种制度安排，在很大程度上会影响盈余管理的程度与频率，进而影响利益相关者和企业组织目标的实现，因此探讨盈余管理与公司治理的关系及其相互影响方式，在公司治理的框架内，对盈余的产生、报告和分配过程进行激励、监督和制衡，从而解决信息不对称和利益冲突问题，对盈余管理的治理具有深远的意义。本书正是基于这样的目的，希望通过对我国上市公司盈余管理行为的理论分析，结合实证研究，发现影响盈余管理的内部和外部治理因素，解决委托人与代理人间的信息不对称和利益冲突问题，为改善上市公司的内部治理结构与外部治理机制提供理论依据和政策建议，同时也对上市公司盈余管理行为的理论解释进行新的尝试。

综上所述，本书研究的目的在于：

(1) 通过实证研究揭示公司内部治理结构对盈余管理的影响。在经历了银广夏等一系列经济丑闻的冲击之后，对国内财务丑闻的反思最终几乎都指向了对公司内部治理结构的反思——公司法人治理结构、股权结构、董事会制度、管理层激励，等等。面对这样的情况，需要对公司内部治理结构对盈余管理的影响进行全面的研究，揭示它们之间的关系，为完善公司内部治理提供理论依据。

(2) 通过实证研究揭示公司外部治理机制对盈余管理的影响。影响公司外部治理机制有效性的因素很多，如资本市场、经理人市场、产品竞争市场、审计市场、债权人治理、机构投资者等。公司外部治理机制的有效性，会直接影响对盈余管理监督的有效性，需要对公司外部治理环境对盈余管理的影响进行全面的研究，揭示它们之间的关系，为进一步的制度改革进行理论探索。

研究盈余管理的目的，一方面是揭示管理层进行盈余管理的经济行为；另一方面是为会计准则的制订者和监管者提供理论依据，从而有针对性地推出有效的规则对盈余管理行为进行管制，达到保护投资者利益，维护证券市场的有效运行，实现资源有效配置的目的。随着公司治理的改善，有的治理因素对盈余管理行为有制约作用，如董事会特征中独立董事的比例、外部董事的比例、审计市场的完善等；也有一些治理因素对盈余管理行为有激励作用，如股权结构、管理层激励、经理人市场、控制权市场等。要发现这些因素对盈余管理的影响程度，必须通过对影响因素的实证研究，同时结合经济学分析，才能揭示盈余管理行为的动机，继而为治理上市公司盈余管理行为提供理论参考。

第二节　研究内容与框架

本书以盈余管理动机为线索，从公司治理的内部治理结构和外部治理机制出发，探索影响盈余管理的公司治理因素。首先，对国内外盈余管理的文献进行梳理，在此基础上构建了盈余管理影响因素的理论模型。其次，回顾了盈余管理的计量方法，并对盈余管理计量模型进行了分析比较，提出了新的盈余管理计量模型。再次，对影响盈余管理的公司治理内部因素和外部治理机制进行了实证研究，分析了公司治理结构中股权结构、董事会特征、监事会特征、管理层激励、资本市场、经理人市场、产品竞争市场、审计市场、机构投资者等内、外部公司治理因素对盈余管理行为的影响。最后，对全书的主要结论、不足与未来研究方向进行了总结。

第一章是导论。阐述了本书的选题背景与研究意义，明确了研究内容与框架、研究方法与技术路线，最后总结了本书的特色与可能的创新。

第二章是文献综述。通过对已有成果的回顾与梳理，掌握盈余管理研究的最新成果。经过分析研究，寻找本书研究的方向与角度，明确可能的创新点。

第三章是盈余管理与公司治理的理论透视。对盈余管理与公司治理的相关理论进行了梳理，运用委托代理理论和信息不对称理论对盈余管理动机进行了阐释，并从公司内部治理结构与外部治理机制两个方面探讨了不同公司治理模式对盈余管理行为的影响。

第四章是盈余管理的理论模型。运用博弈论和信息经济学的方法，以报告盈余分布的不连续现象为出发点，构建了盈余管理的基本模型，对管理者报告盈余的动机进行了理论分析。在此基础上，将公司内部治理因素和外部治理因素引入模型，探讨了公司内、外部治理因素对管理者盈余管理行为的影响。

第五章是盈余管理计量方法。在回顾整理了盈余管理的计量方法的基础上，提出了现金流收益调整的盈余管理计量模型。将 6 个国内外常用模型对盈余管理的检测效力进行了比较研究，新模型对盈余管理的检测效力与稳定性得到了检验。

第六章是公司内部治理结构对盈余管理的影响。分别从股权性质、管理层激励、董事会特征与监事会 4 个方面选取了 14 个公司内部治理的特征变量，用现金流收益模型计算操控性应计利润，采用多元回归分析等计量手段，实证检验了影响盈余管理的公司内部治理结构因素。

第七章是公司外部治理机制对盈余管理的影响。分别从制度环境、市场竞争、利益相关者监控与中介市场出发，选择了 15 个公司外部治理特征变量，运用实证研究方法，对这些因素与盈余管理之间的关系进行了研究。研究结论对于优化我国上市公司内部治理结构，完善外部治理环境，抑制过度盈余管理行为，提高会计信息质量具有理论和实践意义。

第八章是总结与展望。总结了全书的主要研究结论，以及研究的不足之处，并对未来的研究方向进行了探讨。

本书的研究框架如图 1.1 所示。

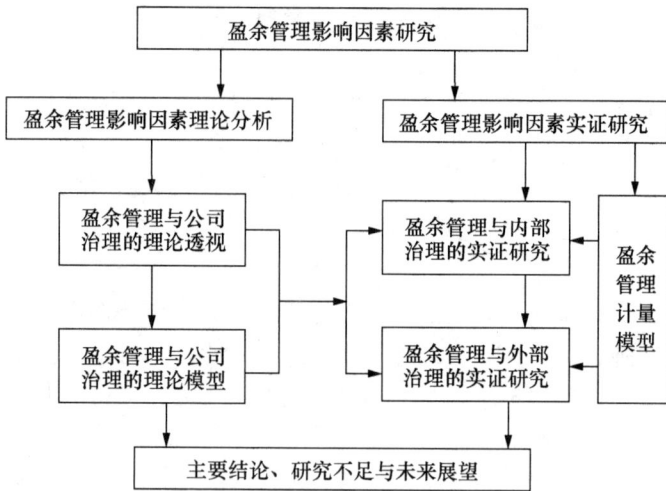

图 1.1　本书的研究框架

第三节　研究方法与技术路线

本书的研究采用了理论分析和实证研究相结合、定性分析与定量研究相结合的研究方法。构建了盈余管理、公司内部治理结构、公司外部治理机制之间的分析框架，针对我国上市公司的盈余管理，首先采用博弈论及信息经济学方法对盈余管理的动因及内、外部治理机制对盈余管理的影响进行了理论分析，在此基础上进行了三项重要的实证研究：盈余管理计量模型及盈余管理行为存在性检验；公司内部治理结构对盈余管理的影响；公司外部治理机制对盈余管理的影响。

第四节　本书的特色与创新

本书全面系统地研究了公司内部治理结构与外部治理机制对盈余管理的影响，可能在以下几个方面有所贡献：

（1）在盈余管理与公司治理关系进行理论分析的基础上，运用博弈论与信息经济学的方法，构建了盈余管理的理论模型，并分别引入了公司内部治理因素、外部治理因素，得到了管理者报告盈余的最优策略。最后引入了内、外部治理因素的综合作用，给出了管理者报告盈余的均衡解，从理论上分析了内、外部治理机制对管理者盈余管理行为的影响，有助于从理论上认识管理者报告盈余的动机，揭示盈余管理与公司治理的内在联系。

（2）现有研究对盈余管理的检验大多采用 Jones 模型或修正的 Jones 模型。本书在对盈余管理计量模型文献进行研究的基础上，提出了盈余管理计量的新模型——现金流收益模型。在传统的盈余管理计量模型中引入了现金流、收益与费用，经过比较和检验，新模型在计量我国上市公司盈余管理方面的能力要优于现有模型，对我国上市公司盈余管理具有更好的检测效力，为后续的盈余管理研究提供了新的计量方法。

（3）从现有的研究来看，盈余管理与公司内部治理关系的实证研究，多局限于单项的研究，如股权结构与盈余管理、董事会特征与盈余管理等。这些单项的研究虽然也取得了一定的成果，但由于各影响因素的研究是分割的，并不能全面反映公司内部治理结构对盈余管理的治理效应。本书构建了一个较为完整的模型，系统全面地考查了公司内部治理因素对盈余管理的影响，消除了已有研究只关注公司内部治理某一方面因素，而对盈余管理的影响研究中遗漏变量的问题，得到的结论更具一般性。

（4）本书多层次考查了公司外部治理机制对盈余管理的影响，特别是引入了制度环境变量，检验了我国各地区不同的市场化进程对盈余管理的影响，同时以公司治理理论为基础，较为全面地考查了控制权市场、经理人市场、产品竞争市场、债权人治理、审计市场与机构投资者等公司外部治理因素对盈余管理的影响，拓展了盈余管理研究的范围。

第二章 文献综述

盈余管理是实证会计研究的一个重要领域，对它的研究有助于完善会计准则制定，减少会计信息失真。近年来盈余管理作为财务信息披露和公司治理的热点问题受到了中外会计学者的广泛关注。尤其在我国，由于公司治理结构不完善，监管制度不健全，上市公司通过盈余管理损害投资者利益的情况屡屡发生，凸显了研究这一问题的迫切性。我国的盈余管理实证研究虽然刚刚起步，但已经取得了一些成果。本章拟从公司治理的角度出发，对国内外盈余管理的实证研究及其发现进行回顾，以期为后续的研究提供理论基础。

第一节 盈余管理与公司治理的概念

一、盈余管理的概念界定

Schipper（1989）在《盈余管理述评》（*Commentary on earnings management*）一文中，最先提出了盈余管理（Earnings Management）的概念。该文对1989 年以前的盈余管理研究进行了总结，阐述了企业进行盈余管理的目的、盈余管理产生的必要条件以及盈余管理的实证检验三个问题。Schipper 将盈余管理定义为：公司管理当局对财务报告处理过程的干涉，其目的是为了获得私利，而不是为了保持财务报告处理过程的中立性。值得注意的是，该定义将盈余管理限定在对外财务报告的处理过程中，没有包括诸如管理当局影响或游说会计准则制定机构进行会计准则的制定或修改的活动。

Scott（1997）在《财务会计理论》（*Financial accounting theory*）一书中对盈余管理做了如下定义：假定经营者可以在一系列的会计政策中自行选择，很自然地他们会选择那些使自身效用或公司市场价值最大化的会计政策，这就是盈余管理。显然，Scott 在定义的时候并没有考虑到通过构造真实交易进行盈余管理的情况。

Healy（1999）在《盈余管理研究述评及其对准则制订者的意义》（*A review of the earnings management literature and its implication for standardsetting*）一文中对盈余管理的定义进行了扩展。在文中，作者将盈余管理定义为：盈余管理发生在管理当局运用职业判断编制财务报告以及管理当局通过构造交易事项变更财务报告时，其目的是为了误导股东对公司内在经济业绩的判断，或者影响那些以报告会计数字为基础的契约的博弈结果。

Dechow（2000）在《盈余管理——会计学者、职业者与管制者观点的协调》（*Earnings management: reconciling the views of accounting academics, practitioners, and regulators*）一文中对盈余管理的概念进行了深刻的分析，特别是它分析了会计学者与职业者、管制者之间对盈余管理的不同理解，在此基础上阐述了盈余管理的概念。作者首先从 GAAP 出发，将会计行为划分为欺诈性会计行为（Fraudulent Accounting）与非欺诈性会计行为（Non-fraudulent Accounting）。对于非欺诈性会计行为，根据会计行为特性将其分为谨慎会计（Conservative Accounting）、中立会计（Neutral Accounting）与激进会计（Aggressive Accounting）。

Ronen 和 Yaari（2008）在《盈余管理：理论、实践与研究的新观点》（*Earnings management: emerging insights in theory, practice, and research*）一书中对盈余管理的定义是：盈余管理是通过提前确认产品和投资收益的行为，或通过会计选择影响盈余数字以及真实的盈余实现后的解释。盈余管理是一个管理者的决策集合，该集合导致了不报告真实的、短期的、价值最大化的收益。他们认为盈余管理可能是有益的，因为它传递了长期价值的信号；也可能是有害的，因为它掩盖了短期或长期的价值；还可以是中性的，它揭示了短期真实的绩效。

国内许多会计学者围绕这几种观点，形成了关于盈余管理的不同概念。孙铮、王跃堂（1999）认为，盈余管理是企业利用会计管制的弹性操纵会计数据的合法行为。魏明海（2000）在详细分析了 Schipper 的定义之后认为，在进行学术研究时，把盈余管理定位为一个中性的概念更有意义。顾兆峰（2000）强调盈余管理是企业管理人员通过选择会计政策使自身利益最大化或企业市场价值最大化的行为。其产生有内在的动机和外部的条件。盈余管理虽然降低了企业财务报告中信息的可靠性，但是要完全消除盈余管理却是不可能也是不必要的。刘峰（2001）认为，盈余管理是在符合相关会计法律、法规、制度的大前提下，对现行制度所存在的漏洞最大限度地利用。秦荣生（2001）认为，盈余管理是指企业在有选择会计政策和变更会计估计的自由时，选择其自身效用最大化或是企业市场价值最大化的一种行为。宁亚平（2004）在分析了前人对盈余管理的定义后认为，盈余管理（Earnings Management）应有别于盈余操纵（Earnings Manipulation）和盈余作假（Earnings Fraud）。对于盈余操纵他是这样定义的：盈余操纵是指管理层使用会计手段（如在会计选择中使用个人的判断和观点）或通过采取实际行动努力使企业的账面盈余达到所期望的水平。盈余操纵包括盈余管理和盈余作假两个内容，两者既为互斥关系，又是盈余操纵的全部形式。盈余管理是指管理层在会计准则和公司法允许的范围内进行盈余操纵，或通过重组经营活动或交易达到盈余操纵的目的，但这些经营活动和交易的重组增加或至少不损害公司价值。盈余作假则是指管理层违背会计法准则和公司法进行盈余操纵，或采取损害公司价值的实际行动操纵盈余。吴联生（2005）认为从表面上看，盈余管理行为是会计规则执行者对会计规则的违背，但实质上它反映的是会计规则本身能够在多大程度上得到利益相关者的认可，盈余管理不仅与会计规则执行相关，更与会计规则制定相关。

二、公司治理的相关概念

公司治理（Corporate Governance），又称为公司治理结构或企业法人治理结构，其所要解决的是现代公司所有权和经营权分离所产生的委托代理问题。虽然对这个问题的研究已有近百年的历史，国内外学术界做了大量的研究，但是在公司治理的内涵上却是仁者见仁，智者见智，没有一个统一的定义模式，这一般是由于研究者在进行相关研究时采取的角度不同造成的。

早期有关公司治理的文献，包括 Berle 和 Means（1932）、Jensen 和 Mecklin（1976）的论述，均主要致力于解决所有者与经营者之间的关系，认为公司治理的焦点在于使经营者与所有者的利益一致，公司治理主要是解决由于所有权和控制权分离带来的股东和管理层之间的代理问题。Cochran（1988）则认为，公司治理问题包括在高级管理层、股东、董事会和其他的利益相关者（Stakeholder）的相互作用中产生的具体问题，因此构成公司治理的核心问题是：谁从公司决策与高级管理阶层的行动中受益？谁应该从公司决策与高级管理阶层的行动中受益？当"是什么"和"应该是什么"之间存在不一致时，公司治理问题就会出现。Hart（1988）的模型表明，只要以下两个条件存在，公司治理问题就必然在一个组织中产生。第一个条件是代理问题，确切地说是组织成员（可能是所有者、工人或消费者）之间存在利益冲突；第二个条件是交易费用之大使代理问题不可能通过合约解决。这里公司治理被看作一个决策机制，而这些决策在初始合约下没有明确地设定，更确切地说，公司治理分配公司非人力资本的剩余控制，即资产使用权如果没有在初始合约中详细设定的话，公司治理将决定其如何使用。Blair（1995）从狭义和广义的角度探讨了公司治理的含义，他认为从狭义上来讲，公司治理指有关董事会的功能、结构、股东的权力等方面的制度安排；从广义来讲，则是指有关公司控制权或剩余索取权分配的一整套法律、文化和制度安排。这些安排决定公司的目标、谁在什么状态下实施控制、如何控制风险和收益，如何在企业不同成员之间进行分配等一系列的问题。经济合作与发展组织（OECD）理事会1999年5月通过的《公司治理结构原则》，对公司治理结构作了更广泛的定义：公司治理结构包括公司经理层、董事会、股东和其他利益相关者之间的一整套关系；它是一种据以对公司进行管理和控制的体系；它规定了董事会、经理层、股东和其他利益相关者的责任和权力分布。这一定义既包括作为公司治理结构核心的内部治理，也包括了实现公司有效治理不可或缺的外部治理。Tricker（2000）认为，公司治理结构就是存在于公司与其成员、管理者、其他利益相关者、审计员和政策制定者之间的正式和非正式的联系、网络及结构，并且他认为公司治理结构的两个关键因素就是监督管理者的绩效和保证管理者对股东和其他利益相关主体的责任。La Porta 等（1998，1999）的研究发现现代公司的所有权结构完全不同于被广泛接受的所有权和控制权分离带来的股东和管理层之间的代理问题，当股权集中达到一定程度时，控股股东能够对企业实施有效的控制，最基本的代理问题将从投资者和经理人之间的冲突转移到控股股东和小股东之间的冲突，从而导致控股股东具有以牺牲中小股东利益为代价来掠夺公司财富的强烈动机和能力。传统的股权分散及两权分离的情景不再是现代公司所有权结构的主流状态，现代公司所有权结构中有相当一部分呈现出大股东控制型为主的特征（LLSV，2000）。

国内研究方面，吴敬琏（1994）认为，所谓公司治理结构是指由所有者、董事会和高级执行人员（即高级经理）三者组成的一种组织结构。在这种结构中，上述三者之间形成一定的制衡关系。通过这一结构，所有者将自己的资产交由公司董事会托管；公司董事会是公司的决策机构，拥有对高级经理人员的聘用、奖惩和解雇权；高级经理人员受雇于董事会，组成在董事会领导下的执行机构，在董事会的授权范围内经营企业。钱颖一（1995）提出公司治理结构是一套制度安排，用以支配若干在企业中有重大利害关系的团体，包括投资者（股东和贷款人）、经理人员、职工之间的关系，并从这种联盟中实现经济利益。公司治理结构应包括如何配置和行使控制权；如何监督和评价董事会、经理人员和职工；如何设计和实施激励机制。一般而言，良好的公司治理结构能够利用这些制度安排的互补性质，并选择一种结构来减少代理人的成本。林毅夫、蔡昉（1997）指出所谓公司治理结构是指所有者对一个企业的经营管理和绩效进行监督和控制的一整套制度安排。他们从公司内部直接控制以及通过外部竞争所实现的间接控制两个不同的角度界定公司治理，并认为内外两个角度的重心就是所有者对经营管理和绩效的监督与控制。张维迎

(1999) 认为，狭义地讲，公司治理结构是指有关公司董事会的功能、结构、股东的权力等方面的制度安排；广义地讲，是指有关公司控制权和剩余索取权分配的一整套法律、文化和制度性安排，这些安排决定公司的目标，谁在什么状态下实施控制，如何控制，风险和收益如何在不同企业成员之间分配这样一些问题。李维安（2001）认为公司治理应该从更广泛的利益相关者的角度，从权力制衡和决策科学两个方面去理解，通过一套包括正式的或非正式的、内部的或外部的制度或机制来协调公司与利益相关者之间的利益关系，保证公司决策的科学化，从而最终维护各方面的利益。宁向东（2006）认为，公司治理是一个制度形成和演进的过程，是产权明晰和资源所有者为了确立剩余分配规则、保护自己权益而进行的讨价还价过程。这个过程是在特定法律和特定交易环境中进行的，制度环境决定了不同公司治理机制的净收益，也决定了制度安排的特征和走向。

第二节　盈余管理与公司内部治理结构研究

传统的公司治理理论认为，公司的内部治理结构包括股权结构、董事会特征、管理层激励等方面，因此国内外对盈余管理的影响进行的规范研究和实证研究，多以这些因素为出发点展开。

一、股权结构

传统公司治理理论认为，公司代理问题的主要矛盾是外部投资者与管理层之间的利益冲突，被称为"贝利—米恩斯命题"（Berle 和 Means，1932；Jensen 和 Mecklin，1976）。因此，早期研究公司治理结构对盈余管理的影响主要从解决董事会与管理层之间的委托代理关系出发，探讨管理层进行盈余管理的动机。Rangan（1998）发现股票再发行期间的企业具有实施盈余管理的动力，原有股东通过提高报告盈余来影响投资者对企业价值的判断，并从股票发行中获得额外收益，盈余管理能够在很大程度上解释股票再发行后的业绩下滑，投资者没有能够及时看穿公司增发新股时的盈余管理行为，被一时蒙骗以致高价购买了股票。Teoh 等（1998）研究认为应计会计的特性使得大股东拥有较大的灵活性来决定一个时期的报告盈余，并且大股东能够控制投资支出发生的数量和时间，如提前确认通过信用销售的收入、推迟确认坏账损失等。Charme 等（2004）认为由于投资者将管理后的报告盈余作为对公司价值判断的依据，公司在发行新股过程中具有虚增报告盈余来提高融资优势的倾向，并发现公司在股票发行期间具有较高的异常应计利润，而在股票发行之后异常应计利润发生逆转，股票发行期间异常应计利润和发行之后的业绩表现之间具有反向相关关系。Leuz 等（2003）系统地研究了 31 个国家中企业的盈余管理现象，发现盈余管理的差异是由于大股东试图获取私有收益而造成的，通过盈余管理可以向外部投资者隐藏企业的真实业绩，从而形成了对外部投资者的误导和侵害，股权结构与盈余报告质量之间存在内生关系，盈余管理已经成为企业股票再发行过程中存在的普遍现象，降低了证券市场的资本配置效率，造成了控制性股东对中小投资者的掠夺和侵害。大股东通过披露错误的企业盈余信息，欺骗了投资者对投资机会和成长能力的判断，导致外部股东财富和企业价值的大幅下降（Park 和 Shin，2004）。

La Porta 等（1998，1999）的研究发现，现代公司权力结构中有相当一部分呈现出大股东控制为主的特征，盈余管理研究的重点也从原来的董事会与管理层之间的委托代理关系转向了大股东和中小投资者之间的代理关系研究。他们的研究发现股权集中度与财务报告质量负相关，大股东在一定程度上会借助失真的会计信息实现其控制和掠夺小股东财富的目的。Johnson 等（2000）认为控制性股东具有强烈的动机来掠夺公司资源以增加自身的财富，这种财富的转移被称为"隧道行为"（Tunneling），如控制性股东将从关联交易中获得利益，从而将利润转移到他控制的其他公司中去，大股东也可以通过实施非利润最大化但对大股东具有私人效用的项目来实施事实上的掠夺。Fan（2002）研究了股权结构与会计盈余信息之间的关系，发现控制权与现金流权的分离造成了控制性股东与外部投资者之间的代理冲突，控制性股东根据自己的偏好和利益来披露会计盈余信息，导致报告盈余对外部投资者来讲失去了可信性，削弱了企业报告盈余的信息含量。Haw 等（2003）研究了东亚 9 国和西欧 13 国企业大股东终极控制与盈余管理的关系，发现盈余管理的主要原因在于大股东控制权与现金流权之间的分离，法律对投资者利益的保护程度与盈余管理具有负相关关系，正式和非正式的法律制度能够制约大股东的盈余管理行为。

孙永祥、黄祖辉（1999）研究了上市公司的股权结构，认为股权结构是公司治理结构的重要组成部分，它对于公司的经营激励、收购兼并、代理权竞争等公司治理机制诸方面均有较大影响。黄少安、张岗（2001）的研究认为我国上市公司处于大股东超强控制状态，第一大股东持股比例平均在 40% 以上，在公司决策中大股东很少受到来自其他股东的挑战和阻力。大股东凭借控制权可以通过股权再融资获得私有收益，可以通过"隧道行为"直接将上市公司的财富输送出去，因此大股东控制下的上市公司表现出强烈的股权再融资偏好。唐宗明、蒋位（2002）认为大股东的盈余管理行为隐藏了上市公司的真实盈余信息和运营效率，加剧了控制性大股东和投资者之间的信息不对称，误导了外部投资者对公司价值的判断和投资决策，从而造成大股东对小股东的掠夺和侵害。小股东没有动力、资源、能力和手段来监督大股东的行为，因此无法阻止大股东盈余管理行为的发生。上市公司配股融资过程中的盈余管理行为主要缘于大股东的代理问题，只要大股东和小股东之间存在利益冲突就会发生盈余管理和侵害小股东利益的现象。杜兴强、温日光（2007）的研究却发现，股权集中度越高，盈余管理程度越小，会计信息质量也越高，这与 La Porta 等（1998）的研究结论相反，但与刘立国、杜莹（2003）的研究结果相一致，同时他们还发现，公司的流通股比例越大，盈余管理的程度也越大。蔡吉甫（2007）的研究则表明大股东持股与盈余管理呈倒 U 型关系，但有显著的证据表明大股东对盈余管理有治理作用。余明桂、夏新平和潘红波（2007）的实证研究发现，我国上市公司控股股东与小股东之间确实存在严重的代理问题，当政府作为上市公司的最终控股股东时，这种代理问题更为严重。

二、管理层激励

Jensen（1976）认为，随着经理人员持有股份的增加，其工作积极性会趋于增加，能够进行创造性活动，努力增进企业的利益。Healy（1985）与 Holthausen 等（1995）的研究结果表明，当管理者薪酬契约中规定有盈余上限时，管理者往往会在超出盈余上限时向未来递延盈余，操纵会计盈余以使其薪酬、奖金最大化。Watts 等（1986）指出，公司高管报酬契约是以会计信息为基础设定的，即在其他条件相同的情况下，存在报酬契约的公司经理为提高个人效用，更有可能选择确认未来盈余的会计政策，以提高其报酬的现值。可见，报酬契约对公司会计政策选择具有显著影响（Hagerman 等，1979）。Gaver 等（1995）也发现高管会出于盈余平稳化的动机操纵盈余。Guidry 等（1998）发现，大型跨国公司的部门经理在无法达到薪酬契约中规定的盈余目标时，他们会向未来递延盈余。Gul 等（2003）认为以盈余为基础的高管报酬会产生盈余管理的动机。

国内学者王跃堂（2000）指出，决定上市公司会计选择行为的不是 Watts 等（1986）的高管报酬契约假设，而是证券市场的监管政策、公司治理结构、公司经营水平以及注册会计师的审计意见。刘斌等（2003）也证实，CEO 进行盈余管理或利润操纵的动机并非增加其公开性薪酬，而是除公开性薪酬以外的其他因素。正如国内大量研究表明许多上市公司出于股权融资要求以及"保壳"等动机而进行盈余管理（陈小悦等，2001；孙铮、王跃堂，1999；陆建桥，1999）。王克敏、王志超（2007）的研究发现，高管报酬与盈余管理正相关。当高管控制权缺乏监督和制衡时，公司激励约束机制失效，导致总经理寻租空间增大，相对抑制了高管报酬诱发盈余管理的程度。杜兴强、温日光（2007）的研究发现，高级管理人员的平均报酬越高，盈余管理程度越小，管理层持股对盈余管理没有影响，可能与我国管理层持股比例过低有关。蔡吉甫（2007）的研究表明，管理层持股与盈余管理呈现倒 U 型曲线关系，说明管理层持股在控制上市公司盈余管理问题上不具有治理效应。朱星文、蔡吉甫和谢盛纹（2008）从经理报酬契约设计的一般原理出发，研究了经理报酬、盈余管理和董事会三者之间的关系，研究发现盈余管理对经理报酬业绩敏感度具有显著的正向影响，表明当经理报酬契约基于会计业绩设计时，经理有动机为增加其报酬利用盈余管理调增会计收益。

三、董事会特征

公司治理结构与盈余管理的关系，国外实证研究的另一个重要方面主要是从董事会特征入手。Klein（1990）研究了审计委员会、董事会特征和盈余管理之间的关系，发现董事会中审计委员会的独立性与盈余管理之间存在非线性负相关关系，审计委员会中独立董事占少数的公司更容易进行盈余管理。当审计委员会中独立董事低于 51% 时，其负相关关系显著；但对于那些审计委员会完全独立或完全不独立的公司，其进行盈余管理的程度则没有差异。Beasley（1996）的研究发现，董事会规模与盈余管理的发生显著正相关；发生盈余管理的公司其董事会和审计委员会中独立董事的比例显著较小，增加独立董事能较为有效地控制公司的盈余管理行为，并且随着独立董事在公司中所拥有股份的增加以及独立董事的任期延长，独立董事在其他公司拥有的董事身份数量下降，公司盈余管理的可能性也下降。Dechow 等（1996）发现，如果在董事会中，内部董事的比例越高，或公司董事长与总经理是同一人，或公司未设立审计委员会等，该公司进行盈余管理的可能性越大。Xie 等（1998）的研究表明，审计委员会和执行委员会中独立董事的财务经验是抑制管理当局进行盈余管理的重要决定因素。Peasnell 等（1999）检验了英国公司盈余管理与独立董事以及审计委员会之间的关系，结果发现，经理层提高非正常损益项目以避免公司亏损或盈余下滑的可能性与董事会中独立董事的比例负相关。Chtourou 等（2001）用两组美国公司为样本进行研究，结果表明盈余管理与公司董事会和审计委员会制定的有关治理政策显著相关，对于董事会中有独立董事的公司，增加利润的盈余管理程度与独立董事的比例显著负相关。Lawrence（2002）通过对发现财务报表欺诈和要求重新编制会计报表的样本公司进行研究发现，一个缺乏财务独立董事的审计委员会在监督管理层的盈余管理行为时很可能是无效的。

国内方面，关于公司治理与盈余管理关系的研究，主要是对公司治理与财务报告舞弊的关系进行研究。陈汉文、林志毅等（1999）通过分析"琼民源"财务舞弊的案例，提出舞弊的根源在于我国企业改革至今所形成的公司治理结构存在缺陷，进而研究了我国上市公司治理结构与会计信息质量的关系，并提出提高会计信息质量的对策。谢荣、吴建友（2003）对公司治理机制中的董事会的功能、组成以及董事会与舞弊财务报告的关系进行探讨，并提出了完善我国监事会制度，加强公司治理机制有效性的建议。刘立国、杜莹（2003）研究了董事会特征和财务报告舞弊之间的关系，发现内部董事在董事会中的比例越高，公司越有可能发生财务报告舞弊，且发生财务报告舞弊的公司往往有一个更大规模的监事会。蔡宁、梁丽珍（2003）的研究发现，发生财务舞弊的公司与其他没发生财务舞弊的公司相比，董事会中独立董事比例不存在显著差异，董事会规模与财务舞弊显著正相关。王颖、王平心和吴清华（2006）深入考察了审计委员会的具体构成对盈余管理的影响，发现审计委员会的独立性对盈余管理起到了一定的抑制作用。吴清华、王平心（2007）的研究表明公司拥有更高比例的独立董事、拥有财务独立董事或者设立审计委员会，均能更好地抑制公司的盈余管理行为。但作为表征董事会行为特征的变量，如董事会持股水平、董事会年度会议频率和兼任控股股东职务等，却与公司盈余质量之间没有显著关系。杜兴强、温日光（2007）的研究发现，加强董事会的工作效率有利于提高会计信息质量，独立董事对于提高会计信息质量发挥了积极作用，拥有审计委员会并没能有效遏制盈余管理的程度，反而增加了企业的盈余管理。蔡吉甫（2007）的研究表明，董事会规模与操控性应计利润呈现显著的正 U 型关系，董事会监督仅在一定范围内有效，超出该范围，董事会监督失去了其应有的监督效率。董事长与总经理两职合一与盈余管理不存在显著关系。独立董事在有效监督管理层的行为中未发挥出应有的作用。

四、监事会特征

英美法系与大陆法系在公司内部监督机制方面有着不同的制度设计，英美法系国家通过在一元制结构下创设独立董事制度来克服公司内部人控制的现象，而大陆法系国家则通过在二元制架构下设立监事会制度来完善对管理层的监督。因此关于监事会对会计信息质量影响的研究文献主要集中在国内。薛祖云、黄彤（2004）的研究表明监事会规模过小，以及灰色监事和名誉监事的独立性差可能是"非标公司"对会计信息质量监控失败的原因之一；董事会、监事会会议更大程度上是公司财务存在问题时的灭火装置；持股董、监事人数较多的董事会、监事会在监督会计信息质量方面可能更加有效，监事会规模、监事的独立性等方面还有待改进。杜兴强、温日光（2007）假设从公司领取报酬的监事会成员比例越大，会计信息质量越高；公司监事会成员越多，会计信息质量越高；监事会成员持股比例越高，则其独立性就越差，其监督能力就会减弱，从而会导致会计信息质量变差；召开监事会会议次数越多，会计信息质量越好。但实证研究的结果发现涉及监事会方面的统计结果均不显著，没有支持提出的假设。

第三节　盈余管理与公司外部治理机制研究

一、制度环境

把制度环境因素引入到公司治理研究领域中最具影响力的是 La Porta 等（1998），他们通过国别间的比较研究发现，公司治理的水平在普通法国家要高于大陆法国家。自 La Porta 以后，法律、政府行为、契约文化等外生变量逐渐进入到公司治理研究领域。在我国，很多学者注意到政府行为是影响我国上市公司治理的一个极为重要的因素（陈冬华，2003；李增泉，2003；夏立军和方轶强，2005）。陈冬华认为公共治理是公司治理的基础，公司治理在一定程度上是公共治理的衍生物，研究我国公司的治理问题必须从研究政府的角色及其影响开始。王彦超、林斌和辛清泉（2008）对市场环境、民事诉讼与盈余管理之间的关系进行了实证检验，发现公司所在地市场化程度越高，公司遭受诉讼的可能越大，诉讼发生当年，上市公司普遍采取了降低盈余的盈余管理行为，但他们没有发现各地区市场环境差异对上市公司因诉讼诱发的盈余管理行为存在遏制作用。张玲、刘启亮（2007）发现市场化程度高、政府干预低、法制水平高的地区，公司的负债水平与盈余管理正相关，反之债务契约假设不成立。

二、市场竞争

上市公司面临资本市场融资的压力与监管时，管理层出于自利的原因进行盈余操纵。Holthausen（1983）研究了临近股利限制边界的公司是否会转而采用直线折旧法，Healy（1990）与 DeAngelo 等（1994）研究了临近股利限制边界的公司是否会改变其会计方法、会计估计或应计项目以避免削减股利或做出代价高昂的重组决策。这些研究的结果表明，临近股利限制边界的公司很少会进行盈余管理。相反，陷入财务困境的公司为了削减股利或做出代价高昂的重组政策进行了盈余管理。DeAngelo（1988）对管理者收购（MBO）前的盈余管理进行了研究。她认为，报告盈余信息对管理者收购公司的价值评估有很大影响，因为管理者有低估盈余数字的动机。不过，他没有找到管理者进行盈余管理的证据。Williams（1996）则在控制销售收入与折旧的影响之后，找到了管理者进行盈余管理的证据。Friedlan（1994）、Rangan（1998）与 Teoh

（1998）等人所做的实证研究表明，企业在公开上市前最近的会计年度中确实通过盈余管理增加了会计盈余，从而使股票以较高价位上市发行。Erickson（1998）对股票置换收购中的盈余管理进行了实证研究，Peter 等（1999）对荷兰上市公司首次公开发行股票进行了研究，都发现了公司在首次公开发行股票前所报告的非预期应计利润是正的。这些研究的证据表明，管理者在股票发行过程中进行了盈余管理。陆建桥（1999）研究了中国亏损上市公司的盈余管理，研究结果显示亏损公司样本净利润和中位数在出现亏损前年份基本呈直线下滑趋势，其主营业务利润也呈下滑趋势，但出现亏损后公司经营业绩回升，并在三年内，一至两年就实现扭亏为盈。陈小悦、肖星（2000）把研究重点放在对于证监会有关配股资格所作的"净资产收益率 10%"规定的反应。陆宇建（2002）通过对管理后盈余的分布进行考察，研究了我国 A 股上市公司基于配股权的盈余管理行为，发现了我国上市公司为了获得配股权而通过盈余管理将 ROE 维持在略高于 6% 的区间与略高于 10% 的区间的证据。

西方文献认为，竞争性与信息披露密切关联，但实证研究并未得出一致结论。当存在面对不利消息也不会调整产量的竞争对手时，公司会披露较少信息（Wagenhofer，1990）。Harris（1998），Birt、Bilson、Smith 和 Whaley（2006）则发现竞争程度较低的行业往往能获得超常收益，处于竞争程度较低行业中的经营业务不太可能被作为行业分部进行披露。显然，在非竞争性行业盈利空间较大，考虑到竞争对手可能利用信息披露泄露的重要信息掠夺上市公司的利润，上市公司会减少信息披露。Yong-Chul Shin（2002）的研究显示，打产量战时，公司需要资金满足生产需要，由于披露信息能降低筹资成本，当该收益大于信息披露成本时，公司会选择披露较多信息；打价格战时，公司对资金的需求较少，此时信息披露带来的低资本成本收益可能会低于披露成本，公司会选择披露较少信息。国内学者少有关于竞争与信息披露关系的研究成果。于洁（2005）的研究表明，采取产量竞争策略的公司倾向于增加自愿信息披露，而采取价格竞争策略的公司倾向于减少自愿信息披露。王雄元、刘焱（2008）检验了不同竞争程度行业的公司信息披露质量以及同一行业不同竞争势态公司的信息披露质量是否存在差异。研究表明，适度竞争有利于提高信息披露质量；行业竞争程度越强，信息披露质量越高；在竞争程度较高的行业，处于竞争劣势的公司更有动机提高信息披露质量；在竞争程度较低的行业，竞争加剧不会显著提高信息披露质量。

DeAngelo（1988）发现，在代理人考察期间，现任经理会运用会计判断来增加报告的盈利。Dechow 和 Sloan（1991）选取了 1979～1989 年间发生的 58 起总经理变更事件为样本，调查了他们在即将离任时主动减少研究与开发支出，提高企业当期会计利润的短期行为。研究结果发现，总经理在任期最后一年确实存在明显的人为减少研究与开发支出的现象。而且，作者还发现，若总经理拥有公司的股权或股票期权越多，在其离任前削减研究与开发支出的可能性越小。在建立总经理接班制度的公司，现任总经理离任前很少会突然削减公司的研究和开发支出。Pourciau（1993）研究了高级经理变动与主观应计部分之间的关系，发现了非盈利组织的管理人员在变更前后对报告盈余进行了人为调整。DeAngelo（1994）和 Dechow（1994）的研究结果表明，管理者的职位受到威胁时，他们会为了保住职位而进行盈余管理。他们的研究表明，在可能出现管理层变更时，挑战者会以企业的会计盈余为依据，批评现任管理层的经营无方，而现任管理层为了保住他的职位，当然会想方设法提高企业的盈余。研究发现，有管理权竞争的公司，在出现管理权竞争之日至股东大会召开期间，会计盈余显著增加，但现金流量没有类似的增加，而其他公司没有类似的现象。这充分说明了在管理权竞争期间，公司的管理层存在盈余管理。DeFond 和 Park（1997）研究了企业的管理层利用利润平滑进行盈余管理的行为。假设其他条件不变，那些当期业绩较差的公司会通过操纵可操控性应计利润减少未来期间的收益，以增加当期盈余，减少被解雇的可能性；若其他条件不变，那些当期业绩较好的公司会通过操纵可操控应计利润，调低当期盈余，以应对将来经营困境时所需，减少将来被解雇的可能性。他们选取了 13297 个公司 1 年观察值作为样本，利用 Jones 模型分析可操控性应计利润，研究的结果与作者的假设完全相符。

国内关于经理人市场与盈余管理的研究并不多见，大多集中在高管变更与公司绩效方面。朱红军（2002，2004）分析了经营业绩在控股股东变更与高级管理人员更换之间的关系，发现高管更换与控股股东变更正相关，但不同经营业绩的公司在更换高管人员上有很大的差异，业绩低劣的公司更容易更换高管人员，然而大股东更换以及高管人员的更换并没有从根本上改变公司的经营业绩，仅给企业带来了较为严重的盈余管理。

三、债权人治理

Watts（1986）认为，债权人要剔除盈余管理对财务报告的影响，所需的成本是高昂的，因而债务契约会激发盈余管理，在其他条件不变情况下，越接近违反债务契约条款的公司，为了避免违约成本，越有可能选择能将未来盈余转移到现在的会计程序。Sweeney（1994）对违反债务契约样本公司的前一年盈余情况进行研究，发现这些样本在临近债务契约边界时进行盈余管理的证据。DeFond 等（1994）以 1980～1989 年间美国证券市场上的违约公司为样本进行的研究表明，管理当局会计方法选择与债务契约之间存在着相关性。Goncharov 和 Zimmermann（2007）用俄罗斯企业 1999～2004 年的数据，分析了会计信息在借款过程中的应用以及企业围绕借款过程的财务报告动机。他们发现，企业对银行评价其会计业绩的回应是在信贷授予前和贷后监控中围绕零盈余目标进行盈余管理。饶艳超和胡弈明（2005）的研究发现，银行对长短期借款、主营业务收入、资产负债率、流动比率和速动比率等财务信息高度重视，对有助于进一步判别企业潜在风险的报表附注信息也比较重视。孙铮等（2006）研究发现，会计信息对公有企业和私有企业的贷款行为都有重要影响，但公有企业的产权性质使会计信息对贷款行为的影响程度降低，会计信息在债务契约中的作用要小于私有企业。王化成、刘亭立和卢闯（2007）在研究公司治理结构与盈余时发现，负债率越高，盈余被操控的可能性就越大，债权人对公司治理贡献不大。

四、中介市场

DeFond 和 Jiambalvo（1991）把差错和非正常事件看作盈余管理的形式，并假设由原"六大"审计的公司发生差错和非正常事件的可能性较小，研究结果表明，审计人员与管理当局意见不一致是出于管理盈余的动机，并且当公司是由原"六大"审计时，这种不一致更可能发生。Francis 和 Krishnan（1999）认为，具有较高应计利润的公司，更有可能被出具非标准无保留意见，通过对大样本美国上市公司的研究，他们找到了支持其论点的证据。Gul（2001）将盈余管理与审计意见联系起来考察，首先检验了各种盈余管理计量模型的效果，然后将其与审计意见类型联系起来。他们发现企业盈余管理程度越高越可能被出具带有保留意见的审计报告。Bartov 等（2001）也验证了可操控应计利润与审计意见之间的关系。Krishnan（2003）研究了公司经营者和外部审计师之间的报告动机分歧或会聚，是否会以及怎样地对审计效果产生不同影响，而这将影响经营者进行机会主义盈余管理的能力。他们假设由于审计失败导致的法律诉讼所招致的潜在诉讼成本，对"五大"的审计师而言要比非"五大"的审计师大得多，因而"五大"的审计师比非"五大"的审计师更有动机在确定报告盈余时更保守。Vander Banwhede 等（2003）对比利时非上市公司和上市公司盈余管理进行研究，发现在存在调低利润盈余管理行为的审计中，原"六大"会计师事务所的审计质量高于其他会计师事务所，说明会计师事务所的规模对审计质量的影响。但是，该结论在对调高利润行为的审计中却没有得到验证。

刘峰、许菲（2002）的实证研究结果显示，注册会计师能够在一定程度上审计出盈余管理，不同类型会计师事务所审计质量存在差别。夏立军、杨海斌（2002）选取了沪深两市所有上市公司 2000 年度财务报告为研究对象，试图研究上市公司审计意见和监管政策（股票特别处理、暂停交易以及配股的政策）诱导性盈余管理的关系。研究结果表明上市公司的盈余管理行为受到监管政策的很大影响，但是从整体上来说，注册会计师并没有揭示出上市公司的这种盈余管理行为，注册会计师的审计质量令人担忧。何红渠、张志红（2003）的研究发现，审计意见具有一定的信息含量，能在一定程度上揭示出上市公司的盈余管理现象。徐浩萍（2004）用中国上市公司会计盈余管理程度来检验中国注册会计师独立审计质量，发现盈余管理程度较大的公司被出具非标准意见的可能性大，当公司操控非经营性应计利润时，注册会计师审计质量较高，即以调控非经营性应计利润为手段进行盈余管理的公司更容易被出具非标准意见，注册会计师对以增加利润为目的的正向盈余管理行为更加敏感。张为国、王霞（2004）以会计年报中出现"会计差错更正"的 A 股上市公司为样本，研究了高报盈余的会计差错的动因，发现外部审计对高报错误的发生没有解释力，"十大"会计师事务所在会计差错问题上没有显现出高质量的执业能力。蔡春、黄益建和赵莎（2005）通过可操纵应计利润直接检验外部审计质量对盈余管理程度的影响，研究发现，非双重审计公司的可操纵应计利润显著高于双重审计公司的可操纵应计利润，"非前十大"会计师事务所审计的公司的可操纵应计利润显著高于"前十大"会计师事务所审计的公司的可操纵应计利润。蔡吉甫（2007）的研究则显示国际四大国内合作所的审计质量与其他会计师事务所相比并无显著差异。

　　机构投资者对会计信息的强大需求和合理监督会迫使公司减少利润操纵等损害会计信息公允性的行为，进而提高会计盈余的质量。Chung、Firth 和 Kim（2002）的研究结果表明，机构投资者能够降低上市公司的盈余管理程度。用操控性应计利润衡量盈余管理程度，随着机构投资者持股比例的增加，公司操控性应计利润逐渐减少。Chidambaran 和 John（2000）的研究表明机构投资者具有监督角色。他们发现，机构投资者持股向资本市场传递着关于公司的正面信息，意味着公司具有较充分的信息披露和较高的透明度，有助于加强投资者对公司的信任。McConnell 和 Servaes（1990）的研究发现机构投资者持股比例和公司价值存在显著的正相关关系，认为机构投资者能够监督和约束公司管理层的机会主义行为，从而提高公司的价值。关于我国机构投资者对会计盈余质量影响的研究比较少。Chen、Firth 和 Kim（1999）发现，由于 B 股市场上的机构投资者比 A 股市场上的机构投资者要多，B 股价格与两种盈余（根据国际会计准则报告的盈余和根据我国会计准则报告的盈余）的相关性均显著，而 A 股价格仅与按国内会计准则编制的盈余信息相关。夏冬林、李刚（2008）的研究结果显示，机构投资者持股有助于改善会计盈余的质量，机构投资者持股公司的会计盈余质量显著高于其他公司，并且会计盈余的质量随着机构投资者持股比例的增加而增加。进一步研究发现，机构投资者还能够缓解大股东对会计盈余信息含量的恶化，起到一定的制衡作用，研究表明机构投资者能够在一定程度上改善上市公司的盈余质量，其快速成长有助于公司治理结构的改善，也有助于资本市场信息披露环境的良性发展。

第四节　借鉴与启示

从上面针对公司治理因素对盈余管理影响各个方面的研究来看，已经取得了很多成果，但由于国内证券市场的特殊性，尤其是非流通股的存在及其他制度上的差异，导致许多国外的研究结果并不能反映国内证券市场的实际情况。因此，如何从公司治理角度出发，研究影响盈余管理行为的因素，还需要从以下方面进一步深入研究：

（1）以中立的观点看待盈余管理行为。从国外文献来看，新的研究倾向于以中立的观点看待盈余管理行为。盈余管理产生的基础是会计的弹性，也即谨慎会计与激进会计，会计弹性是否会引起盈余管理，依赖于管理者的动机以及审计师和研究者的视角。同样一项业务，管理者可能认为是体现了会计的稳健性，而审计师和研究者可能认为是盈余管理。因此，只要会计准则允许职业判断的存在，就会存在判断上的差异。所以，在研究盈余管理时必须结合管理者的动机分析，只有根据管理者的动机才能对管理者是否进行了盈余管理做出正确的判断。未来盈余管理的研究应该注重发现管理者的不同动机，发现影响盈余管理的因素，制约机会主义动机的盈余管理，而以中立的观点看待组织目标型的盈余管理。

（2）处在不同公司治理阶段的盈余管理有不同的行为主体。从公司治理研究的两个阶段来看，传统股权分散状态下的公司治理，存在的主要问题是董事会与管理层的委托代理关系，而在现代股权相对集中情况下的公司治理，存在的主要问题则是大股东与中小投资者之间的委托代理关系。我国上市公司与英美等国的企业，从公司治理角度来看，所处的治理阶段是不同的，所呈现的代理问题的重点也不相同。对于英美企业来说，盈余管理更多的是由于董事会与管理层间的代理问题引起的，治理的重点在于制约管理层的盈余管理动机，因此通过独立董事等制度可以有效地加强监管；而在我国，盈余管理更多的是由大股东与中小投资者之间的代理问题引起的，治理的重点在于制约大股东的盈余管理的动机。

（3）盈余管理与公司内部治理研究还存在盲点。从国内外研究来看，国外研究多集中在董事会特征与管理层激励，国内研究则多集中在股权结构和董事会特征，由于所处的公司治理阶段不同，研究的因素、重点也不同，研究结果也存在差异，公司内部治理因素对盈余管理的影响还缺乏共识，有待更进一步的探讨。另外由于体制上的原因，国内对管理层激励、审计委员会设立以及监事会特征对盈余管理的影响研究还不多，作为公司内部治理的一个组成部分，需要对这些因素进行研究。

（4）盈余管理与公司外部治理机制国内研究不足。这部分的研究国外相对比较全面，而国内由于经理人市场、控制权市场的不完善，这方面的研究很少，且多集中在与公司效率的关系研究上，公司内部治理结构要发挥其应有的作用，离不开外部治理环境的支持，因而研究外部治理机制对盈余管理的影响，对完善公司治理具有重要的意义。

（5）研究内容、方法和数据有待改进。从总体上看，我国学者对盈余管理的研究不管从深度还是广度来说，与国外学者的研究相比尚有差距。从研究的范围来看，较为狭窄，主要涉及我国特殊的证券市场环境所特有的问题（如配股资格、保牌、增发等）；从研究体系上来看，主要是从动机、手段等方面进行验证，针对公司治理与盈余管理间关系的实证研究又大多只注重公司治理中的个别因素，未能综合影响公司治理的各因素来考察对盈余管理的治理作用；从研究方法上大多选用具有较强盈余管理动机的上市公司为研究样本，不能从整体上反映上市公司盈余管理的程度与频率。盈余管理研究的目的一方面在于发现盈余管理的影响因素，制约盈余管理行为，但更重要的是为会计规则的制定提供启示与依据，目前对盈余管理的研究并不能满足这一要求，还需进一步扩大范围与深化研究。

第三章　盈余管理与公司治理的
理论透视

第一节　盈余管理的理论阐释

一、盈余管理的契约理论解释

Jensen 和 Mecklin（1976）认为企业作为一种组织只是法律上的一种虚构，其职能是为个人之间的一组契约充当联结点，或者说企业是"一组契约的联结"。这一组契约的参与人可能包括企业投资者、债权人、经营者、员工、政府、税收部门、消费者、供应商、社会公众、群众团体等各类利益相关者。不同的利益关系人具有不同的行为目标函数，存在着不同的利益驱动。所有者关心的是自己投入的资本是否能够保值增值；经营者关心的是业绩的增加是否能给自己带来额外的经济收益。由于管理者和所有者的目标函数并不完全相同，委托人为了激励代理人以最大努力实现其最大利益，必须根据代理人所付出的劳动及成果确定代理人的业绩，付给代理人相应的具有激励性的报酬，也就是赋予管理者一定的剩余索取权。公司的经营业绩好，代理人就会受到好评，奖金就会增加，股东的财富也会增大；反之，公司的业绩差，代理人可能会受到惩罚，进而遭到解雇，股东的利益也会受损。

随着企业的股权越来越分散，管理当局的影响越来越大，当契约激励使委托人与代理人之间的利益不一致，就会促使管理当局采取盈余管理手段，争夺股东的利益，这是盈余管理的基础理论——委托代理理论产生的根源。由此可见，只要企业有不同的利益群体和利益关系，管理当局就会存在盈余管理的初始动机。同时，委托人对代理人业绩的评价方法和评价依据也直接影响到管理人员在选择会计政策上的取向，不合理的激励机制不仅不能诱使代理人在追求自身最大利益的同时选择对委托人最有利的行动，反而会刺激代理人进行盈余管理。因此，在代理人机会主义和委托人激励机制等因素的诱使下，管理人员有动机进行盈余管理。

二、盈余管理的信息不对称理论解释

在完全竞争市场条件下，信息是充分的，参与市场交易的每一个主体都拥有完全信息。如果信息是对称的，即作为会计信息提供者的管理者与作为会计信息使用者的利益相关者对信息的了解和掌握程度是相同的，那么管理当局即使有动机，但通常也不会进行盈余管理，因为信息使用者很容易发现和识破这种行为。但现实生活中并不存在经济学上所界定的完全竞争市场，所有权与经营权分离是现代企业的基本特征，资本市场的出现在为企业提供广泛融资渠道的同时，进一步加剧了两权的分离状态。不同市场参与者掌握信息的情况有所差异，有用的信息对大多数交易决策者来说是一种稀缺的资源，会计信息的提供者和使用者之间的信息不对称总是存在。这种不对称既有时间上的也有内容上的，因而必然会导致管理者"逆向选择"与"道德风险"问题。

首先，所有权和经营权的分离使得所有者无法观察到企业生产经营的过程，在最终评价企业的生产经营状况时，依据的多是生产经营的结果，有关的信息通常限于以财务报告形式披露的部分。因此，与企业管理者相比，所有者显然只能掌握相对有限的信息，对上市公司的真实状况只能掌握不完全信息，信息传递的不对称不可避免。其次，对债权人、中介机构、政府等其他外部信息使用者而言，他们获取的信息一般也局限于由财务报告对外披露的部分。通过私下交易获取的信息是相对有限的，而且成本也很高。从理论上讲，只要管理当局对其拥有的信息不做客观、完整、及时的披露，信息使用者就很难获得管理当局独占的内部信息，从而也就不可能对企业提供的会计信息的真实性与公允性加以评判，这就使得管理当局的盈余管理成为可能。信息不对称为上市公司管理者实施并掩饰其盈余管理行为提供了便利条件。在信息不对称普遍存在的情况下，由于代理人总是比委托人拥有更多的信息，管理者可能为获取私人收益而采取盈余管理行为，而且信息不对称程度会直接影响管理者进行盈余管理的动机与能力。

三、盈余管理的动机

（1）报酬契约动机。在委托代理理论中，股东与经理人之间由于代理关系的存在，产生了报酬契约，而会计报告盈余在签订、履行和评价报酬契约时发挥着重要的作用。在其他条件相同的情况下，所得报酬与报告盈余挂钩的经理人员会通过对会计政策和程序的选择使企业盈余向有利于他们的方向变动。至于提高还是降低，则取决于实现的收益是低于目标收益、介于目标与上限之间还是高于上限。若收益高于上限，管理人员就有通过递延收益来降低报告收益的可能，因为高于上限的收益并不能给管理人员带来好处，把超额收益递延，可以提高预期的未来报酬。若实现收益介于目标和上限之间，管理人员就有可能操控收益，使之等于上限，预先获得增加的报酬。若收益低于目标收益，管理者就有进一步降低净收益的动机，也就是所谓的"巨额冲销"，以提高下年度得到红利的可能性。

（2）债务契约动机。负债经营具有财务杠杆效应，往往也伴随着较大的财务风险。因此，对于债权人来说，通常会在契约中加入一些限制性条款，如不能过度发放股利、不能进行超额贷款、保持一定的流动比率或利息保障倍数等，一旦违反了这些规定，企业将面临着贷款被收回的危险。所以，当企业经营业绩不佳时，往往会通过盈余管理来降低违约风险。假定其他条件不变，公司越是与特定的、基于会计数据的限制性契约条款联系紧密，公司管理当局越有可能采取可增加当期盈利的会计政策和方法。

（3）资本市场动机。资本市场是公司获取资金的重要场所，要进入这一市场，公司必须达到一定的条件。在这些条件中，盈余信息是其中最重要的信息，因而管理当局有运用盈余管理手段，影响短期经营业绩的动机，以便通过盈余管理显示出一个稳定增长的盈利状况，以此刺激投资者对股票的需求，抬高股票价格，在需要追加资本时创造出一个有利于股票发行的气氛。上市之后的企业，又面临控制权市场的压力，一旦公司经营状况不好，导致股价下跌，被接管的风险加大，管理者出于维护自身利益的动机也会运用盈余管理的手段进行盈余提升。

（4）政治成本激励动机。现代企业不可能完全置身于政治之外，它一定会被卷入政治活动中。因此，如何在竞争中争取更多的筹码，以便获得更多的财富转入而不是财富转出是企业家和管理当局所必须考虑的问题。盈利能力强的企业通常会受到较多的关注和宣传，政府部门可能会对其征收更多的税收或施加其他管制，所以，面临的政治成本的可能性也较大。为避免高额税收，管理人员有动机进行盈余管理。此外，政府行业管制、收费管制、反垄断都会诱使企业管理当局进行盈余管理以降低政治成本，避免制裁，寻求政府的帮助或保护。

第二节　公司治理对盈余管理的影响

一、公司治理的理论基础

在公司治理理论的产生和发展过程中，有许多理论对其产生了重大的影响，主要包括古典管家理论、委托代理理论、现代管家理论和利益相关者理论等。

（1）新古典经济学下的公司治理理论：古典管家理论。在新古典经济学中，企业被看作是具有完全理性的经济人，与此相对应的古典管家理论认为，所有者和经营者之间是一种无私的信托关系。这方面与公司治理相关的观点有：①在新古典经济学关于完全信息的假设下，经营者没有可能违背委托人的意愿去管理企业，因此不存在代理问题；②在完全信息的假设下，公司治理模式不再重要；③基于完全信息假设下的管家理论对于研究现代公司治理不具有任何意义。因为在完全竞争和完备信息的市场条件下，不存在委托者与经营者之间的个人利益冲突。公司治理表现为股东主权至上，以信托为基础的股东与董事会、经理层之间的关系，使得经营者会以股东利益最大化原则行事。

（2）信息经济学下的公司治理理论：委托代理理论。信息经济学是 20 世纪 60 年代以来经济学的一个重要研究领域，其对新古典经济学的根本性突破表现在放弃对完全信息和无私性的假设。由此对古典管家理论提出了质疑：由于经营者对自身利益的追求，没有任何理由或证据可以表明他们是无私的，完全信息的假设背离了客观现实，表现在两个方面：一方面是人的有限理性，使人不可能拥有完全的信息；另一方面，信息的分布是不对称的。这两方面的修正，产生了委托代理理论。

在现代股份制企业所有权和经营权分离的情况下，股东并不直接经营企业，而是将资产的经营权授权给经营者，股东和经营者之间就形成了一种委托代理关系。但是由于人的自私性，经营者作为代理人具有机会主义倾向，他们可能会以股东权益为代价而谋求自身利益的最大化，即出现委托代理关系中的机会主义行为或者道德风险问题。因此，建立一整套完善的公司治理结构来规范委托代理关系各方的行为，并对经营者的机会主义行为进行控制，使其决策符合委托人的利益是有必要的。

（3）组织行为学下的公司治理理论：现代管家理论。基于完全信息假设下的古典管家理论，显然不符合客观现实，不完全信息的存在使该理论无法解释现代企业中所存在的两职分离与合一的现象。Donaldson（1990）提出的现代管理理论认为，代理理论对经营者内在机会主义和偷懒的假定是不合适的，而且经营者对自身尊严、信仰以及内在工作满足的追求，会促使他们努力经营公司，成为公司资产的好"管家"。在自律的约束下，经营者和其他相关主体之间的利益是一致的。

（4）现代公司治理理论：利益相关者理论。古典管家理论以代理人由于有信托的责任，而会以公司的利益最大化为基础，代理理论以股东与经理人之间就他们的利益所签订的契约为基础，这些治理理论把更为广泛的相关者的利益排除在外。现代公司治理理论下的相关利益者理论除考虑委托人与代理人之间的关系之外，还考虑了雇员、供应商、债权人等利益相关者。

本书以委托代理理论和信息不对称理论作为公司治理结构与盈余管理相互关联的理论基础。一般认为，在上市公司治理结构合理有效的情况下，管理者提供的会计报告也是较为客观的，不存在盈余管理的动机。

二、公司内部治理结构对盈余管理的影响

公司内部治理结构是指股东通过事前监督而实施的对经理人员的直接约束，通过明确股东大会、董事会、经理层和监事会的权利义务及其关系，以保证经理人员的行为符合全体股东的最佳利益。股东大会作为所有者具有最终控制权，董事会作为公司代表全权负责公司经营决策，经理层受聘于董事会负责企业日常经营业务；股东大会与董事会之间为信任托管关系，董事会与经理人之间为委托代理关系；董事会与经理层的行为都接受监事会监督。可见，公司内部治理中对经理人产生主要影响的是董事会和监事会。董事会作为股东的代表，其主要责任在于负责选聘经理人，授权其在许可的范围内对公司经营管理，并负责评价经理人的受托管理责任。由于董事会与经理人之间存在信息不对称，其对经理人的评价并不准确，而监事会与经理人之间同样存在信息不对称，因此，如果评价经理人的受托管理责任最终看其盈余数字，经理人为了个人利益必然存在盈余管理动机。因此，公司内部治理结构的各要素对盈余管理会产生不同的影响。

(1) 股权结构与盈余管理。当股权过度分散时，公司治理主要解决的是股东与经理人之间的利益关系，使得经理人行为符合全体股东的最大利益。股权高度分散的企业中，股东们几乎没有动力参与对管理绩效的评估和监督，他们往往采取"搭便车"的行为，从而导致公司经理成为公司事实上的控制人。经理人可以根据自己的需要对外传递会计信息，以获得他们的利益。因此，在股权高度分散的情况下，由于对管理者缺乏监督，管理者会采取盈余管理手段调节盈余，使自身效用最大化，股东为自身利益考虑，只有通过有效的监督和激励经理人机制，如独立董事、管理者补偿等手段，使经理人利益与全体股东利益相一致。

当股权高度集中时，公司治理主要解决的是大股东与小股东之间的代理问题。大股东在公司利益的增加使他们积极参与公司治理，但随着大股东持股比例的增加，由于控制权与现金流权分离导致的控制权私有收益也随之增加，控股股东有可能会通过内部交易来侵害小股东的利益。当大股东持股比例较高时，形成事实上的大股东控制时，也会导致大股东依据自身效用最大化进行盈余管理，从而达到利益输送的目的。有效的公司治理，应该增强外部监管、加

强内部股权制衡，使大股东的行为符合全体股东的利益，从而起到保护中小股东利益的目的。

（2）管理层激励与盈余管理。根据委托代理理论与激励理论，随着现代企业所有权与经营权的分离，由于委托人与代理人存在利益冲突，在委托人无法了解代理人努力程度的情况下，为激励代理人努力工作，委托人可以根据公司盈余信息，与代理人签订激励契约，以降低代理成本，增加公司价值。然而，由于信息不对称和监督成本的存在，使得委托人不可能对代理人有权自行决定的所有会计政策进行调整，而只能根据经过审计的会计盈余来决定代理人的报酬。代理人能否领取以及领取多少报酬取决于公司当年的会计盈余。这样的制度安排，一方面解决了委托人与代理人的利益协调问题，另一方面也带来了报酬激励问题，代理人有采用通过选择和变更会计政策等盈余管理手段来获取最大报酬的动机。管理者相对于股东而言拥有私人信息，会导致管理者运用盈余管理手段控制财务报告中的盈余，使其向着有利于自身利益最大化的方向调整。

（3）董事会特征与盈余管理。董事会是由股东大会选举数名董事所组成的，是所有权和公司治理之间最重要的联结点。作为公司的组织机构，董事会的核心职责在于负责选聘经理人，授权其在许可的范围内对公司经营管理，并负责评价经理人的受托管理责任。董事会的独立性等特征会影响他们对管理者盈余管理行为的制约与监督。

一般来说，独立董事比内部董事能更好地履行监督职责，因为独立的非执行董事在决策控制和监督方面有提升自己声誉的动机。在股权分散的情况下，由于公司形成了事实上的内部人控制，独立董事作为外部人所发挥的监督作用就显得更为重要，独立性强的董事会将有助于减少管理者的盈余管理行为。董事长与总经理两职分离，可以避免权力过于集中，有利于维护董事会的独立性，因此两职分离有减少盈余管理的可能性。另外由独立董事组成的薪酬委员会、审计委员会等都会影响盈余管理的程度与频率。

（4）监事会特征与盈余管理。德国的公司治理结构采用的是二元制构架，而且是一种垂直构造。公司设股东大会、监事会、董事会，股东和职工代表选举产生监事，监事会任命董事会成员，监督董事会执行业务。德国监事会制度最大的特点是监事会和董事会并不是平行机关，监事会是上位机关，董事会是下位机关，成为公司制度上的一大创举。2000年1月公布的《德国上市公司治理规则》对监事会职责的描述更为清晰：①监事会在定期对董事会经营公司提出建议，并对公司长期目标的实现进行监督。监事会任命董事会成员，并保证其长期继任计划有序。②监事会可以要求某些交易必须得到监事会的批准。如投资项目、贷款、设立分支机构、兼并和处置一定金额以上的股权。

③制定董事会的信息披露和汇报义务。④监事会任命审计师对公示的年度会计报表进行审计。⑤监事会成员和公司间的咨询应得到监事会的批准。⑥监事会定期接受董事会有关由监事会决定的超过一定金额的报告。由此可见，监事会实际上不仅仅担负着监督功能，而且往往充当着决策者的角色。

我国的公司治理结构借鉴了这一制度的先进思想，也设立了监事会。我国的监事会是股东大会领导下的公司常设监察机构，执行监督职能。监事会与董事会并立，便于独立地行使对董事会、总经理、高级职员及整个公司管理的监督权，保障董事和管理者正确决策和执行公司决定，防止滥用职权，危及公司、股东及其他利益相关者的利益。我国《公司法》规定监事会行使下列职权：①检查公司的财务；②对董事、经理执行公司职务时违反法律、法规或者公司章程的行为进行监督；③当董事和经理的行为损害公司的利益时，要求董事和经理予以纠正；④提议召开临时股东大会；⑤公司章程规定的其他职权。这些规定从法律上确立了监事会在公司治理中的内部监控职能，从公司治理的角度考虑，其目的是为了在公司内部、董事会之外设置一种制衡机制。如果这一内部监督机制能够发挥其应有的作用，监事会对盈余管理有更好的制约作用。

三、公司外部治理机制对盈余管理的影响

公司外部治理是指通过行政管制、法律制度环境、市场竞争等手段对公司实际控制人实施的间接约束。这些手段包括：投资者保护的相关法律制度、市场准入与退出机制、信息披露规范与监管、控制权市场、机构投资者、中介机构、资本市场、经理人市场等。与盈余管理相关的主要有制度环境、市场竞争、债权人治理与中介市场等。

（1）制度环境。虽然影响公司治理各机制有效性的因素是多种多样的，但是各治理机制之间的有效性却是相互关联的。董事会和控制权市场是否有效与股权结构有关，而股权结构则又取决于经济、法律、政府干预等方面的因素。薪酬激励是否有效则与是否存在竞争的经理人市场相关，而竞争性经理人市场的存在则又要求政府不对公司人力资本市场进行干预。相对而言，产品市场的竞争较具有独立性，较少受到其他机制的影响。但其有效性发挥作用的前提也需要政府的干预较少和破产法制度的完善。这些共同的环境因素归纳起来，就是公司治理的制度环境，包括公司所在地的市场化水平、政府对企业的干预以及法律制度环境。显然，一个国家和地区，公司治理的制度环境越好，越有利于会计信息的真实披露，对管理者盈余管理的行为制约也越有效，因而制度环境也是影响盈余管理的一个重要因素。

（2）市场竞争。会计盈余信息在资本市场上发挥着举足轻重的作用，它

直接影响到企业市场价值的高低。因此，一旦企业市场价值与经理人个人利益发生联系，经理人就会产生强烈的通过操纵盈余信息进而影响企业价值的动机。现代企业的两权分离，以及股东与经理人之间的信息不对称，形成了企业所有者与管理者之间的委托代理关系。由于两者目标利益并不一致，以及监督行为本身高昂的成本，使得股东为了让经理人尽心尽力地以股东利益最大化为目标，就通过经营业绩给予经理人相应的激励与惩罚，这将企业价值与经理人利益紧密联系起来。出于自利的考虑，经理人有动机去操纵盈余数字朝着有利于自身的方向发展。公司治理机制中的市场竞争主要通过控制权市场、产品竞争市场和经理人市场来发挥作用，当管理者面临这些治理因素的压力时，就会产生盈余管理的动机。

控制权市场的影响在于，当公司经营管理不好导致业绩和形象恶化时，股东会抛售或寻机转让公司股票，导致股票下跌。这时会有新的投资者通过收购公司股票或收集其他股东的代理权来接管公司的控制权，并调整董事会和经理层。因此，管理层有出于自我保护，避免由于公司被接管导致的职务变化而进行盈余管理的动机，以达到不被接管的目的。

公司要想在产品市场竞争中获胜，必然采取一定的战略手段凸显自己，信息披露战略就是选择之一。首先，信息披露是一种信号传递，真实披露不利消息能显示公司对未来的强大信心，披露好消息有助于将公司与其他对手区分开来。其次，竞争有可能增加或减少上市公司的信息披露。由于竞争对手可能利用信息披露透露的重要信息对上市公司造成危害，公司会减少信息披露；但如果在同类信息披露中抢得先机，也能因此获得意想不到的收益，公司又会增加信息披露。因此，从战略高度做出的信息披露决策，能避免短期信息披露决策的负面影响，并最终有利于竞争优势的获取。行业竞争程度越高，信息披露质量越高；在一个竞争较激烈的行业，处于竞争劣势的公司更有动机提高信息披露质量；而在竞争程度较低的行业，竞争加剧会显著降低信息披露质量。

经理人市场对经理人行为的影响主要通过业绩考察及潜在对手经理职位争夺的威胁两个方面实现。一方面，如果企业经营状况不佳，股票市场价格低迷，股东为维护自身权益就会对经理人施压或干脆更换经理层。此外，股票市场价格低迷，相当一部分投资者会抛售公司股票，这给新的投资者创造了低价收购公司股票进而接管公司的机会，随之而来的便是原有经理层的全面调整。另一方面，经理人之间的竞争，特别是潜在竞争者，包括本公司内部的其他高级管理人员的存在，使得现任的经理人职位会受到威胁。而会计盈余信息是反映经理人能力的重要因素，经理人人力资本的价值取决于他们所经营企业的获利水平。因此，能力强的经理人得到更多的工作机会，且往往薪水较高，而那些能力不强的经理人则会被替换从而面临失业的威胁。因此，经理人具有通过盈余管理提高其在市场上的评价的动机。

（3）债权人治理。盈余信息在债务性资本市场中也扮演着一个重要的角色。这是因为，在债务契约的签订过程中，债权人通常对利息保障倍数、流动比率、股利支付率等财务指标做出限制性规定。为获得贷款，经理人往往不得不对这些指标进行一定程度的粉饰。获得贷款后，为避免违约，经理人也会在必要时通过盈余管理将这些指标控制在限制性范围之内。

（4）中介市场。注册会计师具有丰富的会计、审计、管理知识及实践经验，能够对公司的财务状况及其变动和经营成果进行分析和考察，运用自己的专业判断识别出企业是否存在盈余管理，做出质量相对较高的审计意见，对企业管理当局进行盈余管理有一定的约束力。

机构投资者的资金量高于一般中小投资者，对个股的投资规模比较大。投资规模越大，投资人对上市公司进行监督的动力越强，因而更有动力对上市公司进行监督。与一般中小投资者相比，机构投资者还有信息上的优势。一方面，机构投资者愿意投入资源来主动搜集信息；另一方面，机构投资者可能还拥有一般中小投资者所没有的非公开信息。在专业化研究队伍和丰富信息渠道的支撑下，机构投资者比普通投资者具有更强的信息解读和价值评估能力，更有能力分辨上市公司会计政策的合理与否，进而承担一定的监督角色，从而对管理者的盈余管理行为产生重要的影响。

以上分析表明，如果公司治理不完善，就无法形成对经理层有效的约束与激励机制，这是盈余管理存在的诱因。一般认为，有效的公司治理，一方面合理地设计代理人与委托人之间的契约关系，使得代理成本与风险达到最小，最大限度地整合委托代理双方的利益，促使代理人努力工作，降低代理成本，避免偷懒、机会主义等道德风险。另一方面，其形成的权力分配、权力制衡和信息披露等，迫使管理层公布信息，均衡信息分布，以缓解信息不对称问题，从而降低信息不对称所带来的负面影响。可见，公司治理作为一项制度安排，对盈余管理行为具有重大影响，它可以从源头上杜绝盈余管理的动机。因此，治理盈余管理，应加强公司治理建设，完善公司内部治理结构与外部治理机制。

第三节　不同公司治理模式下盈余管理的比较

盈余管理得以存在的前提是所有权与经营权分离产生的委托代理关系，这种委托代理关系导致的股东与经理人利益不一致，广泛存在于各国经济实务中，公司治理的实质就是要解决两权分离产生的代理问题。因此，盈余管理自然会受到公司治理的影响。

　　由于各国的社会经济制度、历史文化传统、市场法律环境及其他主客观条件的不同，形成了各不相同的公司治理模式。目前世界上较为典型的公司治理模式有三种：一是以英美为代表的外部监控型公司治理模式；二是以德日为代表的内部监控型公司治理模式；三是东亚与东南亚家族治理模式。

一、英美模式

　　以英美为代表的公司治理模式属于外部监控型，它是一种以市场为导向的公司治理结构，即主要依靠高效运行的资本市场来监督和激励企业的经营者，外部市场监控在公司治理中发挥着主导作用。这种模式的产生有其深厚的社会经济制度基础。英美国家长期以来是在传统的自由放任的资本主义经济制度下发展起来的。早在19世纪后期，证券市场就发展得非常成熟。证券市场的发达使得公司股份极为分散，流动性强。另外，1929年金融危机以后，这些国家认为金融垄断是导致经济危机的重要原因。在1933年，美国通过了《格拉斯—斯蒂格尔法案》，该法案规定投资银行和商业银行必须分立；此外，商业银行只能经营7年以内的中短期贷款，这样使得企业长期资金主要依赖证券市场提供，而且银行对企业的渗透不像日本、德国那样深入。它的主要特征是：

　　（1）内部治理结构。在股权结构上，英、美国家公司的股权高度分散化，有很强的流动性，投资者主要以个人和机构投资者为主。个人股东由于所持股份高度分散，以至于他们作为单个股东对公司经营决策没有影响；机构投资者尽管在公司的股票份额中占有很大比率，但并不是真正的所有者，他们主要关心的是公司能带来多高的收益，并不关心企业经营的好坏和实力的强弱，所持有的股份具有较强的流动性，一旦发现所持股票收益率下降，往往迅速抛售以改变自己的股票组合，无心关注公司经营决策。因此，公司的控制权掌握在管理层手中，形成了"强经营者、弱所有者"的治理特征。

　　在内部治理组织方面，英美公司由股东大会、董事会和经理层组成。股东大会作为公司的最高权力机构，是非常设机构，董事会为常设机构，公司不设监事会。在股份高度分散、股东丧失控股地位的情况下，股东大会已经失去了作为公司最高权力机构应有的权威性而是流于形式，很少在股东大会上做出有实质性的决策。因而这种治理模式下，公司内部治理更注重通过董事会来发挥作用，并在上述结构下形成了以董事会为中心、以独立董事制度为保障的内部治理结构。

　　英美公司的董事会大都附设提名委员会、薪酬委员会、审计委员会和执行委员会等分支机构，行使董事会的监督职能。审计委员会主要由外部董事组成，其主要职能是监督公司财务状况及收集各方面的信息，从而为监督和检查公司高级经理人员经营活动提供制度保障。薪酬委员会也是主要由外部董事组成，其主要职能是制定公司的酬金政策和方针；协调经理人员与股东之间的利益关系。提名委员会的主要职能是确定公司人事变动，尤其是董事人选的方针和政策，对董事会的现有成员进行考核并制订提名新董事的计划。执行委员会的职能主要是处理公司董事会休会期间出现的紧急事务，一般情况下执行董事在其中发挥着较为重要的作用，并占据委员会约 1/3 的席位。

上述四个委员会中审计委员会和薪酬委员会主要由外部董事组成，是为了使董事会能更好地代表和维护广大股东的利益。然而，由于美国公司外部董事的产生主要是由经理层提名，而被提名的人又大都与高级经理有着密切的关系，外部董事的独立性大大削弱，已经难以实现对经理人员的有效约束，加上董事会主席一般由首席执行经理兼任，导致董事会完全为经理层所控制，董事会对经理人员的监督和约束功能失灵。

在激励方面，以一定价格授予管理者公司股票和给予未来购买股票的期权，即在签订合同时给予管理者在未来某一特定时期以签订合同时的价格购买一定数量公司股票的选择权。由于个人利益与证券市场密切关联，激励着管理者坚持股东利益即公司利润最大化的企业目标。但公司普遍实行股票与股票期权激励机制的结果是导致经理层在公司中持有相当数量的股份，而经理较大数量的持股在公司股份高度分散的情况下无疑又大大加强了经理人员对公司的控制力，形成了一种只有激励、没有约束的失控的内部治理结构。广大外部股东只能转而依靠"用脚投票"的外部治理机制，借助于发达的股票市场和活跃的控制权市场实现一种被动的、事后的外部治理。

（2）外部治理机制。通过发达的资本市场发行股票是企业融资的主渠道，在英美治理模式中发挥着重要的作用。由于股权高度分散化，股东没有能力参与公司经营决策，很难对公司的经营决策提出意见和建议，股东参与公司治理主要是通过买卖股票来实现，靠股票价格的涨落对经营者进行约束。因此，来自资本市场的强大压力，形成了对管理层的有力约束，如果公司管理不善，股东就会选择"用脚投票"，该公司将难以在资本市场上融到资金。良好的经理人市场，可以使经营者实现自身价值的最大化。如果经营者经营不善，就可能被公司董事会解雇，更有甚者如果经营者声名狼藉，可能会永远被逐出经理人市场。控制权市场作用明显，如果出现企业的市场价值低于实际价值时，就会发生敌意收购的可能。如果接管成功，经营者就会面临着被替代的危险。因此，经营者会采取各种措施促使企业的市场价值不断上升。

二、德日模式

与英美模式不同，以德日为代表的内部监控模式又被称为"主银行制"公司治理模式，它以后起工业化国家为代表，大都经历过一个相对人为的资本主义急速发展时期。因此企业受政府、工会、管理机构或银行的影响较大，资本流通性较差，经济大权高度集中于家族、银行或政府等组织手中，证券市场不够活跃，企业兼并与收购较为困难。银行等金融机构在企业间接融资中居于主导地位。因此，在以德国为代表的大多数欧洲大陆国家以及日本，以银行为代表的债权人以内部监控机制为主，主要通过严密的有形组织结构来制约企业的经营者的公司治理模式，也称内部控制主导型公司治理，股东和银行在公司治理中发挥着主导作用。它的主要特征有：

（1）内部治理结构。在股权结构上，由于德国、日本等大陆法系国家，公司资本在很大程度上是通过银行、保险公司、家族和国家筹集的，其中银行是企业资金的主要来源。在这种融资结构下，股权结构中法人股东持股比重明显高于英美公司，而个人持股的比重则低于英美公司。

在内部治理组织方面，德日国家公司内部治理机构的设置明显不同于英美治理模式，德国和日本都是采用"二元制"的国家。德日公司的董事会大多从公司内部产生，在董事会之外设立独立的监事会，监事会是公司股东、职工利益的代表机构和监督机构，负责任命和解聘理事、对公司经营重大事项作出决策、审核公司的账簿、核对公司资产等。

德日公司对高层管理人员的激励也与英美模式有较大不同，由于经理层的职位相对稳定，对其的激励报酬不与公司的盈利、股价直接挂钩，高层管理人员持股水平较低，主要是精神激励包括年功序列制、职位升迁等。另外，德日治理模式还更注重包括股东在内的各利益相关者对公司治理的参与。

（2）外部治理机制。在外部治理机制方面，由于资本市场欠发达，股权高度集中，稳定性较强，极少发生恶意接管事件，资本市场并不能起到促进资源的优化配置和改善经营者绩效的作用。德日法人大股东持有企业股票的目的不是为了获取股息红利和股票的资本收益，而是为了加强彼此联系、更稳定的发展，故法人大股东不会受股市行情的左右轻易抛售或买进股票。股票价格的波动不会对经营者形成有效的压力。此外，敌意接管也受到德日企业文化的强烈抵制。

同时，德日经理市场的作用也比较有限，其经理和董事大部分是经过公司内部长期考察和选拔，依靠激烈的角逐和竞争一步步升迁上来的，人员的流动仅限于公司内部，很难通过经理市场招聘到公司所需的经营管理人员。

三、家族治理模式

以东亚与东南亚国家和地区为代表的家族治理模式，是建立在以家族为主要控股股东基础上的以血缘为纽带的家族成员内的权力分配和制衡。这种模式的资本结构以家族为核心，家族以合股和合资等形式形成家族控股企业，在除中国内地和日本以外的大部分东亚及东南亚国家和地区，如中国香港、中国台湾、韩国、泰国、新加坡、马来西亚、菲律宾、印度尼西亚等，公司股权一般都集中在创业者家族手中，控股家族通常普遍地参与公司的经营管理和投资决策，公司的主要高级经营职位也主要由控股家族的成员担任，主要股东与经理层是合一的。它的主要特征是：

（1）内部治理结构。在股权结构上，家族成员拥有企业的控股权。股权结构高度集中，家族企业往往通过金字塔持股结构，利用控制权与现金流权分离，进行利益输送。家族治理模式的优点是公司做出决策会很快，缺点是透明度很低，容易导致大股东侵占中小股东的利益，大股东不会为了中小投资者做决策。

在内部治理组织上，是以家族为主要控股股东，采用以血缘为纽带的家族成员之间的权力分配和制衡机制。家族在整个董事会里占有控制权，按照所占的份数进董事会，整个董事会的决策权掌握在大股东手里。形成了家族控制董事会，董事会聘任经理层，家族及其控制的高级经理层全面主导企业发展的模式。

管理者激励方面，对他们的经营行为进行激励和约束的主要机制也有其自身的特色。家族第一代创业者，往往是为了光宗耀祖或使自己的家庭更好地生活，以及为自己的子孙后代留下一份产业。家族企业第二代经营者，发扬光大父辈留下的事业、保值增值作为企业股东的家族成员资产的责任。因此，与非家族企业经营者相比，家族企业经营者的道德风险、个人机会主义倾向发生的可能性较低，用规范的制度对经营者进行监督和约束没有必要。

（2）外部治理机制。在外部治理结构上，由于股权高度集中于家族手中，控制权市场难以在东亚国家发挥作用。而由于东亚国家公司中股东与经营者身份经常合二为一，经理经营权的取得是基于其作为家族成员的身份，因而不存在外部经理市场对公司经理层的竞争约束。除此之外，东亚公司强有力的家族控制也决定了银行、员工、客户等利益相关者不可能参与公司治理。

四、我国上市公司治理模式的特点

随着证券市场从无到有，我国上市公司的公司治理经历了一个逐步发展的过程。由于我国上市公司大部分由国有、集体企业转制而来，公司治理模式呈现出典型的转型经济特征。这种模式最根本的特征就是其治理形式的外生性，在资本市场建立初期，借鉴了国外公司治理的模式，从形式上来看，主要是英美模式的董事会，但也借鉴了德日模式的监事会，形成了股东大会、董事会和监事会三权分立的治理结构，但从实质上来看，却与家族式治理模式极为相似，公司股权一般都集中在国有资产管理部门手中，作为国有资产的代理人，政府通常普遍地参与公司的经营管理和投资决策，公司的主要高级经营职位也主要由国有资产部门委派，主要股东与经理层也是合一的。它的主要特征是：

（1）内部治理结构。在股权结构上，国有股一股独大。我国上市公司股权结构具有四个突出的特点：流通股比重非常低，绝大部分股份不能上市流通；非流通股过于集中，导致国有股"一股独大"；流通股过于分散，机构投资者比重过小；上市公司的最大股东通常为一家控股公司，而不是自然人。

在内部治理结构上，是以内部人控制与所有者缺位并存的关键人治理模式，关键人大权独揽，常常集控制权、执行权和监督权于一身，公司内部只有数量很少的、大部分上市公司仅达到证监会监管要求的外部独立董事，在公司治理过程中发挥的作用很小，独立性容易受到干扰，内部人甚至能够轻易地控制和操控公司股东大会、董事会和监事会。

管理者激励方面，我国上市公司进行了许多有益的探索，有的公司根据经营绩效安排管理层的薪酬，有的公司实行了年薪制，2006 年开始还进行了股票期权激励措施。但总的来看，管理层激励机制水平参差不齐，有效地实行激励机制的上市公司数目较少，而且由于上市公司从国有企业转制而来，一些僵化的体制规定，也使得某些激励机制如股票期权制度难以实行到位，上市公司的激励制度有待进一步完善。在对管理者经营行为进行约束方面，既没有英美模式下分散股权对管理层变更的压力，也没有家族模式下家族荣誉与成员忠诚的约束，因而有更大的风险。

（2）外部治理机制。在外部治理机制上，由于我国现阶段仍处在从传统的计划经济向市场经济的转型过程中，市场机制还不成熟，以市场为基础的公司外部治理机制发育不全，还难以胜任外部治理的作用。同时上市公司股权高度集中于国有资产管理部门，控制权市场难以在资本市场发挥作用。流通股与非流通股的人为分隔，导致控制权市场发展滞后，非流通股协议转让成为公司控制权转移的主要途径，加剧了市场操纵和内幕交易的情况，公众投资者难以对上市公司的运作与发展决策产生实质性的影响。

通过以上分析可见目前流行的三种公司治理模式以及我国转型期公司治理模式都是在不同的政治、经济、文化背景下形成的，各种模式都有各自的优缺点，对盈余管理的影响也各不相同。

各种模式在解决公司控制权、对代理人实施约束和激励方面存在差异，各有其优点和缺点，作为一种制度安排都有其合理的一面，是在一个特定的时期和环境下对公司利益平衡确定的一种选择，不能笼统地判定其中一种模式优于另一种。除此之外，一个国家或地区的公司治理结构模式还取决于自身的历史发展、经济、政治、社会、文化及其制度惯性等。

表 3.1 不同治理模式下盈余管理的动机比较

治理模式	英美模式	德日模式	家族模式	我国上市公司治理模式
股权结构	证券市场直接融资，股权相对分散，流动性大，不稳定	以银行等金融机构间接融资为主，股权相对集中，稳定性强，交叉持股	政府或家族控制的间接融资，股权高度集中在家族手中	证券市场直接融资与银行间接融资，股权高度集中于国家股
内部组织体系	单层董事会	双层董事会，员工参与管理	家长式决策、亲情式管理	大股东主导的单层董事会
管理者激励	物质激励	精神激励	物质激励与精神激励	职务升迁与政治激励
外部治理机制	强管理者，弱股东。用脚投票	利益相关者利益协调，用手投票	强家族控股，用手投票	大股东主导的强董事会，弱管理者，用手投票
盈余管理动机	盈余管理的动机主要来自于管理层的报酬激励与外部市场压力	较少盈余管理动机	控制权与现金流权分离导致的利益输送激励	大股东主导的利益输送与外部资本市场监管压力

从表 3.1 不同治理模式对盈余管理的影响比较来看，各治理模式下，盈余管理的动机存在很大的差异。英美公司治理模式的盈余管理动机，更多地来源于管理层激励与外部市场的压力；德日治理模式由于激励动机不强，治理模式较少依赖于资本市场，因而其盈余管理的动机相对较弱；家族模式的公司治理主要受控制权与现金流权分离产生的利益输出动机影响。我国上市公司盈余管理的动机，既有家族模式因控制权与现金流权分离导致的利益输送激励，又有美英外部资本市场关于增发、配股和退市等监管导致的激励，同时又缺乏德日模式下债权人介入治理的制度与环境，再加上对管理者内部激励与外部约束不足，因而盈余管理的问题也更为严重。

第四章　盈余管理的理论模型

　　上市公司的管理者拥有评估公司价值的关键信息，而缺乏这些信息的公众投资者只能依据管理者公开报告的基本信息来决定公司股票的价格，从而形成了资本市场上的信息不对称，作为代理人的管理者报告的盈余信息对投资者具有重要的影响。管理者在报告盈余时可以适当地运用职业判断，这是会计规则所允许的，同时管理者的报酬经常与盈余直接相关，或者通过股票市场间接地实现。因此，管理者具有盈余管理的能力与激励，实证研究也表明管理者经常进行盈余管理（Healy 和 Wahlen，1999），管理者补偿是引发盈余管理的重要因素（Healy，1985；Bergstresser 和 Philippon，2002；Kedia，2003）。

　　虽然可以合理地预期公司的盈余呈连续分布状态，但已有的实证却表明公司报告的盈余是不连续的，国外学者 Burgstahler 和 Dichev（1997），Degeorge、Patel 和 Zeckhauser（1999）以及国内学者蒋义宏、魏刚（1998），刘杰（1999），孙铮、李增泉（1999），王亚平、吴联生和白云霞（2005），Yu、Du 和 Sun（2006）等的研究表明，上市公司报告盈余的分布是不连续的，如图4.1所示。他们的研究基于这样的前提，即不存在盈余管理的情况下，样本公司的盈余分布函数在统计意义下是光滑的，当在某一阈值处存在盈余管理现象时，盈余分布函数直方图中阈值左边相邻间隔内的观察数会出现不寻常的低（高）值，右边相邻间隔内的观察数也会出现不寻常的高（低）值，从而造成在阈值处密度分布函数不光滑或不连续，以此可以判断盈余管理行为的存在与否。研究发现公司的真实盈余如果不能满足预期目标，如分析师的预测（Abarbanell 和 Lehavy，2000）、薪酬合同的规定、配股的要求（靳明，2000；陆宇建，2002）等，公司的管理者就会对真实盈余进行"管理"以避免损失。这样，正常的盈余分布所呈现的正态分布图形上就出现了一个下凹的断点。从理性的角度来看，这种行为是一个谜，原因是这种盈余管理的行为如果持续下去，理性的投资者就会对进行盈余管理的公司的股票价格进行折价。因此究竟是什么原因使得管理者采用这样的策略？解释这种现象，有两种推测：一种是基于投资者效用的行为（Burgstahler 和 Dichev，1997）；另一种是基于投资者对信息处理的直观推测（Degeorge、Patel 和 Zeckhauser，1999）。

Panel A:Year Subsequent to An Earnings Decrease

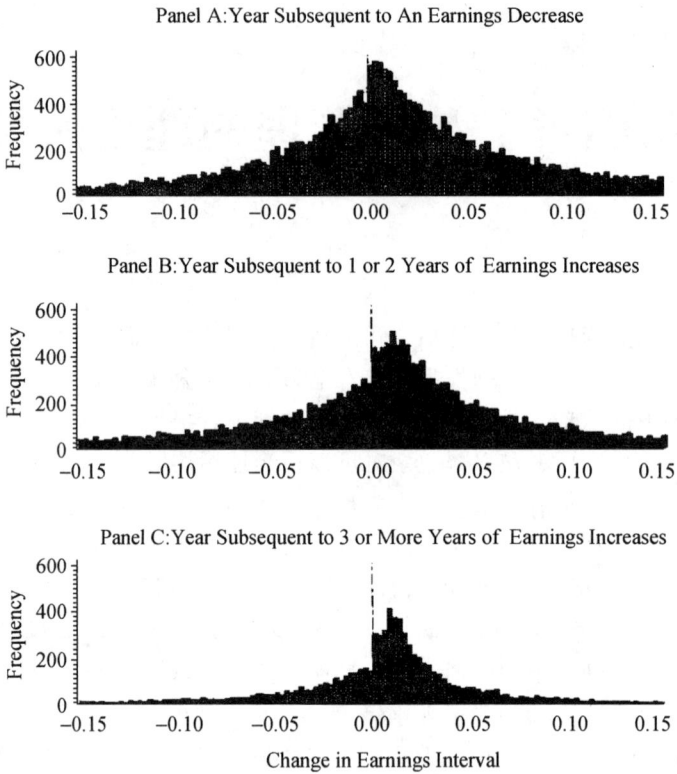

Panel B:Year Subsequent to 1 or 2 Years of Earnings Increases

Panel C:Year Subsequent to 3 or More Years of Earnings Increases

Change in Earnings Interval

图片来源：Burgstahler D. and I. Dichev. 1997. Earnings Management to Avoid Earnings Decreases and Losses. Journal of Accounting and Economics. 24，106，Fig 2.

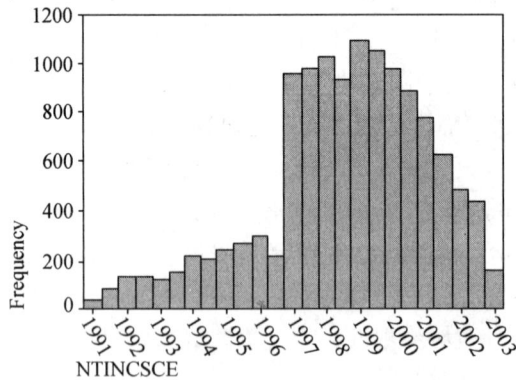

NTINCSCE

图片来源：蒋义宏、魏刚：《ROE 是否已被操纵——关于上市公司净资产收益率的实证研究》，《中国证券报》1998 年 5 月 28 日第 7 版。

图 4.1　报告盈余分布的不连续性

　　通过一个完整的模型来揭示这种盈余分布的不连续性，有助于了解管理者报告盈余的行为。本部分试图在 Guttman、Kadan 和 Kandel（2006）模型的基础上，分别引入公司内部治理因素、外部治理因素，构建一个博弈模型，把不连续的盈余分布现象看作是作为代理人的管理者与委托人的投资者之间博弈的结果，考查管理者报告盈余与投资者对股票定价的均衡解，通过管理者报告盈余的最优策略，来揭示盈余管理与公司内外部治理因素间的内在联系。

第一节　模型的基本设定

　　假设公司的真实盈余为 x，x 服从均值为 x_0，方差为 σ^2 的正态分布。盈余 x 的连续分布函数为 F，概率密度函数为 f。这个分布的参数为共同知识，但是 x 的值只有作为代理人的管理者才可以观察到，投资者作为委托人，用随机变量 $\tilde{x}$ 表示投资者观察到的盈余。管理者作为代理人发布盈余报告 x^R，投资者可以观察到 x^R 并依据 x^R 来为公司的股票定价，观察到 x 之后报告盈余为 x^R 的管理者，其效用函数用下式表示：

$$U^M(x, x^R) = \alpha P(x^R) - \beta(x - x^R)^2 \qquad (4-1)$$

这里 $\alpha \neq 0$，$\beta > 0$，$P(x^R)$ 是报告盈余为 x^R 的公司股票在市场上的价格。

　　假定公司是连续经营的，管理者的效用函数描绘了盈余管理的成本，正的 β 意味着报告的盈余与真实盈余背离越大，管理者将面临更高的法律、规章和声誉的处罚。在这一阶段，管理者可能会采取真实的行动（如出售资产、适度收缩的投资、积极的营销）来获得盈余增长，但这种做法与最佳策略下的盈余显然是有区别的：这些行动是以牺牲公司未来的收益为成本的。参数 β 对同一行业中的公司来讲是相对公平的，因为它受到注册会计师行业协会的管制，但可能会由于不同的管理者对声誉的依赖程度不同而呈现差异。

　　公司的真实表现使管理者报酬依赖于股票价格，这使得管理者产生了偏见，通常管理者更喜欢看到高的股票价格，但这种高价格可能是暂时的，因为管理者可能会设法降低股票价格，以获得更好的购买期权的价格，或者使得股票价格在下期达到更高的涨幅。这样来看当时间跨度不同、公司不同时，α 的作用也各不相同，它可能是积极的，也可能是消极的，这也从另一个方面解释了为什么有的公司是向上操控盈余，而有的公司是向下操控盈余。

　　假定投资者是风险中立的，他跟随其他投资者对股票出价，并根据所有可获得的信息对价格做出适当比例的预期调整，如果用 $c > 0$ 表示某公司的市盈率，公司股票价格在管理者报告盈余前是 $p_0 = cx_0$，当管理者报告盈余后，该公司的股票价格是：

$$p_1 = P(x^R) = cE(\tilde{x} \mid x^R)$$

推测对于每对 x 和 x^R 有：

$$U^M(x, x^R) = \alpha cE(\tilde{x} \mid x^R) - \beta(x - x^R)^2 \qquad (4-2)$$

这样，管理者就面临一个两难的选择：一方面，他希望股票价格上升（如果 $\alpha > 0$），即使采用盈余管理的手段来报告较高的盈余；另一方面，他又希望盈余管理的程度不要太大，因为盈余管理的边际成本在不断增大；管理者的最终决定取决于对二者的权衡。管理者通常会通过对 α 的判断来决定自己的行为。α 的值越大，管理者越倾向于盈余管理，报告的盈余背离真实盈余的程度也越大。

假定管理者的报告策略是真实函数：$\rho : R \rightarrow R$，它映射报告中的真实盈余：$x^R = \rho(x)$。投资者的价格函数是：$P : R \rightarrow R$，映射由管理者报告的盈余所决定的股票价格。这样可以得到管理者关于盈余报告的策略 ρ^* 和投资者关于股票价格的函数 P^* 的精炼贝叶斯均衡：

（1）投资者价格函数 P^* 与管理者战略 ρ^* 通过运用贝叶斯法则，至少有一个共同解；

（2）对所有的 $x \in R$，存在：

$$\rho^*(x) \in \arg\max_{x^R} U^M(x, x^R)$$

首先观察第一期的真实报告 $\rho(x) = x$，这并不是一个均衡解。显然，如果对于所有的 $x \in R$ 有 $\rho(x) = x$，那么投资者会调整他们的信任来反省这个策略，这样对于所有报告的 x^R，有 $P(x^R) = x^R$。如果一个管理者观察到公司的真实盈余是 x，他可以获得的效用是 αcx，假定管理者通过盈余管理的手段，使报告盈余为 $x + \varepsilon (\varepsilon > 0)$，那么他获得的效用将是 $\alpha c(x + \varepsilon) - \beta\varepsilon^2$。这样，一个足够小的 ε 就可以造成收益上的偏差。由此得到命题1。

命题1：存在一个单值的连续可微的精炼分离均衡，管理者的均衡战略可以用 x 的线性函数表示，对所有的 $x \in R$，有 $\rho_s^*(x) = x + \alpha c/2\beta$；投资者的均衡战略可以用基于报告盈余的线性价格函数表示，对所有的 $x^R \in R$，有：

$$\rho_s^*(x^R) = c(x^R - \alpha c/2\beta)$$

证明：令 $\rho_s(.)$ 是一个完美均衡，表示连续的不同的报告策略。如果 $\rho_s^*(.)$ 是一个完美均衡，则存在反函数，有 $\varphi_s = \rho_s^{-1}$，所以价格函数为 $P_s(.) = c\varphi_s$，管理者的效用函数为：

$$U^M(x, x^R) = \alpha c\varphi_s(x^R) - \beta(x^R - x)^2$$

上式对 x^R 求一阶导，得：

$$\frac{d}{dx^R}\varphi_s(x^R) - \frac{2\beta}{\alpha c}x^R + \frac{2\beta}{\alpha c}x = 0$$

因为在均衡中，$x = \varphi_s(x^R)$，代入上式，移项得：

$$\frac{d}{dx^R}\varphi_s(x^R) = -\frac{2\beta}{\alpha c}\varphi_s(x^R) + \frac{2\beta}{\alpha c}x^R$$

得出所有的解为：

$$\varphi_s(x^R) = x^R - \frac{\alpha c}{2\beta} + Ke^{-\frac{2x^R\beta}{\alpha c}}$$

这里 K 是常数，令 $K = 0$，实际上，$K > 0$，$\varphi_s(x^R)$ 是严格的凸函数并且唯一的最小值为：$x^R = -\frac{\alpha c}{2\beta}\ln\frac{\alpha c}{2k\beta}$，这表明 $\varphi_s(x^R)$ 是个有界函数，并且是从下面有界的。所以 x 可以在 R（服从正态分布）的区间内取任何值。同理，可以解出 $K < 0$ 的情况。最终得到精炼分离均衡：

$$\varphi_s(x^R) = x^R - \alpha c/2\beta, P_s(x^R) = c(x^R - \alpha c/2\beta), \rho_s(x) = x + \alpha c/2\beta$$

在命题 1 的精炼分离均衡中，αc 驱动管理者通过盈余管理，报告背离真实的盈余，最终造成了低水平的会计盈余支持了高水平的市盈率，管理者从股票市场获得了较高的报酬。这也从一个侧面说明，低水平的会计准则会导致较高的盈余管理（Leuz，Nanda，Wysocki，2003）。

好在投资者并不是一个傻瓜，他们可以正确地给股票定价（Riley，1979；Stein，1989）。管理者进行盈余管理需要支付成本（包括信息管理的成本和进行盈余管理被发现后面临处罚的成本），同时因为投资者可以正确地识别这些行为[①]（Shivakumar，2000），如果管理者的盈余管理行为除了支付成本什么也不能得到，那么这个均衡是无效率的。

第二节　盈余管理的基本模型

显然，如果投资者能够识别管理者的盈余管理行为，对股票做出正确的定价，使得管理者不仅不能从盈余管理中获得更多的个人效用，反过来却要承担由于盈余管理所带来的直接和间接成本，那么在上市公司中就不会存在盈余管理的行为，也不应该出现盈余分布的不连续性。因此，命题 1 中的均衡并没有反映现实的情况，还需要对其进一步完善。

在不完全信息条件下，上市公司的盈利能力是私人信息。为了简化讨论，假设上市公司的能力只有两种类型，即要么高，要么低，投资者不能确切地观

---

① 对于这个问题，目前的实证研究还没有一个一致的看法。Rangan（1998），Teoh、Welch 和 Wong（1998）认为管理者通过盈余管理成功地欺骗了投资者，但 Shivakumar（2000）则认为投资者并没有被管理者报告的盈余误导，Fisher 和 Verrecchia（2000）的研究则认为无法确定。

测到上市公司的类型，但上市公司披露出来的收益水平却是投资者可以确切观测到的，因此披露的收益水平成为区别不同上市公司类型的信号。不过低能力类型的上市公司有可能通过盈余管理，操控自己的收益，来模仿高能力类型上市公司欺骗投资者，使投资者误认为它是高能力类型的上市公司。

假设上市公司披露收益以前，投资者认为它是高能力公司的概率是 q，那么认为它是低能力公司的概率则是 $1-q$，这个概率分布就是投资者关于上市公司盈利能力的先验信念分布。上市公司发出信号，即披露收益 x^R 后，投资者根据上市公司披露的收益 x^R，利用贝叶斯法则修正先验信念分布，从而形成后验信念分布。这样的信号博弈模型有可能出现分离均衡和混同均衡，前面讨论了分离均衡，下面主要讨论混同均衡。

把命题 1 中的完全分离均衡改变为混同均衡，推测存在一个区间 $[a, b]$，使得对于管理者的最优混同策略为：

$$\rho_p^*(x) \equiv \begin{cases} b & x \in [a, b] \\ x + \alpha c/2\beta & \text{其他} \end{cases} \qquad (4-3)$$

$\rho_p^*(x)$ 只是 $\rho_s^*(x)$ 的一个简单的改变，对于区间 $[a, b]$ 外的低的或高的盈余，管理者仍坚持命题 1 中同样的策略，即：

$$\rho_p^*(x) = \rho_s^*(x) = x + \alpha c/2\beta$$

尽管管理者没有报告公司真实的盈余（因为这是次优选择），但是仍然可以揭露公司的真实类型。如果盈余落在区间 $[a, b]$ 内，则管理者总是报告为 b。图 4.2 描述了局部混同均衡的策略。

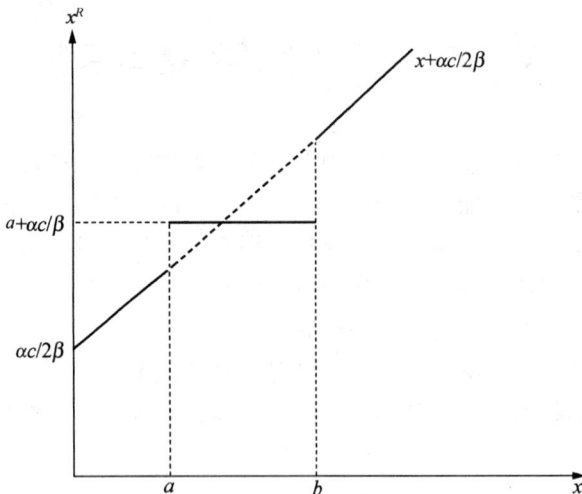

图 4.2　局部混同均衡的盈余报告策略

可证明存在一个唯一的均衡，并且是帕累托优于分离均衡 $\rho_s^*(x)$。根据贝叶斯法则，局部混同均衡存在的必要条件是投资者的定价函数必须满足：

$$P_p^*(x^R) = \begin{cases} c(x^R - \alpha c/2\beta) & x^R \leqslant a + \alpha c/2\beta \text{ 或 } x^R \geqslant a + \alpha c/2\beta \\ cd(a,b) & x^R = b \end{cases} \quad (4-4)$$

在上式中 $d(a,b) = E(\tilde{x} \mid \tilde{x} \in [a,b])$ 是在区间 $[a,b]$ 上真实盈余的均值，为了得到均衡，当管理者的真实盈余为 a 时，它报告为 $a + \alpha c/2\beta$ 和报告为 b 是没有区别的。同理，当管理者的真实盈余是 b 时，它报告为 $b + \alpha c/2\beta$ 和报告为 b 也是没有差别的。把式 4-4 代入式 4-2 中可以得出：

$$\alpha ca - \beta(\alpha c/2\beta)^2 = \alpha cd(a,b) - \beta(b-a)^2$$
$$\alpha cb - \beta(\alpha c/2\beta)^2 = \alpha cd(a,b) \quad (4-5)$$

用上式减下式得到：$\alpha c(a-b) = -\beta(b-a)^2$

消去 $(b-a)$ 得：$\alpha c = \beta(b-a)$

解得：$b = a + \alpha c/\beta$ $\quad (4-6)$

把式 4-6 代入式 4-5 可得：

$$d(a,b) \equiv E(\tilde{x} \mid \tilde{x} \in [a,b]) = a + 3\alpha c/4\beta \quad (4-7)$$

从式 4-7 可知，选择 a 和选择 b 两种情况是不相关的，当选择 a 时，管理者盈余操纵的程度从 $\alpha c/2\beta$ 增加到 $\alpha c/\beta$（用报告盈余 $b = a + \alpha c/\beta$ 代替 $b = a + \alpha c/2\beta$），选择 b 时，通过减少盈余操纵成本到 0（报告真实的盈余，来代替 $b + \alpha c/2\beta$），因此选择 a 增加的盈余操纵和选择 b 减少的盈余操纵是相同的。但是，因为操纵成本函数是凸函数，所以选择 a 超过了选择 b 所做出的让步。所以 $cd(a,b)$ 盈余报告为 b，一定严格高于区间 $[a,b]$ 中点的 c 倍，这说明 $d(a,b)$ 位于区间 $[a,b]$ 中点的右侧，由式 4-6 可知 $b-a = \alpha c/\beta$，即区间 $[a,b]$ 的长度为 $\alpha c/\beta$，由式 4-7 可知 $d(a,b)$ 位于 $[a,b]$ 的 3/4 处。图 4.3 描述了投资者的定价函数。

图 4.3 中直线表示均衡路径，虚线表示不在均衡路径的价格，虚线之上的大点等于 $cd(a,b)$，是盈余报告 $b = a + \alpha c/\beta$ 条件下的价格。由此得到命题 2。

命题 2：存在一个唯一的区间 $[a,b]$，以至于盈余报告的策略为：

$$\rho_p^*(x) \equiv \begin{cases} b & x \in [a,b] \\ x + \alpha c/2\beta & \text{其他} \end{cases}$$

联合定价函数为：

$$P_p^*(x^R) = \begin{cases} c(x^R - \alpha c/2\beta) & x^R \leqslant a + \alpha c/2\beta \text{ 或 } x^R \geqslant a + \alpha c/2\beta \\ cd(a,b) = c(a + 3\alpha c/4\beta) & x^R = b \\ c(x^R - \alpha c/2\beta) & x^R \in [a + \alpha c/2\beta, b) \cup (b, b + \alpha c/2\beta] \end{cases}$$

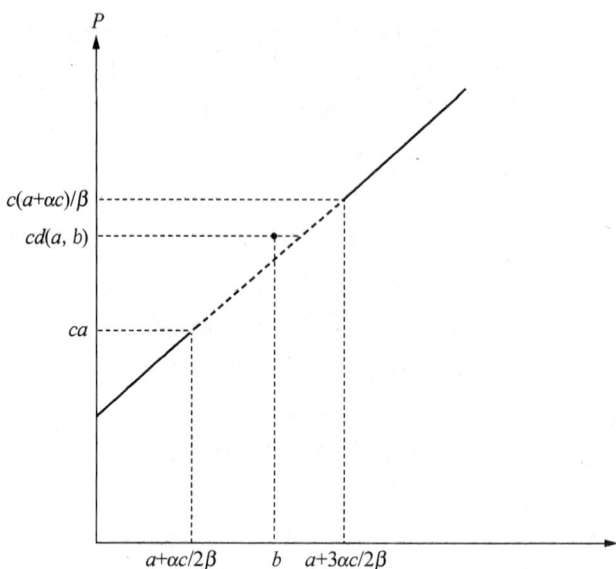

图 4.3　局部均衡的定价功能

　　存在唯一的区间 $[a, b]$ 是式 4-6、式 4-7 成立的必要条件，在给定的管理者策略下，这个区间使得选择 $x=a$ 和 $x=b$，在报告 b 和 $x+\alpha c/2\beta$ 时是没有区别的。得出 $\rho_p^*(.)$ 在这个区间是一个均衡策略，定价函数在均衡路径满足贝叶斯法则，既然 $\rho_s^*(.)$ 是一个均衡，并且只有在区间 $[a, b]$，$\rho_p^*(.)$ 和 $\rho_s^*(.)$ 是不同的，所以只需找出区间 $[a, b]$ 外的均衡。

　　首先考虑一个选择 $\hat{x}\in(a, b)$，推断均衡策略 $\rho_p^*(.)$ 要报告的盈余为 b，既然不在均衡路径的定价也同样为 $\rho_s^*(.)$，由命题1可知，管理者最好的选择是报告 $\rho_s^*(\hat{x})=\hat{x}+\alpha c/2\beta$，使用式 4-6 和式 4-7，即：$d(a, b)=a+3\alpha c/4\beta$ 和 $b=a+\alpha c/\beta$，两个均衡下管理者报告盈余 b 和报告盈余 $(\hat{x}+\alpha c/2\beta)$ 的效用之差为：

$$U^M(\hat{x},\rho_p^*(\hat{x}))-U^M(\hat{x},\rho_s^*(\hat{x}))=U^M(\hat{x},b)-U^M(\hat{x},\hat{x}+\alpha c/2\beta)$$
$$=\alpha cd(a, b)-\beta(b-\hat{x})^2-[\alpha c\hat{x}-\beta(\alpha c/2\beta)^2]$$
$$=\beta(\hat{x}-a)(b-\hat{x})>0 \qquad\qquad (4-8)$$

　　因此报告盈余 b 要比报告盈余 $\hat{x}$ 的情况更好，由式 4-8 可知，在部分混同均衡中，管理者的效用比分离均衡中的效用大。

　　其次考虑 $\hat{x}\notin(a, b)$，由给定的 $\rho_p^*(.)$，可知管理者应该报告 $\hat{x}+\alpha c/2\beta$，原因是不在均衡路径的定价和 $\rho_s^*(.)$ 给出的定价函数相同。命题1表明，这种类型应该不会偏离于 $[a+\alpha c/2\beta, b)\cup(b, b+\alpha c/2\beta]$，因此管理者唯一有

利的偏离就是报告为 b。但是考虑到前面推导的式 4-6 和式 4-7，$d(a, b) =$ $a + 3\alpha c/4\beta$ 和 $b = a + \alpha c/\beta$，管理者报告盈余 $(\hat{x} + \alpha c/2\beta)$ 和报告盈余 b 的效用之差为：

$$U^M(\hat{x}, \rho_s^*(\hat{x})) - U^M(\hat{x}, \rho_p^*(\hat{x})) = U^M(\hat{x}, \hat{x} + \alpha c/2\beta) - U^M(\hat{x}, b)$$

$$= \alpha c\hat{x} - \beta(\alpha c/2\beta)^2 - \alpha cd(a, b) + \beta(\hat{x} - b)^2$$

$$= \beta(\hat{x} - \alpha)(\hat{x} - b) > 0$$

可见如果 $\hat{x} \notin (a, b)$，管理者按照分离均衡路径报告是最优的，也就是不偏离分离均衡路径是有益的。但是当 $\hat{x} \in (a, b)$，管理者按照部分混同均衡报告是最优的。实际上，如果真正的盈余 x 不在混同区间，则两个均衡是相同的，但是如果 $x \in [a, b]$，则部分混同均衡占优势。相对于分离均衡，在管理者盈余报告中的模糊对于他们的效用有两个效果：一方面，改变了盈余管理的程度；另一方面，在这样的操纵下影响对股票的定价，在混同区间 $[a, b]$ 内，净效应总是正的，在区间外净效应为 0。如果管理者被迫去操纵，那么通过股价的增长，他们会得到更多的补偿，而如果操纵得较少，股价的下降不足以抵消成本的减少。可见，在部分混同均衡中的内生噪音使之产生更高程度的操纵。但是，在均衡中进行盈余管理的成本是不可避免的。只有当成本小于收益时，管理者才会进行盈余管理，否则他们不会进行盈余管理，从这种角度分析，混同行为也可以被看做是降低盈余管理程度的一种方法。由此得到命题 3。

命题 3：①在区间 $[a, b]$ 内，混同均衡中期望的盈余管理比分离均衡中期望的盈余管理更低。②在区间 $[a, b]$ 内，在混同均衡中期望的盈余管理成本要比分离均衡中的盈余管理成本更低。

证明：在分离均衡中，由命题 1 可知，期望的盈余管理是 $\alpha c/2\beta$，但是在局部混同均衡里期望的盈余管理为：

$$\int_{-\infty}^{a} \frac{\alpha c}{2\beta} f(x) dx + \int_{b}^{a} (b - x)f(x) dx + \int_{b}^{+\infty} \frac{\alpha c}{2\beta} f(x) dx$$

$$= \frac{\alpha c}{2\beta} - \frac{\alpha c}{2\beta}(F(b) - F(a)) + \int_{b}^{a} (b - x)f(x) dx$$

$$= \frac{\alpha c}{2\beta} - \frac{\alpha c}{2\beta}(F(b) - F(a)) + b(F(b) - F(a)) -$$

$$d(a, b)(F(b) - F(a))$$

$$= \frac{\alpha c}{2\beta} - \frac{\alpha c}{4\beta}(F(b) - F(a)) \qquad (4-9)$$

其中，$d(a, b) = \dfrac{\displaystyle\int_{a}^{b} xf(x) dx}{F(b) - F(a)}$。

令式 4 - 6 减去式 4 - 7，得：$b - d(a, b) = \alpha c/4\beta$，将其代入式 4 - 9，最后得到上面的结果，这表明在部分混同均衡中，期望的盈余管理比分离均衡中的要低得多。由式 4 - 8 可知，在混同均衡中，管理者的效用比分离均衡中的效用大。从重述的期望值的因果关系可知，在两个均衡中的期望的价格是相等的。所以，期望的操纵成本在混同均衡里比在分离均衡中要低。

第三节　考虑内部治理结构的模型

下面把公司内部治理结构因素引入上面讨论的盈余管理基本模型，由于内部治理结构对盈余管理的作用主要体现在管理者的报酬激励上，而报酬激励是以盈余报告的数字为基础。为了简单起见，假设管理者报酬与公司报告的盈余呈线性关系，讨论公司内部治理结构中的激励措施是如何影响管理者操纵盈余报告的。加入这个因素后，管理者的效用函数变为：

$$U^M(x, x^R) = \alpha P(x^R) + \delta x^R - \beta(x - x^R)^2 \qquad (4 - 10)$$

式中 $\delta > 0$，表明激励程度，则其分离均衡和上面讨论的基本模型里命题 1 是相类似的，所以其最优的盈余报告为：

$$x^R = x + (\alpha c + \delta)/2\beta$$

增加的基于盈余的报酬影响管理者调整盈余的动机，并且会改变管理者的操纵成本。在基础模型中，由于同样的原因，可知混同均衡由下面两个方程解出：

$$\alpha ca + \delta a + \delta(\alpha c + \delta)/2\beta - \beta((\alpha c + \delta)/2\beta)^2 = \alpha cd(a,b) + \delta b - \beta(b - a)^2$$
$$(4 - 11)$$

$$\alpha cb + \delta b + \delta(\alpha c + \delta)/2\beta - \beta((\alpha c + \delta)/2\beta)^2 = \alpha cd(a,b) + \delta b \qquad (4 - 12)$$

用式 4 - 11 减去式 4 - 12，可得：

$$\alpha c(a - b) + \delta(a - b) = -\beta(b - a)^2$$

两边消去 $(b - a)$，得到：

$$\alpha c + \delta = \beta(b - a)$$

两边同时除以 β，并移项：

$$b = a + (\alpha c + \delta)/\beta$$

把解出的 b 代入上面两个方程中的任何一个，可解得：

$$d(a,b) \equiv E(\tilde{x} \mid \tilde{x} \in [a, b]) = a + (3\alpha c + \delta)(b - a)/4\alpha c$$

上面讨论的基本模型已经证明部分混同均衡的存在性和唯一性，可以得出加入内部公司治理因素以后的模型其部分混同均衡存在的充分必要条件是 $d(a, b)$ 落在混同区间内（即 $[a, b]$）。所以要求：

$$a < a + (3\alpha c + \delta)(b - a)/4\alpha c < b$$

不等式两边同时减去 a，可得：

$$0 < (3\alpha c + \delta)(b - a)/4\alpha c < b - a$$

不等式两边同时除以 $(b - a)$，由于 $b - a > 0$，所以不等式方向不变，即：

$$0 < (3\alpha c + \delta)/4\alpha c < 1$$

两边再同时乘以 $4\alpha c$，即：

$$0 < 3\alpha c + \delta < 4\alpha c$$

两边再同时减去 $3\alpha c$，可得：

$$-3\alpha c < \delta < \alpha c \qquad (4-13)$$

　　为了更好地理解这个条件，下面分析几种可能的情况。当 $\alpha = 0$ 时，这是一种极端的情况，即管理者的报酬仅仅依赖于盈余报告的数字，这种情况下，式 4-13 不成立，表明不存在部分混同均衡，这是因为部分混同均衡依赖于投资者的信念，由定价函数表示。在均衡策略下，投资者的信念必须支持管理者的策略。当管理者的报酬不依赖于股票价格，则管理者的策略对投资者没有任何影响，并且由上面的基本模型的讨论可知分离均衡是唯一解。另一种情况，也是现实中应用的情况，管理者的报酬既基于盈余报告，又基于股票价格，从式 4-13 可知，管理者如果要实行混同行为，则基于盈余的报酬相对基于股票的报酬不能太大，因此管理者的报酬必须主要基于股票价格，见图 4.4。

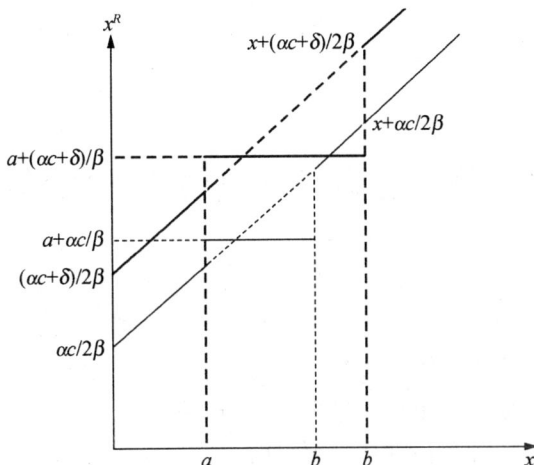

图 4.4　引入激励机制的局部混同均衡

　　从上面的推导结果可知，内部治理结构给予的激励程度应在一定范围内，由于 δ 反映的是激励程度，所以 $\delta > 0$，始终是正的效应，又因为前面讨论基

本模型 $\alpha > 0$，所以式 4 – 13 实际上可以表述为：$0 < \delta < \alpha c$。这进一步说明，给予的激励程度，即基于盈余报告的程度大于 0，小于市盈率的 α 倍。只有激励程度在这个区间，才可以使得管理者有动机去调高盈余报告，实行混同行为。这也充分说明了，如果内部治理结构的激励措施在合适的范围内，则管理者有动机进行盈余管理，使得报告的盈余要比没有加入内部治理结构因素前的基础模型中报告的盈余要高，在合适的范围内实施混同行为以后，其报告为 $b = a + (\alpha c + \delta)/\beta$，这比基础模型里管理者进行混同行为后，报告的盈余 $b = a + \alpha c/\beta$ 要高。可见管理者进行更高程度的盈余管理的前提条件是，公司内部治理结构给予的奖励程度在一定的范围内。超过这个范围后，则起不到这个作用。这不难理解，管理者是理性的，进行混同，需要成本，这在前面的基础模型中已经给出证明，而管理者会权衡其收益和成本，如果给予的奖励小于其进行盈余管理所付出的成本，则管理者不会提高其盈余管理程度，而是保持基础模型中的混同均衡。因此得到命题 4。

命题 4：加入内部治理因素后的模型，存在一个唯一的区间 $[a, b]$，当新增的激励程度 δ 满足 $0 < \delta < \alpha c$ 时，管理者的盈余报告策略为：

$$\rho_p^*(x) \equiv \begin{cases} b & x \in [a, \ b] \\ x + (\alpha c + \delta)/2\beta & \text{其他} \end{cases}$$

联合定价函数为：

$$P_p^*(x^R) = \begin{cases} c[x^R - (\alpha c + \delta)/2\beta] & x^R < a + (\alpha c + \delta)/2\beta \ \text{或} \ x^R > a + (\alpha c + \delta)/2\beta \\ cd(a,b) = c[a + (3\alpha c + \delta)(b - a)/4\alpha c] & x^R = b \\ c[x^R - (\alpha c + \delta)/2\beta] & x^R \in [a + (\alpha c + \delta)/2\beta, b) \cup (b, b + (\alpha c + \delta)/2\beta] \end{cases}$$

第四节　考虑外部治理机制的模型

外部治理机制是通过行政、法律、市场等手段对公司实际控制人实施的间接约束。这些手段包括：市场准入与退出机制、信息披露规范、控制权市场、机构投资人、中介机构、资本市场、经理人市场、审计市场等。结合盈余管理这一具体问题，又以资本市场、经理人市场、控制权市场的影响最大。

下面考虑把公司外部治理机制因素引入上面讨论的盈余管理基本模型的情况。由于外部治理机制主要是约束管理者的行为，所以一旦管理者为了自己的利益进行盈余管理被发现，则会受到更多的处罚，所以引入外部治理机制因素后，管理者的效用函数将变为：

$$U^M(x, x^R) = \alpha P(x^R) - (\beta + \theta)(x - x^R)^2$$

式中 $\theta > 0$，表明由于外部治理机制因素导致的处罚程度，这和前面讨论的基础模型中的分离均衡是相类似的，所以得到管理者最优的盈余报告为：

$$x^R = x + \alpha c / 2(\beta + \theta)$$

可见处罚程度增加后，报告的盈余要比基本模型中报告的要低，这表明外部治理机制起到了约束作用，再考虑混同均衡由以下两个等式决定：

$$\alpha ca - \beta [\alpha c / 2(\beta + \theta)]^2 = \alpha c d(a, b) - (\beta + \theta)(b - a)^2$$

$$\alpha cb - \beta [\alpha c / 2(\beta + \theta)]^2 = \alpha c d(a, b)$$

用上式减去下式，得：

$$\alpha c(a - b) = -(\beta + \theta)(b - a)^2$$

等式两边同时除以（$b - a$），得：

$$\alpha c = (\beta + \theta)(b - a)$$

等式两边再同时除以（$\beta + \theta$），得：

$$\alpha c / (\beta + \theta) = b - a$$

移项解得：

$$b = a + \alpha c / (\beta + \theta)$$

把这个结果代入上面两个等式中的任何一个可解得：

$$d(a, b) \equiv E(\tilde{x} | \tilde{x} \in [a, b]) = a + (5\beta + 4\theta)(b - a) / 4(\beta + \theta)$$

由上面的基本模型的推导，可知加入外部治理机制因素后的模型其部分混同均衡存在的充分必要条件是 $d(a, b)$ 落在混同区间内（即 $[a, b]$），即：

$$a < a + (5\beta + 4\theta)(b - a) / 4(\beta + \theta) < b$$

不等式两边同时减去 a，可得：

$$0 < (5\beta + 4\theta)(b - a) / 4(\beta + \theta) < b - a$$

不等式两边同时除以（$b - a$），由于 $b - a > 0$，所以不等式方向不变，即：

$$0 < (5\beta + 4\theta) / 4(\beta + \theta) < 1$$

不等式两边同时乘以 $4(\beta + \theta)$，由于 $\beta > 0$，$\theta > 0$，所以 $4(\beta + \theta) > 0$不等式的方向不变，即：

$$0 < 5\beta + 4\theta < 4(\beta + \theta)$$

不等式两边再同时减去 $4(\beta + \theta)$，即：

$$-4(\beta + \theta) < \beta < 0$$

由此推导得出 $\beta < 0$，这和基本框架中的假设 $\beta > 0$ 相矛盾，可见引入外部治理机制的影响因素后，部分混同均衡不存在，这说明外部治理机制可以更好地约束管理者，使得其不实行混同行为，即便实施，其收益不足以弥补盈余管理所带来的成本，管理者权衡利弊，最终决策为不实行混同策略，所以加入外部治理机制影响因素后的模型不存在部分混同均衡，只存在唯一的分离均衡，管理者最优的报告为分离均衡即 $[x + \alpha c / 2(\beta + \theta)]$。由此可以看出，这个盈余报告要比基本模型中的分离均衡（$x + \alpha c / 2\beta$）要小，见图4.5。

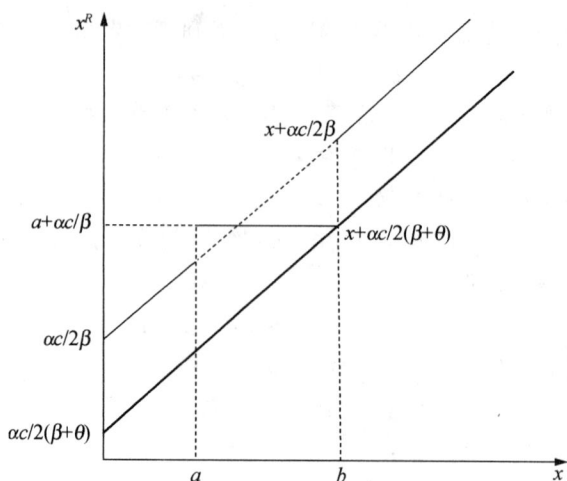

图 4.5   引入约束机制的分离均衡

这正是外部治理机制起到了约束管理者的作用，使得期望的盈余管理程度降低。显然，如果外部治理机制完善，管理者进行盈余管理，一旦被发现，其损失的成本肯定要比没有外部治理机制的情况要大，所以这可以从一定程度上降低盈余管理程度。因此得到命题 5。

命题 5：加入外部治理因素后的模型，存在一个单值的连续可微的精炼分离均衡，管理者的盈余报告均衡战略为：对所有的 $x \in R$，有 $\rho_s^*(x) = x + \alpha c/2(\beta + \theta)$；投资者的均衡战略为：对所有的 $x^R \in R$，有 $P_s^*(x^R) = c[x^R - \alpha c/2(\beta + \theta)]$。

第五节   公司治理机制的综合作用

公司治理机制是指治理公司的一整套制度安排，着重解决大股东和小股东之间以及股东与经理人之间的关系，以使实际控制公司的大股东或经理人行为符合公司全体股东的最佳利益。在发达市场经济条件下，有效的公司治理是通过外部治理机制和内部治理结构共同完成的。这些机制同时构成盈余管理的激励和约束因素，不同的公司治理机制会导致不同的盈余管理动机，并产生了不同程度的盈余管理。

以上分别讨论了考虑内部治理因素和外部治理因素的模型及其存在的均衡情况，但是这两个因素往往是同时作用于管理者的行为，所以下面考虑在基本模型中同时引入这两种因素的情况，此时管理者的效用函数为：

$$U^M(x, x^R) = \alpha P(x^R) + \delta x^R - (\beta + \theta)(x - x^R)^2$$

　　式中字母符号和前面讨论的模型中相同，由前面对基础模型的推导，这个模型和其类似，所以可以得到其分离均衡为：

$$x^R = x + (\alpha c + \delta)/2(\beta + \theta)$$

　　而在基础模型中，分离均衡为 $x^R = x + \alpha c/2\beta$，和上式对比，可以看出加入内外部治理机制因素后的模型其分离均衡有可能比基础模型中的分离均衡大，也有可能小，这取决于 δ 和 2θ 的大小。如果加入内外部治理机制因素后模型的分离均衡大的话，则必须满足：

$$(\alpha c + \delta)/2(\beta + \theta) > \alpha c/2\beta$$

　　不等式两边同时减去 $\alpha c/2\beta$，得：

$$(\alpha c + \delta)/2(\beta + \theta) - \alpha c/2\beta > 0$$

　　左边通分化简，即：

$$(\delta\beta - \alpha c\theta)/\beta(\beta + \theta) > 0$$

　　因为 $\beta > 0$，$\theta > 0$，所以不等式两边同时乘以 $\beta(\beta + \theta)$，不等号方向不变，即：

$$\delta\beta - \alpha c\theta > 0$$

　　如果加入内外部治理机制因素后模型的分离均衡小的话，同理可得：

$$\delta\beta - \alpha c\theta < 0$$

　　可见加入公司治理影响因素以后，其分离均衡有可能大也有可能小，即盈余程度有可能提高也有可能降低。这是因为内部治理结构的激励措施有可能提高管理者进行盈余管理的程度，但是外部治理机制的处罚措施，又使得管理者进行盈余管理的成本上升。所以只有管理者得到的收益大于其损失的成本，才有可能进行更高程度的盈余管理；反之，则降低盈余管理的程度。

　　上面讨论了分离均衡，下面再讨论这个模型是否存在部分混同均衡，和基本模型的推导类似，可知部分混同均衡由以下两个方程解出：

$$\alpha ca + \delta a + \delta(\alpha c + \delta)/2(\beta + \theta) - \beta((\alpha c + \delta)/2(\beta + \theta))^2$$
$$= \alpha cd(a, b) + \delta b - (\beta + \theta)(b - a)^2$$

$$\alpha cb + \delta b + \delta(\alpha c + \delta)/2(\beta + \theta) - \beta((\alpha c + \delta)/2(\beta + \theta))^2 = \alpha cd(a, b) + \delta b$$

　　上式减去下式，可得：

$$\alpha c(a - b) + \delta(a - b) = -(\beta + \theta)(b - a)^2$$

　　等式两边同时除以 $(b - a)$，可得：

$$\alpha c + \delta = (\beta + \theta)(b - a)$$

　　因为 $\beta > 0$，$\theta > 0$，所以等式两边同时除以 $(\beta + \theta)$，并移项可得：

$$b = a + (\alpha c + \delta)/(\beta + \theta)$$

　　可见这比基础模型中的部分混同均衡有可能大，也有可能小，同样取决于激励程度 δ 和处罚程度 θ。把它代入上述两个方程中任何一个可得：

$$d(a,b) \equiv E(\tilde{x} \mid \tilde{x} \in [a,b]) = a + \frac{\alpha c(3\beta + 4\theta) + \delta(4\beta + 6\theta)}{4(\beta + \theta)^2} + \frac{\delta^2(\beta + 2\theta)}{4(\beta + \theta)^2 \alpha c}$$

该模型的部分混同均衡存在的充分必要条件是 $d(a,b)$ 落在混同区间内（$[a,b]$），即：

$$a < a + \frac{\alpha c(3\beta + 4\theta) + \delta(4\beta + 6\theta)}{4(\beta + \theta)^2} + \frac{\delta^2(\beta + 2\theta)}{4(\beta + \theta)^2 \alpha c} < b$$

等式两边同时减去 a，得：

$$0 < \frac{\alpha c(3\beta + 4\theta) + \delta(4\beta + 6\theta)}{4(\beta + \theta)^2} + \frac{\delta^2(\beta + 2\theta)}{4(\beta + \theta)^2 \alpha c} < b - a$$

因为 $b - a = (\alpha c + \delta)/(\beta + \theta)$ 代入上述不等式，即：

$$0 < \frac{\alpha c(3\beta + 4\theta) + \delta(4\beta + 6\theta)}{4(\beta + \theta)^2} + \frac{\delta^2(\beta + 2\theta)}{4(\beta + \theta)^2 \alpha c} < \frac{\alpha c + \delta}{\beta + \theta}$$

因为 $\beta > 0$，$\theta > 0$，$\alpha c > 0$，所以不等式两边同时乘以 $4(\beta + \theta)^2 \alpha c$，得：

$$0 < \alpha c[\alpha c(3\beta + 4\theta) + \delta(4\beta + 6\theta)] + \delta^2(\beta + 2\theta) < 4\alpha c(\alpha c + \sigma)(\beta + \theta)$$

不等式两边同时减去 $4\alpha c(\alpha c + \delta)(\beta + \theta)$，可得：

$$-4\alpha c(\alpha c + \delta)(\beta + \theta) < (\alpha c + \delta)(2\theta\delta + \beta\delta - \beta\alpha c) < 0$$

不等式两边再同时除以 $(\alpha c + \delta)$，不等号方向不变，即：

$$-4\alpha c(\beta + \theta) < 2\theta\delta + \beta\delta - \beta\alpha c < 0$$

由上式可以看出，合适的激励程度以及处罚程度能够使得上式成立，所以该模型存在部分混同均衡，如图4.6所示。

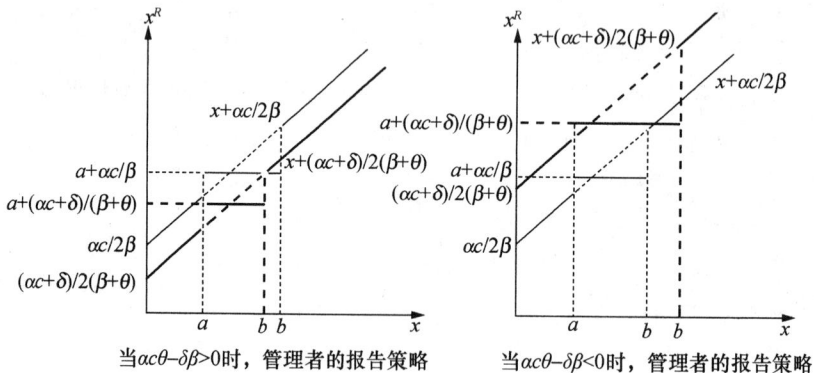

图 4.6　同时引入激励约束机制的分离均衡

这说明，内外部公司治理机制对管理者能够起到激励和约束的作用，管理者是理性的。当内部治理结构的激励作用产生的收益大于外部治理机制的约束作用产生的成本时，管理者会实施混同行为，进行盈余管理，反之则不会。所以完善的公司治理机制应该具备激励和处罚的功能，综合作用使得管理者减少盈余管理程度。因此得到命题6。

命题6：同时加入内外部治理因素后的模型，存在一个唯一的区间 $[a,b]$，当新增的激励程度 δ 和处罚程度 θ 满足一定条件时，管理者的盈余报告策略为：

$$\rho_p^*(x) \equiv \begin{cases} b & x \in [a,b] \\ x + (\alpha c + \delta)/2(\beta + \theta) & 其他 \end{cases}$$

联合定价函数为：

$$P_p^*(x^R) = \begin{cases} c[x^R - (\alpha c + \delta)/2(\beta + \theta)] & x^R < a + (\alpha c + \delta)/2(\beta + \theta) 或 x^R > a + (\alpha c + \delta)/2(\beta + \theta) \\ cd(a,b) = c\left[a + \dfrac{\alpha c(3\beta + 4\theta) + \delta(4\beta + 6\theta)}{4(\beta + \theta)^2} + \dfrac{\delta^2(\beta + 2\theta)}{4(\beta + \theta)^2 \alpha c}\right] & x^R = b \\ c[x^R - (\alpha c + \delta)/2(\beta + \theta)] & x^R \in [a + (\alpha c + \delta)/2(\beta + \theta), b) \cup (b, b + (\alpha c + \delta)/2(\beta + \theta)] \end{cases}$$

第五章 盈余管理计量方法

盈余管理是在公认会计原则规定的范围之内，谨慎地对报告净利润进行调整，其操控方式多样，手段隐蔽，研究者既不能观察到盈余管理的手段，也无法了解盈余管理的程度。因此盈余管理实证研究的一个关键环节是如何度量盈余管理水平，估计企业的盈余操控对应计利润程度的影响。在以往的研究中，学者们提出了众多盈余管理的计量方法和模型，目前各方法的合理性仍存在争议，运用不同方法取得的实证结果也存在差异，完美的计量方法并不存在。

第一节 盈余管理计量方法概述

研究盈余管理的主要困难在于盈余管理程度的不可直接观测性，因此现有的研究主要采用估计操控性应计利润来检验选定样本在统计意义上是否存在盈余管理行为，对盈余管理进行实证研究的结论在很大程度上依赖于对盈余管理估计的准确性。现有的盈余管理计量方法主要有三种类型：应计利润分离法、特定应计项目法和盈余分布检测法。

这三种方法在盈余管理的实证研究中都有成功运用的先例，但这三种方法的使用也都有一定的条件，其中特定应计项目法，只能运用于一些特定的行业和特定的会计科目，往往局限于小样本或具体的行业或部门。盈余分布检测法则只能鉴别出哪些公司在特定的盈余阈值处是否存在盈余管理的行为，但不能获得公司进行盈余管理的手段和程度的信息。应计利润分离法是应用最为广泛的盈余管理度量方法，但由于其前提条件的主观假设，也是最受争议的一种方法。

McNichols（2000）对 1993~1999 年间发表在国际上 8 种著名会计期刊①

---

① 8 种期刊是：*The Accounting Review*；*Contemporary Accounting Research*；*Journal of Accounting and Economics*；*Journal of Accounting*，*Auditing and Finance*；*Journal of Accounting and Public Policy*；*Journal of Accounting Research*；*Journal of Business Finance and Accounting*；*Review of Accounting Studies*。

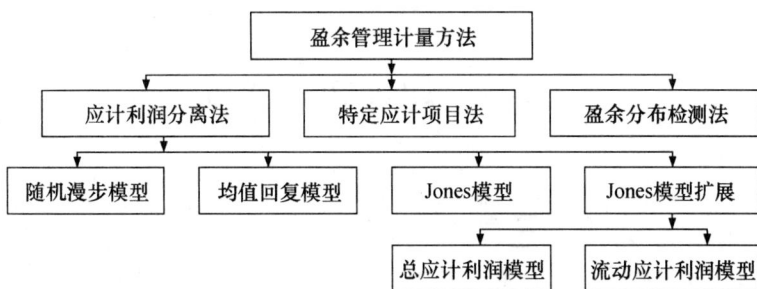

图 5.1　盈余管理计量方法分类

上的 56 篇与盈余管理相关的实证文献进行了研究，尤其是对各篇文章所采用的计量盈余管理的方法进行了统计分析，发现其中 25 篇使用了应计利润分离法，10 篇使用了特定应计项目法，1 篇使用了盈余分布检测法，另外 20 篇则使用了资产减值、会计政策变更、非经常性损益等方法。黄梅（2007）在此基础上收集了 2000 ~ 2006 年间相同期刊上发表的 74 篇关于盈余管理的实证研究文献，分析了这些文献中盈余管理计量方法的使用情况，发现其中 42 篇使用了应计利润分离法，16 篇使用了特定应计项目法，13 篇使用了盈余分布检测法。从国内的研究来看，情况基本相似，黄梅对国内四大刊物[①]上发表的 24 篇关于盈余管理实证研究文献的统计表明，计量盈余管理最主要的方法仍然是应计利润分离法，共有 15 篇文献采用了这一方法。其次是特定应计项目法，有 4 篇文献。采用最少的方法是盈余分布检测法，只有 2 篇。另外 4 篇则是采用了与国外差异较大的线下项目计量方法，这主要是由于制度和监管上的差异引起的。

　　从表 5.1 可以看出，国内外盈余管理研究中计量方法采用最多的是应计利润分离法，其次是特定应计项目法，而盈余分布模型的使用方法则在近年的研究中增加很快。

表 5.1　盈余管理实证文献使用主要方法统计（1993 ~ 2006）

类别	数量	应计利润分离法	特定应计项目法	盈余分布检测法	合计
国外研究	篇数	67	26	14	107
	比例	63%	24%	13%	100%
国内研究	篇数	15	4	2	21
	比例	72%	19%	9%	100%

注：本表在 McNichols（2000）、黄梅（2007）的基础上整理而成。

----

① 四大刊物是：《经济研究》、《会计研究》、《中国会计与财务研究》以及《财经研究》。

第二节　应计利润分离法

一、应计利润分离模型的理论基础

在权责发生制会计模式下，公司的会计盈余包括经营现金流量和应计利润两部分。所谓应计利润是指那些不直接形成当期现金流入或流出，但按照权责发生制和配比原则应该计入当期损益的收入或费用，即企业报告收益由两部分组成，经营现金流（Cash From Operations，CFO）和应计利润（Total Accruals，TA）：

$$Earnings = TA + CFO$$
$$TA = Earnings - CFO$$

在理论上，盈余管理可以通过操控经营现金流量和应计利润额两条途径来实现，但由于经营现金流量通常与公司销售和收款政策等密切相关，一般需要通过真实的经济业务来操控，操控成本较高，因此企业一般不予考虑；而应计利润内生于会计的权责发生制，管理人员有较大的操纵空间，它既可以通过会计方法的选择和会计估计的改变来予以调整，也可以通过交易的记录时点选择来予以影响，操控成本较小，而且操控手法也更加隐蔽，因此管理人员更多地倾向于采用应计利润来管理盈余。但并不是所有的应计利润都是管理人员操控盈余的产物，应计利润中有一部分是企业正常经营业绩的体现，与盈余管理无关。因此，应计利润 TA 可以划分为操控性应计（Discretionary Accruals，DA）和非操控性应计（Non-discretionary Accruals，NDA）两部分，其中：

$$TA = DA + NDA$$
$$DA = TA - NDA$$

但操控性应计利润 DA 是不可直接观测的，研究人员通常根据应计的影响因素，先设计一个模型来计算不可操控性应计利润 NDA，然后从应计利润中扣除不可操控性应计利润，二者之差就是可操控性应计利润 DA，以此作为衡量盈余管理的替代指标。因此应计利润分离法的目的是从应计利润总额 TA 中分离出可操控性应计利润 DA，而其关键则是如何设计应计利润模型来计算 NDA。

二、应计利润分离模型回顾

应计利润分离法是盈余管理实证研究中最常用的一类方法，众多研究者发展出了很多分离应计利润的计量模型，有将总应计利润作为非操控性应计利润估计值的简单模型，也有通过回归方法将应计利润分离为非操控性应计利润和操控性应计利润的复杂模型。依据其所采用的方法不同，基于应计利润分离法的盈余管理计量模型大致可以分为三类。第一类为随机漫步模型，其基本假设是企业的应计利润遵循随机漫步（Random Walk）的特点，故预期非操控性应计利润的变动为零，所有应计利润的变动可推论为操控性应计利润的变动，也就是管理层可以操纵的部分。第二类为均值回复模型，其基本假设是企业估计期各年的操控性应计是稳定的，从长期来看，估计期的操控性应计总和为零。第三类则是依据 Kaplan（1985）的理论，认为应计利润随企业经营状况而改变，因此可以从总应计利润中分离出由外生经济状况决定的非操控性应计利润或期望利润，剩余的部分就是操控性应计利润或异常应计利润。其代表模型是 Jones（1991）模型，并在此基础上发展出多种扩展模型，这些模型的主要差异是非操控性应计的假设与处理不同。从表 5.1 已有文献对盈余管理计量模型的使用与比较研究结果来看，Jones 模型对盈余管理的度量能力得到了较为一致的认可，下面对基于 Jones 模型的盈余管理计量方法做一简要回顾。

（一）Jones 模型与横截面 Jones 模型

Jones（1991）在研究面临进口压力的公司在接受调查期间是否会进行盈余管理，以降低公司在被调查期间的盈余来获得进口补贴、税收减免等优惠的问题时，延续 Healy（1985）、DeAngelo（1986）的观点，将总应计利润区分为操控性应计利润与非操控性应计利润。但她认为以上模型都没有考虑企业规模扩大对非操控性应计利润的影响，随着企业销售收入的增加和固定资产规模的扩大，与之相对应的应收应付项目以及折旧费用将导致应计利润的自然增加，因此将上述模型中用总应计利润代表操控性应计利润的方法改为以销售收入变动额、折旧性资产的总额来估计正常的总应计利润，同时为避免公司规模影响应计利润的估计值，以期初总资产为基础予以标准化。在回归方程中，假设估计期管理层并未从事盈余管理，则操控性应计利润为零；以估计期数据求得参数作为事件期非操控性应计利润的估计基础。

Jones 模型估计非操控性应计利润的公式如下：

$$NDA_{it} = \alpha_{1i}1/A_{it-1} + \alpha_{2i}\Delta REV_{it}/A_{it-1} + \alpha_{3i}PPE_{it}/A_{it-1} \qquad (5-1)$$

式中，NDA_{it} 表示经上期期末总资产调整的非操控性应计利润[①]，A_{it-1} 是上期期末总资产；ΔREV_{it} 是 t 期销售收入和 $t-1$ 期销售收入的差额；PPE_{it} 是 t 期期末总的厂房、设备等固定资产原值。α_{1i}、α_{2i}、α_{3i} 是公司 i 的特征参数，估计值根据以下模型，并运用估计期各项数据通过回归取得：

$$TA_{it}/A_{it-1} = \hat{a}_{1i}1/A_{it-1} + \hat{a}_{2i}\Delta REV_{it}/A_{it-1} + \hat{a}_{3i}PPE_{it}/A_{it-1} + \varepsilon_{it} \qquad (5-2)$$

---

① 文中以下各模型中 NDA_{it} 均表示经上期期末总资产调整的非操控性应计利润。

式中，$\hat{a}_{1i}$，$\hat{a}_{2i}$，$\hat{a}_{3i}$是 α_{1i}，α_{2i}，α_{3i} 的 OLS 估计值，TA_{it} 是 i 公司第 t 期的总应计利润，ε_{it} 为剩余项，代表各公司总应计利润中的操控性应计利润部分。其他变量含义和方程（5-1）相同。

Defond 和 Jiambalvo（1994）运用横截面 Jones 模型来估计非操控性应计利润，在回归时采用了分行业分年度的方法估计参数，以消除使用时间序列数据时经济环境变化所造成的估计误差。采用横截面数据不仅可以有效克服样本规模过小和经济环境变动问题，而且可以用于检验历史较短的企业，尤其是我国上市公司的情况。除了模型中特征参数使用截面数据估计而不是用时间序列数据估计外，截面 Jones 模型与 Jones 模型是相同的。尽管横截面 Jones 模型具有更合理的盈余管理检测模型，但如果该行业的公司普遍存在盈余管理的行为时，其估计的操控性应计利润仍然存在偏差。

（二）修正 Jones 模型与横截面修正的 Jones 模型

Jones（1991）模型隐含着销售收入的变动与折旧性资产的变动均不会对操控性应计利润产生影响，即销售收入的变化都是企业基本面变化的结果。但实际上管理层可以通过控制销售收入发生的时机来达到盈余管理的目的，销售收入的变动也会对操控性应计利润造成影响。因此 Dechow、Sloan 和 Sweeney（1995）认为，由于应收账款的存在，在销售收入中，财务报告编制人员可以通过操控应收账款来操控销售收入，继而操控盈余。Jones 模型高估了非操控性利润，低估了盈余管理的程度，应该在销售收入的变动中，剔除应收账款的增量。因此，他们对 Jones 模型进行了修正：估计企业特征参数时仍采用基本的 Jones 模型（5-2），而估计事件期的操控性应计利润时则将基本 Jones 模型中的销售收入变动数 ΔREV 修正为销售收入变动数减去应收账款变动数 $\Delta REV - \Delta REC$。具体模型如下：

$$NDA_{it} = \alpha_{1i}1/A_{it-1} + \alpha_{2i}(\Delta REV_{it} - \Delta REC_{it})/A_{it-1} + \alpha_{3i}PPE_{it}/A_{it-1} \quad (5-3)$$

$$TA_{it}/A_{it-1} = \hat{a}_{1i}1/A_{it-1} + \hat{a}_{2i}\Delta REV_{it}/A_{it-1} + \hat{a}_{3i}PPE_{it}/A_{it-1} + \varepsilon_{it} \quad (5-4)$$

式中，ΔREC_{it} 是 t 期应收账款和 $t-1$ 期应收账款的差额，其他变量的含义和方程（5-3）相同。需要注意的是 α_{1i}、α_{2i}、α_{3i} 的估计值是从原始的 Jones 模型（5-4）中得到的，而不是从修正的 Jones 模型中得到的。修正的 Jones 模型对原始的 Jones 模型的调整仅仅是模型中销售收入变量经过了事件期（即假设的盈余管理发生期）应收账款变量的调整。

Jones 模型和修正的 Jones 模型的特征参数都是以事件年度之前 8 年的时间序列数据估计出来的。这种估计期的选择与以前的研究相比各存利弊，因为尽管使用一个长时间序列的观察值可以改进估计的有效性，但同样会导致样本规模较小和估计期中企业发生结构性变动的可能性提高等问题。所以，Bartov、Gul 和 Tsui（2001）在研究操控性应计利润与审计质量间的关系时，提出横截面修正的 Jones 模型。这个模型在形式上与修正的 Jones 模型完全相同，只是在估计参数时不是用时间序列数据，而是采用分行业、分年度的横截面数据。

（三）陆建桥 Jones 模型

我国学者陆建桥（1999）提出，修正的 Jones 模型只考虑了固定资产对应计利润的影响，实际上无形资产和其他长期资产同固定资产折旧类似，都存在着摊销，无形资产和其他长期资产的摊销也会影响到应计利润的大小。因此，他在修正的 Jones 模型基础上，加入了无形资产和其他长期资产变量。模型的具体表现形式如下：

$$NDA_{it} = \alpha_{1i}1/A_{it-1} + \alpha_{2i}(\Delta REV_{it} - \Delta REC_{it})/A_{it-1} + \alpha_{3i}PPE_{it}/A_{it-1} + \alpha_{4i}IA_{it}/A_{it-1}$$
$$(5-5)$$

$$TA_{it}/A_{it-1} = \hat{a}_{1i}1/A_{it-1} + \hat{a}_{2i}\Delta REV_{it}/A_{it-1} + \hat{a}_{3i}PPE_{it}/A_{it-1} + \hat{a}_{4i}IA_{it}/A_{it-1} + \varepsilon_{it}$$
$$(5-6)$$

其中：IA_{it} 表示公司 i 第 t 年的无形资产和其他长期资产，其余变量同模型（5-3）。

（四）前瞻性 Jones 模型

Dechow、Richardson 和 Tuna（2003）研究发现，应收账款只有一部分是可操纵的，本期应计利润的高低，会受到前期应计利润和未来销售增长率的影响，他们在修正 Jones 模型的基础上进行了改进，提出了前瞻性 Jones 模型。该模型的不同之处在于从应收账款中分离了 NDA 和 DA，同时在模型中增加了滞后一期的应计利润和销售收入增长率变量。

$$NDA_{it} = \alpha_{1i}/A_{it-1} + \alpha_{2i}((1+k)\Delta REV_{it} - \Delta REC_{it})/A_{it-1} + \alpha_{3i}PPE_{it}/A_{it-1} + \alpha_{4i}TA_{it-1}/A_{it-1} + \alpha_{5i}\Delta GRSales_{it}/A_{it-1}$$
$$(5-7)$$

$$TA_{it}/A_{it-1} = \hat{a}_{1i}/A_{it-1} + \hat{a}_{2i}((1+k)\Delta REV_{it} - \Delta REC_{it})/A_{it-1} + \hat{a}_{3i}PPE_{it}/A_{it-1} + \hat{a}_{4i}TA_{it-1}/A_{it-1} + \hat{a}_{5i}\Delta GRSales_{it}/A_{it-1} + \varepsilon_{it}$$
$$(5-8)$$

其中：k 是 ΔREC 与 ΔREV 回归的系数。$GRSales_{it}$ 是销售收入的增长率，用本期销售收入变动除以上期销售收入 $\Delta REV_{it}/REV_{it-1}$ 表示。

（五）业绩匹配 Jones 模型

公司绩效会影响盈余管理的估计，因为非预期的绩效或应计与绩效间的非线性关系可能导致 NDA 被错误地当做 DA。为了消除公司业绩变化带来的估计盈余管理的问题，Kothari、Leone 和 Wasley（2005）在 Jones 模型中引入了业绩变量，以控制业绩变化对盈余管理度量的影响。他们增加了当期的总资产回报率 ROA 来控制应计利润与业绩间非线性关系的影响。由于 Jones 模型的首项是用滞后一期的总资产进行调整，以消除方程的异方差，实际上没有了截距项，因此他们还在 Jones 模型中增加了截距项，以增加模型检测 I 型错误的能力。

$$NDA_{it} = \alpha_{0j} + a_{1j}/A_{it-1} + \alpha_{2j}(\Delta REV_{it} - \Delta REC_{it})/A_{it-1} +$$
$$\alpha_{3j}PPE_{it}/A_{it-1} + \alpha_{4j}ROA_{it}/A_{it-1} \qquad (5-9)$$

$$TA_{it}/A_{it-1} = \hat{a}_{0j} + \hat{a}_{1j}/A_{it-1} + \hat{a}_{2j}(\Delta REV_{it} - \Delta REC_{it})/A_{it-1} +$$
$$\hat{a}_{3j}PPE_{it}/A_{it-1} + \hat{a}_{4j}ROA_{it}/A_{it-1} + \varepsilon_{it} \qquad (5-10)$$

式中，ROA_{it} 为当期的总资产报酬率，a_{0j}、$\hat{a}_{0j}$ 等为常数项和行业特征参数，采用横截面数据分年度分行业估计。

（六）分段线性 Jones 模型

Basu（1997）研究发现，损失与利得的会计确认存在不对称性，损失（坏消息）通常比利得确认更为及时。Ball 和 Shivakumar（2006）发现 Jones 及其扩展模型都没有考虑到这一与稳健性相关的问题，因此他们提出了一个分段线性应计模型来控制损失与利得的不对称确认所导致的应计与现金流非线性关系对应计利润估计的影响。

$$NDA_{it} = \alpha_{0i}X + \alpha_{1i}VAR + \alpha_{2i}DVAR + \alpha_{3i}DVAR \times VAR \qquad (5-11)$$

$$TA_{it} = \hat{a}_{0i}X + \hat{a}_{1i}VAR + \hat{a}_{2i}DVAR + \hat{a}_{3i}DVAR \times VAR + \varepsilon_{it} \qquad (5-12)$$

其中：X 表示包含在模型中经上期期末总资产调整的解释变量向量（如 $\Delta REV_{it} - \Delta REC_{it}$、$PPE_{it}$ 等），VAR 为经济利得或损失的代理变量（如 CFO_{it}、ΔCFO_{it} 等），$DVAR$ 是哑变量，当 VAR 为损失时取 1，为利得时取 0，$\hat{a}_i$ 是 α_i 的分年度分行业 OLS 估计值，ε_{it} 为残差项，操控性应计 DA 通过 TA 减去 NDA 获得。

三、总应计利润的计算

在上述应计利润模型中，估计非操控性应计利润 NDA 和操控性应计利润 DA 都要使用总应计利润 TA，总应计利润并不能直接从会计报告得到，需要通过计算来获取。总应计利润的计算有两种方法：一种是资产负债表法；另一种是现金流量表法。

（一）资产负债表法总应计利润的计算

早期的研究中，由于还没有现金流量表，因此不能直接得到现金流量数据，总应计利润也不能直接利用净利润减去经营现金流量获得，只能依据资产负债表中的项目通过计算得到总应计利润。而美国上市公司也是在 1988 年才开始编制现金流量表，因此 Jones（1991）通过下面简易的方法计算总应计利润：

$$TA_{it} = \Delta CA_{it} - \Delta Cash_{it} - \Delta CL_{it} + \Delta DCL_{it} - DEP_{it}$$

式中，ΔCA_{it} 是第 t 年流动资产的变化额；$\Delta Cash_{it}$ 是第 t 年现金及现金等价物的变化额；ΔCL_{it} 是第 t 年流动负债的变化额；ΔDCL_{it} 是第 t 年流动负债中短期借款的变化额；DEP_{it}是第 t 年折旧和摊销费用。

从概念上讲，Jones 模型的总应计利润代表了在报告盈余计算期间非现金项目调整为经营现金流量的总和，而不是净利润减经营现金流量，因为盈余包括了其他应计项目，如非流动资产处置的损益、财务上有相关行为的损益，等等。这种处理方法与 Dechow、Sloan 和 Sweeney 等人的是一致的，以后的大量研究盈余管理的文献对当没有现金流量表数据时也基本上采用了 Jones 的方法。

（二）现金流量表法总应计利润的计算

现金流量表成为会计准则规定的披露报表后，可以方便地通过损益表和现金流量表计算总应计利润。现金流量表法的计算公式为：

$$TA_{it} = NI_{it} - CFO_{it}$$

式中，TA_{it} 为第 t 年总应计利润；NI_{it} 为第 t 年净利润；CFO_{it} 为第 t 年现金流量表中经营活动现金流量净额。

虽然已有文献中资产负债表法比现金流量表法更常用，但是 Hribar 和 Collins（2002）的研究表明，在某些情况下，用资产负债表法计算总应计利润不如现金流量表法好。例如，当样本公司存在收购兼并、非持续性项目、外币转换等情况时，用资产负债表计算总应计利润，会将这些特别情况产生的应计利润也包括在内，进而被计算为操纵性应计利润，发生高估盈余管理的情况，使实证研究的结果产生误差。

四、应计利润分离模型的比较与评价

（一）应计利润分离模型的比较

应计利润分离模型都是基于一定的假设条件之上建立的，模型计量盈余管理的能力是一个实证研究的问题，因此诸多研究者对各种模型的检验效力进行了比较。Dechow、Sloan 和 Sweeney（1995）的研究结果表明，Healy 模型、DeAngelo 模型和 Jones 模型在区分操纵性应计利润时差异明显，但是鉴别盈余管理的效力不高，修正的 Jones 模型出现第二类错误的概率最小，效果更好一些。Young（1999）发现，虽然各模型在估计操控性应计利润时均包含显著水平的系统误差，但修正的 Jones 模型的估计值优于其他模型。Bartov、Gul 和 Tsui（2001）通过检验盈余管理和审计意见的关系，对 Healy 模型、DeAngelo 模型、行业模型、Jones 模型和修正的 Jones 模型 5 个计量模型揭示盈余管理的能力进行了检验和评价。已有的研究表明，操纵性应计利润越高，公司进行盈余管理的可能性就越大。如果审计质量较高，盈余管理可能性大的公司被出具非标准无保留审计意见的可能性应该也大。因此，根据计量模型计算的操控性应计利润和收到非标准无保留审计意见的可能性之间的关系越显著，则此模型揭示盈余管理的能力也越强。检验结果表明，与时间序列模型相比，横截面 Jones 模型和横截面修正的 Jones 模型能够更好地揭示公司的盈余管理。Dechow、Richardson 和 Tuna（2003）采用了 4 种方法比较了修正的 Jones 模型、改进的 Jones 模型、滞后的 Jones 模型和前瞻性 Jones 模型计量盈余管理的效力，发现各模型估计的操控性应计利润对未来盈余的预测能力都显著低于现金流和非操控性应计，但各模型间没有明显区别。在识别极端样本能力方面，前瞻性 Jones 模型的解释力更强一些，但各模型在识别能力上没有明显差别。Kothari、Leone 和 Wasley（2005）采用随机抽样和分层随机抽样的方法，对横截面 Jones 模型、横截面修正的 Jones 模型以及业绩匹配模型检测盈余管理的能力进行了检验。发现在大部分情况下，业绩匹配模型识别操控性应计的能力更强，尤其是选用的变量与业绩相关的情况下，可以减少出现检测 I 型错误的情况，同时建议在 Jones 模型和修正的 Jones 模型中加入常数项，以减轻模型偏误。

　　国内关于盈余管理的研究大多是对现有模型的直接使用，或是对现有模型做进一步的改进后再应用，对各模型在国内适用情况的比较并不多见。夏立军（2003）在对横截面 Jones 模型、横截面修正的 Jones 模型以及 KS 模型的比较后发现，分行业估计并且采用线下项目前总应计利润作为因变量估计特征参数的基本 Jones 模型和 KS 模型最能有效揭示出盈余管理，而在基本 Jones 模型中加入长期投资或无形资产和其他长期资产并不能改进模型，并且修正的 Jones 模型并不比基本 Jones 模型更好。张雁翎和陈涛（2007）运用第一类误差检验、预测误差标准方法和操纵性应计部分的短期效应三种方法，比较了 Healy 模型、DeAngelo 模型、Jones 模型、修正 Jones 模型、KS 模型和前瞻性 Jones 模型 6 种模型对盈余管理计量的效力。在综合考虑三种方法实证结果和中国资本市场实际情况的基础上，他们认为前瞻性修正的 Jones 模型在中国证券市场检验盈余管理行为的效力最强。

　　从现有的各模型对盈余管理计量效力的比较研究结果来看，这些计量模型能否分离出非操控性应计利润和操控性应计利润并从而揭示盈余管理，有一些共识，但分歧也不少，同时由于采用的方法与数据各不相同，比较结果也差异较大，哪一个模型更有效，依然是一个有待进一步研究的实证问题。

　　（二）应计利润法评述

　　应计利润法是目前盈余管理研究文献中使用频率最高的一种盈余管理计量方法，但同时也是受到批评最多的一种方法。这一方法的主要优点是：第一，非预期应计利润模型最突出的价值在于它能够估计出单个公司的盈余管理程度，因而它能够广泛地用于研究公司盈余管理的动机和手段。应计利润总额可以综合反映企业的各种应计操纵行为，比如会计估计和会计方法的变更，收入的递延确认、费用的资本化等，因此该方法可以从总体上把握盈余管理的程度。第二，应计利润法思路清晰，计量相对简单，对研究企业没有特殊要求，依其得出的研究结论更具有普遍性。

这一方法最大的缺陷是现有的模型计量结果存在误差，根据模型结果所推导的结论存在冲突。具体的问题包括：尽管应计利润分离法在盈余管理的计量中得到了广泛应用，但是这种方法依赖于一些主观假设，因此其局限性也非常明显。对应计利润存在或不存在盈余管理情况下的表现方式和特征，缺乏有说服力的理论或证据，将影响应计利润的因素视为"黑箱"，如应计利润与主营业务收入变化和固定资产之间的关系仍然是一个没有确定的问题，这就难以使人相信对操控性应计利润的估计代表了管理当局的真实操纵行为。

第三节　特定应计项目法

一、特定应计项目法研究回顾

特定应计项目法是计量盈余管理的第二类方法。特定应计项目法集中于某个或某类金额较大并且要求大量会计职业判断的特定应计项目。这些特殊应计在企业总应计中所占比重很大，预期管理人员的操纵会反映在这些特定的应计项目上，研究人员运用所掌握的行业制度背景知识，通过对该项目的具体分析，建立模型，实证检验其中的操控性应计成分来计量企业盈余管理的程度。与总应计利润法相比，特定应计项目法的研究对象更为具体，可以建立更合理的模型，减少盈余管理计量中的噪音，但不足之处是关注于某一项或某一类应计，可能会低估总体的盈余管理水平。

最早运用特定应计模型来研究盈余管理的是 McNichols 和 Wilson（1988）。他们集中于坏账准备这一特定的应计项目，运用如下模型来检测盈余管理：

$$Prov_t = \alpha_0 + \alpha_1 BgBl_t + \alpha_2 Write - off_t + \alpha_3 Write - off_{t+1} + Resprov_t$$

式中，$Prov_t$ 表示 t 期计提的坏账准备，$BgBl_t$ 表示期初的坏账准备，$Write - off_t$ 表示 t 期的坏账注销，$Write - off_{t+1}$ 表示 $t+1$ 期的坏账注销，$Resprov_t$ 表示误差项，α_0、α_1、α_2、α_3 为系数，运用 $Resprov_t$ 来检测是否存在盈余管理。

后来有多位学者运用这种方法来研究某些特定行业的盈余管理行为。早期的特定应计项目法运用的研究主要集中于一些特殊的产业，比如 Beaver 等（1989）、Wahlen（1994）、Collins 等（1995）研究了银行业的贷款损失准备，Petroni（1992）、Beaver 和 McNichols（1998）、Nelson（2000）等研究了保险业的索赔损失准备，但所得出的结论很难一般化到其他行业。现在许多研究者在更大产业范围内研究单个应计行为，如折旧政策的选择，税收费用的管理，加速收入的确认，减值准备的计提与转回等，扩大了特定应计项目法的运用面。

二、特定应计项目法简要评述

总应计利润模型是将企业的所有的应计利润项目纳入研究模型中，其研究的目的是评述企业的总体盈余管理程度。当研究某一具体的会计政策对会计方法选择的影响，或对特定行业的影响，采用具体应计利润模型更为有效。

具体应计项目法主要针对某一特定行业中某一或某组特定的、需要管理当局进行职业判断的、金额大的应计项目作为研究对象。目前，相对于应计利润分离法，该方法更为容易识别影响应计项目的特定因素和检验盈余管理的手段和程度；但是该方法需研究者对制度背景和行业知识通晓，信息收集成本高，且局限于具体行业或小样本，研究结论难以普及。

第四节　盈余分布检测法

尽管应计利润分离法在盈余管理的计量中得到了广泛的使用，但是这种方法依赖于一些主观的假设，因此其局限性也非常明显；而特定应计项目法虽然检测结果较为可靠，但是只能用于某些特定行业和特定的应计项目，研究结论难以推广。盈余管理计量模型在检验效力上的局限性，促使研究人员寻找新的思路来估计盈余管理，盈余分布检测法就是在这样的背景下产生的，并且已经成为盈余管理程度估计的重要方法。这种方法不是从估计单个公司的盈余管理入手，而是通过分析所有公司盈余的整体分布来检验报告盈余在特定水平周围的不连续分布来计量盈余管理的程度。

一、盈余分布检测法研究回顾

根据对经济数据的普遍认识，从总体看证券市场上的公司在某一年的收益率是一个随机变量，并且满足某种分布，盈余分布检测法正是从这一观点出发，以盈余管理的结果——被管理盈余为研究对象，分析上市公司盈余管理的一种方法。这种方法的基本思想假设，在不存在盈余管理的前提下，企业盈余以及盈余变化应该呈现统计平滑分布，即样本公司的盈余分布函数在统计意义下是光滑的；而当在某一阈值处存在盈余管理现象时，在盈余分布函数直方图中，阈值左边相邻间隔内的观察数会出现不寻常的低（高）值，右边相邻间隔内的观察数也会出现不寻常的高（低）值，从而造成在阈值处密度分布函数不光滑或不连续，从而判断盈余管理行为的存在与否。因此，判断阈值处是否存在盈余管理行为便转化为判断阈值处盈余分布函数是否光滑。在具体研究中，研究者首先通过盈余管理动因来确定相应的阈值点，然后检验盈余的分布，若在给定阈值点处存在异常的不连续性分布，则表明企业存在盈余管理行为。盈余管理的动机不同，阈值点的确定也不同。

现有实证研究文献中常用的阈值点包括：盈余为零，此阈值点主要检验企业避免亏损的盈余管理动机；上年盈余，此阈值点主要检验避免盈余下降的盈余管理动机；本年度分析师预测盈余，此阈值点主要检验满足分析师预测盈余的盈余管理动机。最早应用盈余分布检测法研究盈余管理的是 Burgstahler 和 Dichev（1997），他们研究了美国公司避免亏损和避免业绩下降的盈余管理，研究结论表明，避免亏损和避免业绩下降是公司盈余管理的普遍动机，大约有 8%～12% 的业绩微降公司通过盈余管理达到了避免业绩下降的目的，大约有 30%～40% 的微亏公司通过盈余管理达到了避免亏损的目的，表明面临亏损的公司盈余管理的频率较高。Degeorge、Patel 和 Zeckhauser（1999）对美国公司避免亏损、避免业绩下降以及达到分析师预测的盈余管理进行研究时，发现公司在相对应的阈值点（分别为 0、上年业绩以及分析师预测的业绩）存在显著的盈余管理行为。王亚平、吴联生和白云霞（2005）在研究中国上市公司是否为避免亏损而进行了盈余管理时发现，我国上市公司从 1995～2003 年间都存在为避免亏损而进行的盈余管理。他们假设真实盈余服从正态分布，报告盈余服从混合正态分布，运用参数估计的方法对阈值处的盈余管理频率和幅度进行推断来估计盈余管理的频率和幅度。Yu、Du 和 Sun（2006）运用 BD（1997）的方法，研究了中国上市公司为达到证监会规定的配股盈余要求（净资产报酬率 ROE，阈值分别为 0、6% 和 10%）而进行的盈余管理，结果发现，中国上市公司的确存在为配股而进行盈余管理。

二、盈余分布检测法简要评述

盈余分布检测法在盈余管理研究中得到了广泛的运用，并得到越来越多学者的认可，吴联生、王亚平（2007）认为其原因在于盈余分布法有其独到的贡献。总应计利润模型和具体应计利润模型在研究中都要确定非操控性应计利润。由于研究人员并不能接触到企业的会计记录，因此他们对非操控性应计利润的确定都是一种估计。而应用盈余分布模型的优点在于研究人员在不需要找出非操控性应计利润组成的情况下，就可以较好地确定盈余管理的分布。

第五节　盈余管理计量模型的适应性检验

以上对盈余管理计量方法的回顾与分析可以得出一个基本结论：虽然目前盈余管理的计量方法众多，但由于各模型提出的前提假设各不相同，度量盈余管理的能力各有优劣，完美的盈余管理计量方法并不存在。盈余管理研究的起点是其替代变量操控性应计的计量问题，目前几种常用的应计模型，都是由国外学者发展而来，模型提出的背景大都与美英的上市公司、会计制度和经济环境相联系。应计利润分离方法的可靠性不仅取决于模型计量盈余管理的能力，还与上市公司的盈余管理动机、手段，股票市场的效率和监管环境，以及上市公司的会计核算制度和方法相关，同一种盈余管理计量模型，在不同的经济环境下，其计量的能力和可靠性可能会不同。因此，这些模型对国内资本市场、会计环境和上市公司的适应性如何，还有待进一步检验。国内关于应计模型的比较研究并不多见，只有夏立军（2003）、张雁翎和陈涛（2007）对盈余管理度量模型的检测效力进行了比较研究，但还存在进一步探讨的空间。近年来关于盈余管理的度量，国外的学者提出了多个较新的模型，比如前文所阐述的前瞻性 Jones 模型、业绩匹配模型等，尤其是分段线性模型（非线性模型）的提出，将"好消息"与"坏消息"在收入与支出确认时间上的不对称引入模型，使盈余管理的度量模型更符合实际的情况，这些模型在国内资本市场的适应情况有待检验与评价。因此，本节将主要对前文所述几个新的盈余管理计量模型在国内资本市场的运用情况进行检验，并在此基础上对模型进行分析和调整，使其更符合我国资本市场和上市公司的特征，为后续研究奠定基础。

一、模型的选择

由于计量盈余管理的模型众多，本书仅对前文回顾的 6 种模型进行了比较研究。从盈余管理模型比较研究的结果表明，Jones 模型对盈余管理的度量能力得到了较为一致的认可，因此本书只针对 Jones 模型和 Jones 模型的扩展进行比较。模型有些属于时间序列模型，有些是横截面模型。夏立军（2003）认为，考虑到我国会计制度的不断变更与完善、上市公司上市时间不长、估计期与事件期普遍存在盈余管理等情况，针对中国股票市场的盈余管理研究不宜使用时间序列模型，建议使用横截面模型，因此本书选取的模型都采用横截面数据进行参数估计。

最终本书对下面六个模型进行了比较：标准 Jones 模型（Jones，1991），修正的 Jones 模型（Dechow、Sloan 和 Sweeney，1995），陆建桥修正的 Jones 模型（陆建桥，1999），前瞻性 Jones 模型（Dechow, Richardson 和 Tuna, 2003），业绩匹配 Jones 模型（Kothari, Leone 和 Wasley, 2005）和分段线性 Jones 模型（Ball 和 Shivakumar, 2006）。

二、研究设计

本书检验各模型计量盈余管理能力的方法，综合了应计利润分离法和盈余分布检测法两种方法的优点。总应计分离法可以从总应计中分离出操控性应计的数量，便于了解个体上市公司盈余管理的程度，而盈余分布检测法可以展现上市公司总体上盈余管理的频率。

对 6 种盈余管理计量模型分离操控性应计能力的检验基于下面的假设：

设 x_t 为上市公司的真实盈余，依据中心极限定理，在大样本情况下，公司的真实盈余 x_t 服从正态分布，其分布特征为距均值越近，分布的频率越高，距均值越远，分布频率越低，即各公司的年净资产收益率的概率密度分布服从正态分布。

假定真实盈余 x_t 的概率密度分布函数为 $f(x_t)$，x_t 服从 $N[\mu, \sigma^2]$，该函数服从正态分布，在分布区间具有连续性。管理层出于各种动机，期望的报告盈余为 x_r，如果真实盈余与期望的报告盈余不一致，则会运用各种手段操控盈余，使报告盈余达到期望值 x_r。若操控的盈余数量为 x_d，则有：

$$x_d = x_r - x_t$$

由于各公司操控盈余的动机不同，有的公司是向上操控，有的公司是向下操控，还有更多的公司可能是不进行盈余的操控。显然 x_d 的分布函数 $f(x_d)$ 在空间分布上是不连续的，因此报告盈余 x_r 的分布函数 $f(x_r)$ 也是不连续的，最终导致了管理后盈余在频率分布上的不连续性。盈余分布频率检测法，正是通过这一原理对盈余管理的情况进行检测。

在模型检测能力的比较中，首先根据要比较的 6 种应计利润分离模型，估计出各模型的特征参数，然后计算出各模型的非操控性应计利润 NDA，这样可以从 TA 中分离出操控性应计 DA，得到操控性应计的估计值 x_d'，最后依据：

$$x_t' = x_r - x_d'$$

估计各模型扣除操控性应计利润 x_d' 后的真实盈余 x_t'。根据前面的假设，参与比较的 6 种模型，哪一种模型估计的 x_d' 更接近真实的操控性应计 x_d，计算所得到的 x_t' 就越接近真实盈余 x_t。由于 x_t 服从近似的正态分布，其函数 $f(x_t)$ 在空间分布上具有连续性，结合盈余频率分布检测法，只要检验各模型计算的真实盈余 $f(x_t')$ 分布的连续性，就可以比较出各模型度量盈余管理的能力。

三、样本选择与描述性统计

(一) 样本选择

考虑到样本期间会计制度的连续性，本书选取了 1998~2006 年间沪深两市连续上市至少三年以上[①]的所有公司为样本，剔除了金融类上市公司和部分数据不全的公司，最终得到公司年样本 7976 个。其中 1998 年 476 个，1999 年 665 个，2000 年 744 个，2001 年 829 个，2002 年 956 个，2003 年 1020 个，2004 年 1054 个，2005 年 1097 个，2006 年 1135 个，各行业分年度样本分布情况见表 5.2。本书所用数据均来源于 CCER 上市公司年报数据库，并与 CSMAR 数据库进行了必要的核对，实证分析采用 SAS9.13 完成。

表 5.2　样本在各行业的分布情况

行业分类	行业代码	1998	1999	2000	2001	2002	2003	2004	2005	2006	合计(家)	所占比例(%)
农、林、牧、渔业	A	7	12	15	17	23	22	19	20	25	160	2.01
采掘业	B	2	3	6	9	11	15	15	16	17	94	1.18
食品、饮料	C0	16	27	37	40	44	47	48	52	53	364	4.56
纺织、服装、皮毛	C1	17	23	30	33	42	46	44	44	47	326	4.09
造纸、印刷	C3	4	11	16	14	16	17	18	20	21	137	1.72
石油、化学、塑胶、塑料	C4	52	80	89	97	110	118	115	117	123	901	11.30
电子	C5	15	21	24	24	27	31	32	34	39	247	3.10
金属、非金属	C6	41	57	66	80	91	87	103	107	102	734	9.20
机械、设备、仪表	C7	70	99	115	126	141	156	167	174	180	1228	15.40
医药、生物制品	C8	22	32	34	43	56	64	67	72	83	473	5.93
其他制造业	C9	7	10	10	13	16	16	15	13	16	116	1.45

----

① 由于有的模型使用了滞后变量，还有模型使用了前瞻变量，因此需要上市公司至少连续两年的数据。

续表

行业分类	行业代码	1998	1999	2000	2001	2002	2003	2004	2005	2006	合计（家）	所占比例（%）
电力、煤气及水的生产供应	D	19	25	29	32	41	46	49	51	56	348	4.36
建筑业	E	5	10	12	14	14	14	17	22	25	133	1.67
交通运输、仓储业	F	11	18	23	27	34	42	47	52	51	305	3.82
信息技术业	G	22	32	34	43	55	56	54	60	64	420	5.27
批发和零售贸易	H	60	79	79	74	80	81	78	78	75	684	8.58
房地产业	J	23	25	24	31	37	47	49	49	49	334	4.19
社会服务业	K	18	26	27	32	36	35	36	36	36	282	3.54
传播与文化产业	L	6	9	8	11	9	10	10	10	10	83	1.04
综合类	M	59	66	66	69	73	70	71	70	63	607	7.61
合计		20	476	665	744	829	956	1020	1054	1097	1135	7976	100.00

注：其中 C2 类分行业分年度公司数不足 10 家，并入 C9，并删除了 I 类金融行业的数据。

（二）描述性统计

从表 5.3 来看，我国上市公司业绩有下降的迹象，ROE 与 ROA 均值与中位数都有下降的趋势。同时从表中还可以看出，不论是全样本还是分年度统计，ROE 与 ROA 之间都存在背离的情况，说明上市公司有操控 ROE 的可能。

四、样本公司盈余管理存在性检验

（一）ROE 与 ROA 的分布频率

已有研究表明，亏损公司管理当局存在操控盈余避免亏损的各种动机，因此预期样本公司 ROE 的频数分布中，微亏公司的频数异常的低，而微利公司的频数异常的高；略低于配股及增发及格线的观测值的频数异常的低，而略高于配股、增发及格线的观测值的频数异常的高。由于上市公司既可以通过操纵净利润来避免亏损或达到配股、增发及格线，也可以通过操纵净资产来实现上述目标，如果上市公司仅仅操纵净利润，ROA 的分布形态应与 ROE 相似。

根据中心极限定理，如果不存在产生系统误差的明显因素，且样本量足够大，那么 ROE 的分布应近似于服从正态分布。图 5.2 是 1998～2006 年间所有样本的 ROE、ROA 频数分布图（图中只列出了 ROE 在 −10%～30% 区间的统

表 5.3　ROE 与 ROA 的描述性统计

盈余指标		全样本	1998 年	1999 年	2000 年	2001 年	2002 年	2003 年	2004 年	2005 年	2006 年
	有效观测	7976	476	665	744	829	956	1020	1054	1097	1135
净资产收益率 ROE	均值	0.05011	0.06203	0.07391	0.07096	0.04221	0.03147	0.04310	0.05364	0.03784	0.05385
	标准差	0.13027	0.14554	0.12324	0.10959	0.13206	0.13336	0.12682	0.11920	0.13892	0.13593
	中位数	0.06309	0.10153	0.08668	0.07964	0.06175	0.05366	0.05570	0.05838	0.04813	0.05869
	最小值	-0.99679	-0.81324	-0.92864	-0.93254	-0.98764	-0.79137	-0.89510	-0.88031	-0.99679	-0.95673
	最大值	0.95786	0.40052	0.64470	0.79202	0.95786	0.68252	0.78749	0.59888	0.88089	0.60903
资产收益率 ROA	均值	0.02910	0.04446	0.04715	0.04571	0.02511	0.02096	0.02539	0.02598	0.01784	0.02808
	标准差	0.06508	0.06908	0.06106	0.04747	0.06354	0.05738	0.05286	0.08092	0.06880	0.06754
	中位数	0.03005	0.05184	0.04846	0.04669	0.03191	0.02584	0.02508	0.02428	0.02023	0.02474
	最小值	-1.75196	-0.31394	-0.36744	-0.17138	-0.95204	-0.48584	-0.34517	-1.75196	-1.02900	-1.12211
	最大值	-1.75196	0.25742	0.37390	0.30130	0.21985	0.27928	0.21932	0.51023	0.22134	0.29952

计频数），横坐标显示的是分组上限值，纵坐标为样本落入该区间的频数统计。从全部样本公司的 ROE 分布频数图来看，呈现出明显的三峰分布，说明存在非随机因素影响了 ROE 的分布，可能是由公司管理当局的盈余管理造成的，这与陆宇建（2002）、Yu、Du 和 Sun（2006）、顾振伟和欧阳令南（2008）的结论相似。从图中可以看出，ROE 分布有 3 个明显的异常区间：0~1% 微利区域、6%~7% 区域与 10%~11% 区域。除了这三个区间外，盈余的频数分布是相对平滑的。

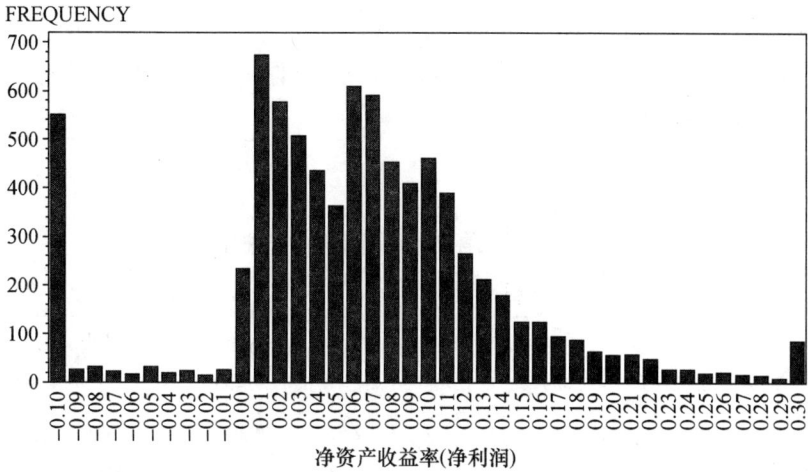

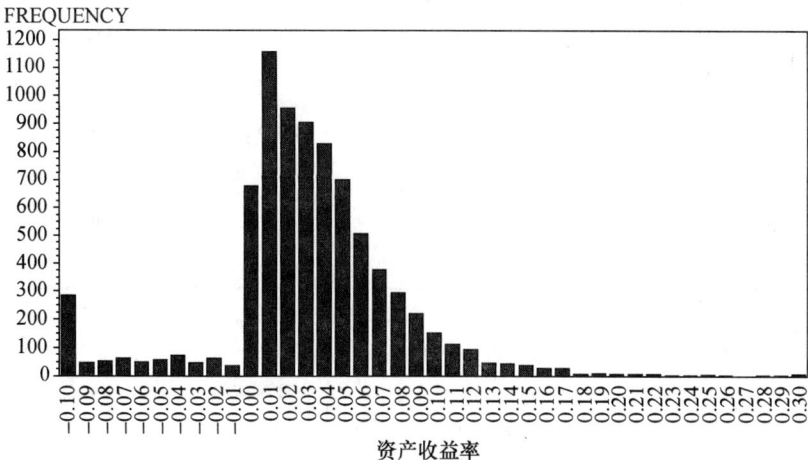

图 5.2　ROE 与 ROA 频率分布图

从 ROA 的频数分布来看，与 ROE 的分布相似，在微利区间形成了一个显著的峰值；但是与 ROE 的分布不同的是，ROA 其他区间只有一个峰值，上市公司 ROA 的分布与 ROE 的分布存在差异，可能是由于上市公司为了达到配股及格线，不仅操纵了净收益，而且操纵了净资产。

（二）阈值处 ROE 的连续性检验

盈余分布检测法存在的主要问题是其检验结果依赖于直方图盈余间隔的大小划分，为了避免盈余间隔划分的主观性对检测的影响，本书还用 Degeorge、Patel 和 Zeckhauser（1999）的方法，对 ROE 阈值点为 0 ~ 1%、6% ~ 7% 以及 9% ~ 10% 处盈余分布密度的连续性进行了检验。

为便于计算，选取了全体样本中 ROE 范围在 $-0.3 ~ +0.4$ 的所有样本，共计 7730 个，占样本总数 7976 的 96.91%，大部分上市公司的 ROE 分布都在此区间内，组距设定为 0.01。首先依据要求，计算各区间的 ROE 分布密度 Δp_n，然后计算所有区间 Δp_n 的均值、标准差，依此计算统计量 τ，结果见表 5.4。

表 5.4　ROE 在各区间的频数分布及统计检验

ROE 区间	频数分布	统计量 τ	t 检验 p 值	ROE 区间	频数分布	统计量 τ	t 检验 p 值
$-0.05 ~ 0.04$	0.30090	0.02111	0.98322	0.06 ~ 0.07	4.33801	4.10974	0.00011 ***
$-0.04 ~ 0.03$	0.32598	-0.09944	0.92108	0.07 ~ 0.08	9.46590	-2.72138	0.00822 ***
$-0.03 ~ 0.02$	0.20060	0.03116	0.97523	0.08 ~ 0.09	6.06820	-0.25013	0.80323
$-0.02 ~ 0.01$	0.23821	0.00102	0.99919	0.09 ~ 0.10	5.75476	-0.99351	0.32393
$-0.01 ~ 0.00$	0.23821	0.00102	0.99919	0.10 ~ 0.11	4.51354	1.43756	0.15508
0.00 ~ 0.01	0.23821	5.84765	0.00000 ***	0.11 ~ 0.12	6.30642	-1.74694	0.08510 *
0.01 ~ 0.02	7.53511	-0.03916	0.96887	0.12 ~ 0.13	4.12487	-0.95333	0.34375
0.02 ~ 0.03	7.48495	-0.66200	0.51018	0.13 ~ 0.14	2.93380	-0.52136	0.60378
0.03 ~ 0.04	6.65747	-0.63186	0.52956	0.14 ~ 0.15	2.28185	-0.31040	0.75719
0.04 ~ 0.05	5.86760	-0.58164	0.56271	0.15 ~ 0.16	1.89318	-0.39077	0.69717

注：限于篇幅，本表只列出了 ROE 在 $-0.05 ~ 0.05$ 间的数据，其中标记 *** 表示在 0.01 水平显著，** 表示在 0.05 水平显著，* 表示在 0.1 水平显著，双尾检验。

假设 n_i 为第 i 个小区间的观测值数量，令 $p_i = n_i/N$，Δp_n 为该区间的 p 值与相连的左边区间的 p 值之差，那么统计量 τ 服从 t 分布（Degeorge、Patel 和 Zeckhauser，1999）。

$$\tau = \Delta p_i - mean\{\Delta p_i\}/std.\{\Delta p_i\}$$

（三）ROE 分布的进一步检验

我国上市公司配股政策始于 1993 年，以后历经数次变更。1993 年 12 月，中国证监会规定上市公司配股的必备条件之一是"连续两年盈利"。证监会

1994 年 12 月将配股条件修改为最近 3 年连续盈利且公司 ROE 的 3 年平均值在 10% 以上。1996 年 1 月出台的配股政策将原来配股的必备条件修改为公司在最近 3 年内 ROE 每年都在 10% 以上，属于能源、原材料、基础设施类的公司可以略低，但不低于 9%。1999 年 3 月，中国证监会再次修改了有关配股的规定，公司上市超过 3 个完整会计年度，最近 3 个完整会计年度的 ROE 平均在 10% 以上；上市不满 3 个完整会计年度，按上市后所经历的完整会计年度平均计算；属于农业、能源、原材料、基础设施、高科技等国家重点支持行业的公司，ROE 可以略低，但不得低于 9%；上述指标计算期间内任何一年的 ROE 不得低于 6%。2001 年 3 月，中国证监会规定申请配股的公司近 3 个会计年度加权平均 ROE 平均不可低于 6%，仍然以 ROE 作为决定上市公司能否配股的主要条件。

　　从我国配股、增发的政策变更来看，对 ROE 的要求在年度间存在差异，从本书样本选择区间 1998 ~ 2006 年的变化来看，最主要的差异是 2001 年以前要求 3 年 ROE 加权平均不少于 9% ~ 10%，且 3 年中不低于 6%，2001 年后则要求 3 年加权平均不少于 6%。如果盈余频率分布的不连续是由于上市公司为了获得配股和增发资格所致，那么上市公司的盈余分布在 2001 年前和 2001 年后是不同的，2001 年前的盈余分布，0 ~ 1%、6% ~ 7% 和 9% ~ 10% 区间都会存在不连续，而 2001 年后的盈余分布，则只会在 0 ~ 1% 和 6% ~ 7% 区间存在不连续。基于这样的假设，将样本分为 1998 ~ 2001 年和 2002 ~ 2006 年二组，分别进行盈余频率分布检测。

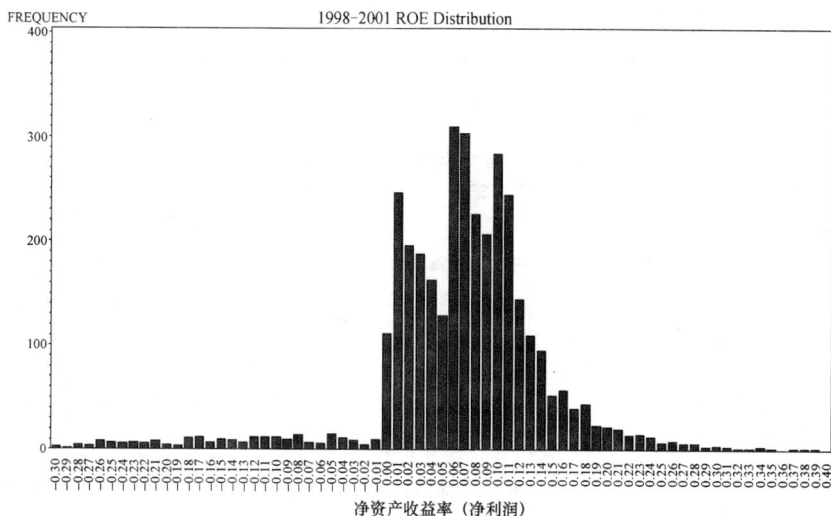

FREQUENCY　　　　　　1998-2001 ROE Distribution

净资产收益率（净利润）

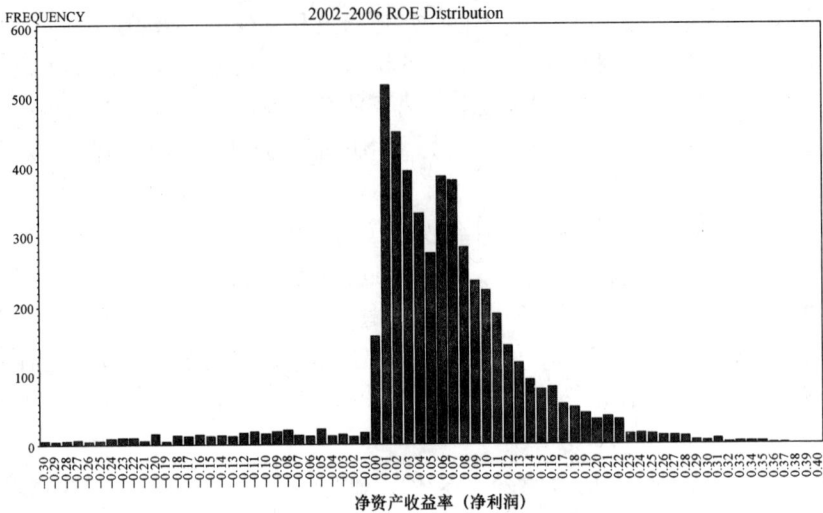

图 5.3　分组样本的 ROE 频率分布图

从图 5.3 可以看出，与假设相一致，1998～2001 年上市公司的盈余分布频率呈现出典型的三峰分布，分别在 0～1%、6%～7% 以及 10%～11% 三个阈值点处存在不连续，而 2002～2006 年间的样本，由于配股政策的变化，导致 10%～11% 区间的不连续消失，从而进一步说明，上市公司确实存在为获取增发和配股资格而进行的盈余管理。

五、各模型盈余管理计量效力比较

（一）各模型变量的描述性统计

各模型变量的描述性统计见表 5.5。

表 5.5　各模型变量的描述性统计

变量名	变量说明	样本数	均值	中位数	标准差	最小值	最大值
TA_{it}	t 期总应计利润*	7976	−115056453	−26887533	1099599252	−45437000000	5178760797
$Asset_{it-1}$	$t-1$ 期期末总资产	7976	2820583157	1419830022	10549968235	20390507	520572000000
ΔREV_{it}	t 期销售收入变动额	7976	362771675	72750453	3492843067	−6144314252	208483000000
ΔREC_{it}	t 期应收账款变动额	7976	13272167	3005757	156436360	−2908104098	4776000000
PPE_{it}	t 期固定资产原值	7976	1713049938	540390508	11764045340	403536	572465000000

续表

变量名	变量说明	样本数	均值	中位数	标准差	最小值	最大值
IA_{it}	t 期无形资产	7976	76988567	28030503	218404874	−1057406729	5924000000
ROA_{it}	t 期总资产收益率	7976	0.0291045	0.0300512	0.0650891	−1.7519629	0.5102395
$DCFO_{it}$	哑变量，$CFO > 0$ 取 1	7976	0.2057422	0	0.4042683	0	1.0000000

注：* TA_{it} 是经上期期末总资产 $Asset_{it-1}$ 调整后的总应计利润。

　　标准 Jones 模型、修正的 Jones 模型、陆建桥修正的 Jones 模型、前瞻性 Jones 模型、业绩匹配 Jones 模型和分段线性 Jones 模型检验中所使用的变量统计分析见表5.6。

表 5.6　各模型参数估计

模型	Obs. N	FValue	Pr > F	R − Sq	Adj R − Sq	NDA 均值	DA 均值	AdjNI 均值	AdjROE 均值
标准 Jones 模型	7976	234.54	<0.0001	0.0811	0.0807	−0.02070	−0.00047	131114669	0.06817
修正的 Jones 模型	7976	234.54	<0.0001	0.0811	0.0807	−0.02077	−0.00040	131017424	0.06807
陆建桥 Jones 模型	7976	181.78	<0.0001	0.0836	0.0831	−0.02153	0.00035	130280913	0.06639
前瞻性 Jones 模型	7976	203.34	<0.0001	0.1131	0.1126	−0.02043	−0.00073	125943945	0.06754
业绩匹配 Jones 模型	7976	188.89	<0.0001	0.0866	0.0861	−0.02117	−0.000035	129737182	0.06019
分段线性 Jones 模型	7976	3355.78	<0.0001	0.7164	0.7162	−0.02265	0.00147	105185690	0.06575

注：其中，NDA_{it} 由各模型估计得到；$DA_{it} = TA_{it} - NDA_{it}$；$AdjNI_{it} = NI_{it} - DA_{it}$；$AdjROE_{it} = AdjNI_{it} \times NI_{it}/ROE_{it}$，NDA 均值与 DA 均值都是经上期期末总资产标准化后的均值。各模型估计总应计利润 TA 的模型如下：

①标准 Jones 模型：$NDA_{it} = \alpha_{1i}1/A_{it-1} + \alpha_{2i}\Delta REV_{it}/A_{it-1} + \alpha_{3i}PPE_{it}/A_{it-1}$

②修正的 Jones 模型：$NDA_{it} = \alpha_{1i}1/A_{it-1} + \alpha_{2i} (\Delta REV_{it} - \Delta REC_{it})/A_{it-1} + \alpha_{3i}PPE_{it}/A_{it-1}$

③陆建桥 Jones 模型：$NDA_{it} = \alpha_{1i}1/A_{it-1} + \alpha_{2i} (\Delta REV_{it} - \Delta REC_{it})/A_{it-1} + \alpha_{3i}PPE_{it}/A_{it-1} + \alpha_{4i}IA_{it}/A_{it-1}$

④前瞻性 Jones 模型：$NDA_{it} = \alpha_{1i}/A_{it-1} + \alpha_{2i} ((1+k)\Delta REV_{it} - \Delta REC_{it})/A_{it-1} + \alpha_{3i}PPE_{it}/A_{it-1} + \alpha_{4i}TA_{it-1}/A_{it-1} + \alpha_{5i}\Delta GRSales_{it}/A_{it-1}$

⑤业绩匹配 Jones 模型：$NDA_{it} = \alpha_{0j} + \alpha_{1j}/A_{it-1} + \alpha_{2j} (\Delta REV_{it} - \Delta REC_{it})/A_{it-1} + \alpha_{3j}PPE_{it}/A_{it-1} + \alpha_{4j}ROA_{it}/A_{it-1}$

⑥分段线性 Jones 模型：$NDA_{it} = \alpha_{1j}/A_{it-1} + \alpha_{2j}\Delta REV_{it}/A_{it-1} + \alpha_{3j}PPE_{it}/A_{it-1} + \alpha_{4j}CFO_{it}/A_{it-1} + \alpha_{5j}DCFO_{it} + \alpha_{6j}DCFO_{it} \times CFO_{it}/A_{it-1} + \varepsilon_{it}$

（二）各模型的回归分析

1. 各模型的拟合性比较

本书首先依据各模型的定义，计算了各模型的 NDA 与 DA 值，拟合值见表 5.6。估计参数时没有分行业分年度进行，而是按总体样本进行的回归，原因是分行业分年度估计特征参数时，大多数行业和年份的回归方程以及参数都无法通过检验，这种情况在国内的相关研究中也有相同的发现（雷光勇、刘慧龙，2006）。其中分段线性模型在原文献中采用了 CFO、ΔCFO、INDAdj、CFO 等多组向量进行检验，本书选择了效果最好的经营现金净流量 CFO 进行检验。从表 5.6 可以看出，各模型的拟合都是显著的，但模型调整后的 R^2 除分段线性模型之外都很低，其中标准 Jones 模型和修正的 Jones 模型因估计参数的方程相同，都是 0.0807；陆建桥 Jones 模型是 0.0831，解释力有很小的提高；前瞻性 Jones 模型是 0.1126，达到了 10% 以上；业绩匹配 Jones 模型则为 0.0861，而分段线性模型的解释力最高，达到了 0.7162。从总体上来看，在 Jones 模型基础上修正的模型，其解释能力都高于标准的 Jones 模型。如果仅从调整后的 R^2 来看，分段线性模型有最好的拟合效果，是各模型中表现最好的。

从各模型估计的 NDA 均值来看差别不大，前瞻性 Jones 模型最大，为 −0.02043，分段线性模型最小，为 −0.02265。从估计的 DA 均值和调整后的 ROE 均值来看，都是分段最大，业绩匹配模型最小。所有模型估计的调整后的 ROE 均值，都高于公告的 ROE 均值（见表 5.3，报告 ROE 均值为 0.05011），说明从总体来看，上市公司有调低盈余的倾向。

2. 各模型调整后盈余分布比较

经各模型计算出的操控性应计 DA 调整后的 ROE 分布，见图 5.4 ~ 图 5.6，为便于比较，分布图的制作标准与图 5.3 相同，调整后 ROE 取值从 −0.3 ~ +0.4，每个区间的步长为 0.01。

从图 5.4 ~ 图 5.6 来看，标准 Jones 模型调整后盈余分布总体上呈现出了正态分布的形状，但在阈值点 6% ~ 7% 处仍然有很小的缺口，表现为盈余的不连续性。修正的 Jones 模型与标准 Jones 模型的图形非常相似，但在阈值点 6% ~ 7% 处的缺口要比 Jones 模型小，这与先前文献的研究一致，说明修正的 Jones 模型对盈余管理有更好的识别能力。陆建桥修正的 Jones 模型表现出与修正 Jones 模型相似的特性，但在 1% 的微利区间，出现了不连续。前瞻性 Jones 模型则在 9% 处有不连续的情况，业绩匹配模型也是在 6% ~ 7% 区间有不连续的情况，分段线性模型虽然没有在阈值点处表现出明显的不连续性，但其图形存在较严重的瘦峰肥尾现象。

3. 阈值处不连续性检验

从各模型调整后的盈余分布虽然能大体上看出各模型在阈值点处的表现，

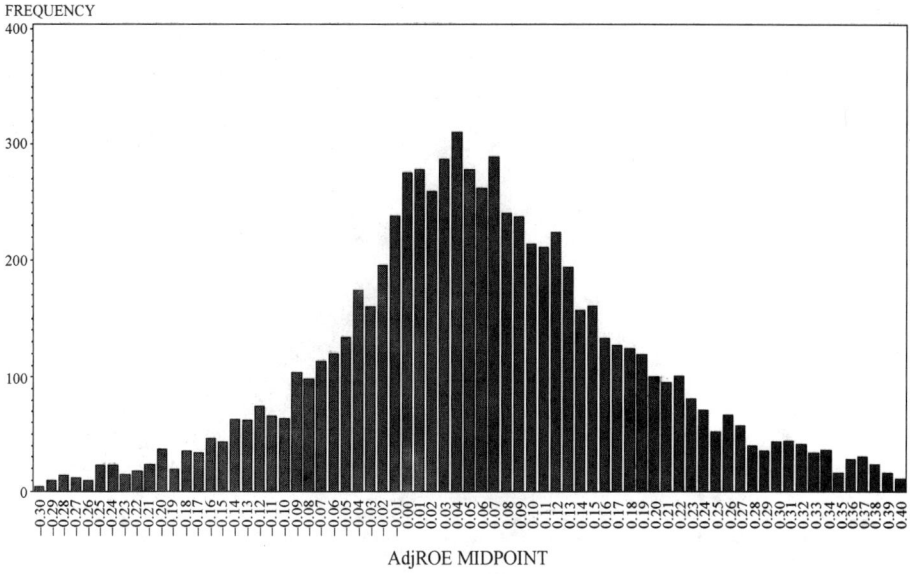

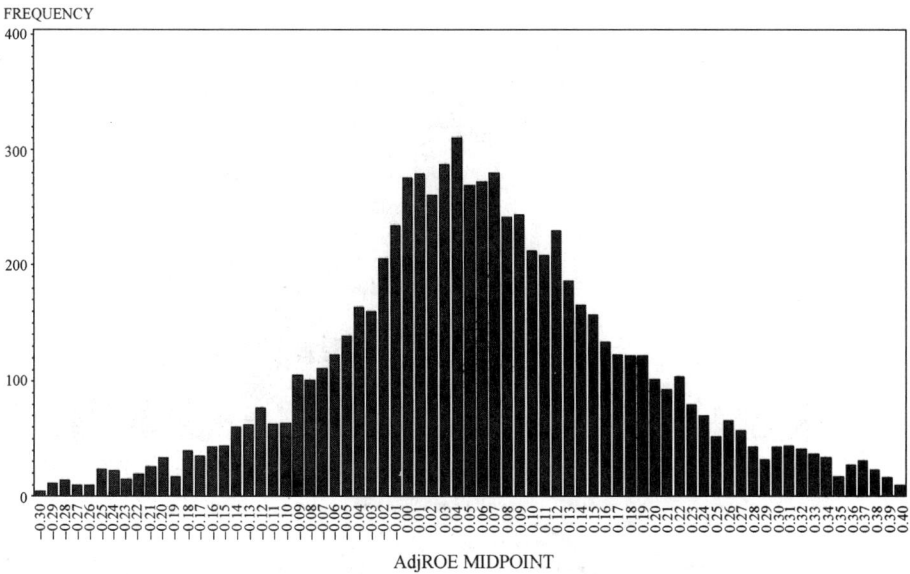

图5.4 标准 Jones 模型和修正 Jones 模型调整后的 ROE 分布

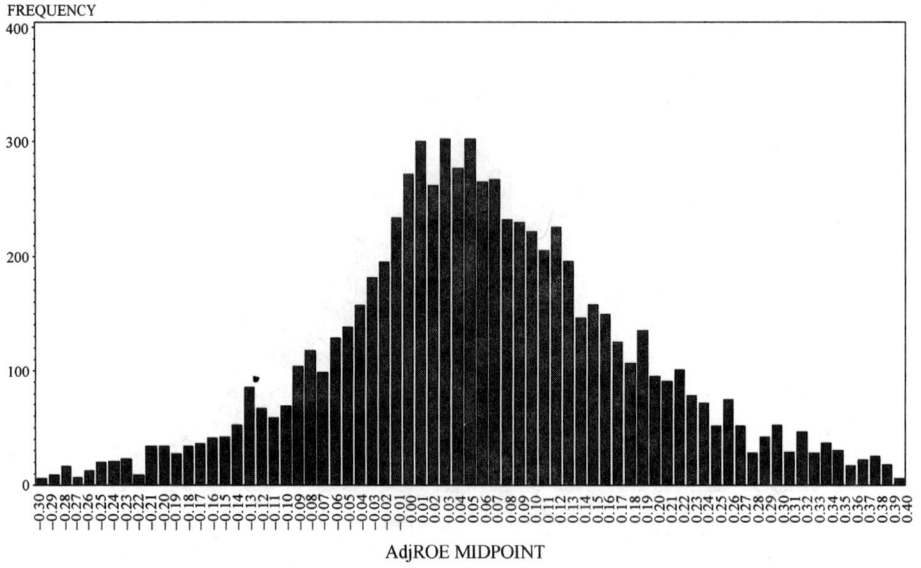

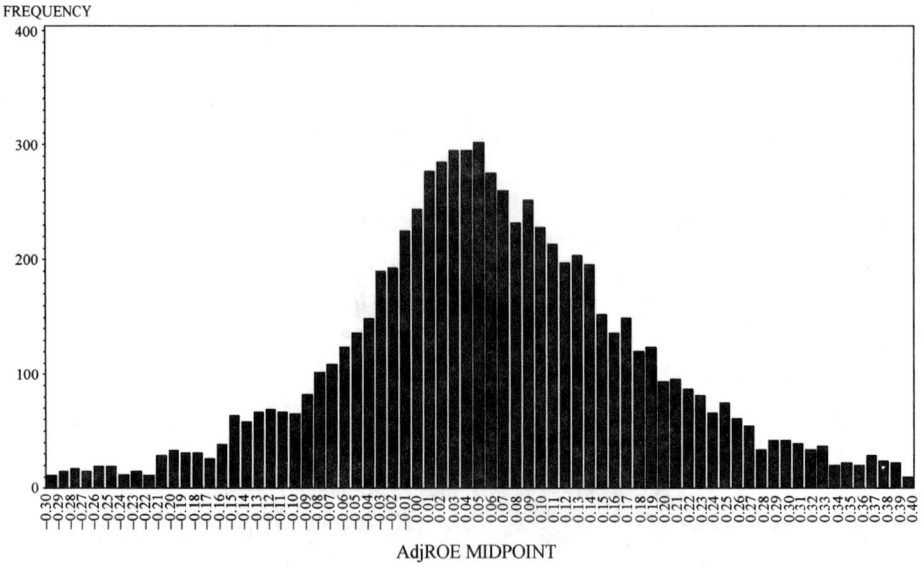

图 5.5　陆建桥 Jones 模型与前瞻性 Jones 模型调整后的 ROE 分布

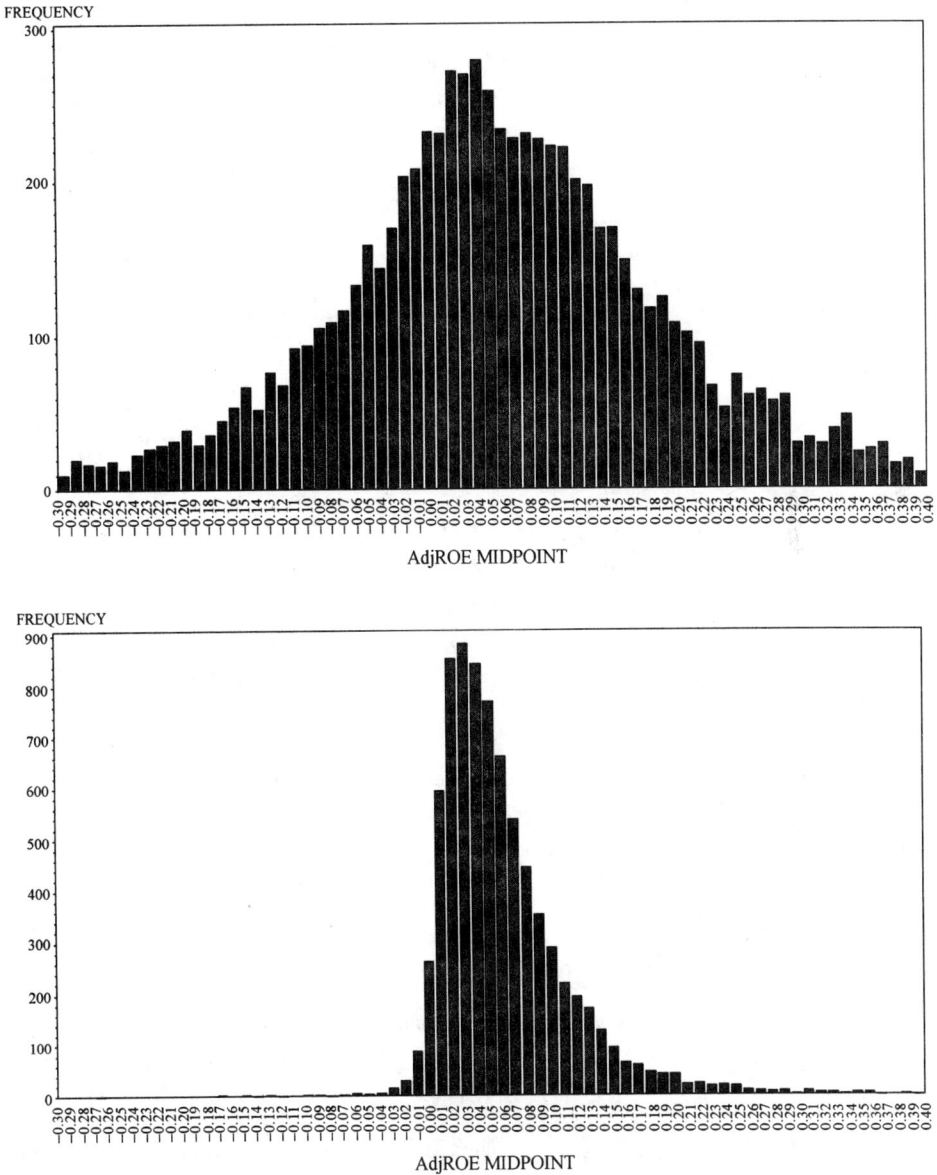

图 5.6 业绩匹配模型和分段线性模型调整后的 ROE 分布

但为了避免盈余间隔划分的主观性对检测的影响，更准确地了解各模型在阈值点处的连续性，下面对各模型调整后的盈余分布在阈值点为 0 ~ 1% 、6% ~7% 以及 9% ~10% 处盈余分布密度的连续性进行检验，检验方法仍然采用了 Degeorge、Patel 和 Zeckhauser （1999） 的方法。检验结果见表 5.7。

表 5.7　调整后 ROE 在各区间的频数分布及统计检验

模型	ROE 区间	频数分布	统计量τ	t 检验 p 值
标准 Jones 模型	0.00 ~ 0.01	3.34857	1.60354	0.11338
	0.06 ~ 0.07	3.80581	− 0.39576	0.69350
	0.09 ~ 0.10	3.18720	− 2.00495 **	0.04889
修正的 Jones 模型	0.00 ~ 0.01	3.34948	1.67321 *	0.09881
	0.06 ~ 0.07	3.77993	− 0.20777	0.83602
	0.09 ~ 0.10	3.21496	− 2.03791 **	0.04539
陆建桥 Jones 模型	0.00 ~ 0.01	3.41765	1.72221 *	0.08951
	0.06 ~ 0.07	3.60603	− 1.17243	0.24506
	0.09 ~ 0.10	3.33692	− 2.44201 ***	0.01717
前瞻性 Jones 模型	0.00 ~ 0.01	2.95223	2.50200 ***	0.01472
	0.06 ~ 0.07	3.52925	− 0.58748	0.55880
	0.09 ~ 0.10	3.42190	− 2.61162 ***	0.01105
业绩匹配 Jones 模型	0.00 ~ 0.01	2.83095	1.86129 *	0.06696
	0.06 ~ 0.07	3.01968	1.26144	0.21140
	0.09 ~ 0.10	3.18145	− 1.73784 *	0.08670
分段线性 Jones 模型	0.00 ~ 0.01	1.9338	3.70616 ***	0.00042
	0.06 ~ 0.07	7.5455	− 1.47735	0.14413
	0.09 ~ 0.10	4.3099	− 1.27220	0.20757

注：限于篇幅，本表只列出了各模型调整后 ROE 分布在 0.00 ~ 0.01、0.06 ~ 0.07 和 0.09 ~ 0.10 的检验数据，其中标记 *** 表示在 0.01 水平显著，** 表示在 0.05 水平显著，* 表示在 0.1 水平显著，双尾检验。

　　从表 5.7 的调整后盈余分布连续性检测的结果来看，各模型在各阈值点处均存在不同程度的不连续，尤其是在阈值点 0 ~ 1% 的区间，这种情况更为明显。如果盈余分布的情况正如 Durtschi 和 Easton（2005）指出的那样，盈余分布在零处的不连续性是受到除数（股价或市场资本）、样本选择偏差、零左右两边观察值的特征差异（市场定价和分析师乐观主义/悲观主义差异）的共同影响，并不能归因于盈余管理的话，那么分段线性模型无疑是当前效果最好的盈余管理计量模型。

第六节　盈余管理计量模型的改进

　　盈余管理计量模型虽然数量众多，但从上面的比较可以看出，许多模型在国内资本市场的研究中，效果并不是很好。Peasnell、Pope 和 Young（2000）

认为所研究问题环境的不同，应采用不同的操控性应计模型。同样地，不同国家或不同会计准则体系，管理者进行盈余管理的方法和手段也不相同，需要用不同的模型进行测度。因此，本节在上述模型比较的基础上，结合我国上市公司的情况，提出了一个改进的盈余管理计量模型：现金流收益模型，并对其计量盈余管理的效力进行了检验。

一、现金流收益模型

从以前的研究文献来看，Jones 模型得到了广泛的应用，从上面的比较也可以看出 Jones 模型及其改进模型调整后的盈余分布都表现出较好的近似正态分布，说明其对盈余管理有较好的识别与度量。因此，本书的修正仍然以 Jones 模型为基础。

Dechow 等（1995）研究发现，不论是 Healy 模型、DeAngelo 模型还是 Jones 模型、修正的 Jones 模型，所估计的操控性应计利润 DA 都与经营现金净流量 CFO 显著负相关，而与经营业绩正相关，Young（1999）、McNichols（2002）的研究也有类似的发现。从理论上来讲，企业经营现金净流量的增加或减少与盈余管理之间并不存在必然的联系，如果企业处在快速增长期或放宽销售的信用政策，都会导致经营现金净流量的减少。经营现金流量会受上期和本期应计利润的影响，上期应计利润越多，在本期收回的现金可能就越多，所以应计利润与本期现金流之间可能存在正相关关系。Jeter 和 Shivakumar（1999）的研究也表明，在模型中加入现金流变量后，模型的估计更为准确。我国上市公司的盈余操纵多是通过提前或延后确认收入来操纵盈余，因此在模型中引入了经营现金流加以控制。

Kothari、Leone 和 Wasley（2005）的研究表明，在模型中引入业绩变量，可以控制业绩变化对盈余管理度量的影响。企业的盈利水平与盈余管理之间也不存在必然的联系，虽然有证据表明亏损、连续亏损、微利和高盈利的企业有操控盈余的倾向，由于这些操控方向各异，并不能从总体上说明盈利水平与盈余管理的关系。但公司绩效却会影响盈余管理的估计，因为非预期的绩效与应计间的非线性关系可能导致 NDA 被错误地当做 DA，而我国上市公司非预期绩效的情况十分普遍，为了消除业绩变化带来的估计盈余管理的问题，在模型中引入了业绩变量。

Kang 和 Sivaramakrishnan（1995）认为对每个公司来说，在当期和上一期间，其销售收入与应收款项之间、成本费用与存货及应付款项之间、折旧摊销与财产、厂房和设备之间的比率关系保持稳定。这样，公司的应计利润余额就主要由销售收入、成本费用和固定资产来决定。从我国上市公司常用的盈余管理手段来看也是这样，如利用研发费用、减值准备计提等方法，一方面公司通过增加（或减少）收入；另一方面则通过减少（或增加）费用，来达到增加（或减少）盈余的目的。

基于上面的分析，本书在修正 Jones 模型的基础上，增加了当期经营现金净流量 CFO_{it}、滞后一期的净资产收益率 ROE_{it-1} 以及当期的期间费用变动额 $\Delta COST_{it}$，分别控制经营现金流量、公司业绩与期间费用对非操控性应计利润估计的影响，提出了现金流收益调整的 Jones 模型：

$$NDA_{it} = \alpha_{1i}/A_{it-1} + \alpha_{2i}(\Delta REV_{it} - \Delta REC_{it})/A_{it-1} + \alpha_{3i}\Delta COST_{it}/A_{it-1} + \alpha_{4i}PPE_{it+1}/A_{it-1} + \alpha_{5i}CFO_{it}/A_{it-1} + \alpha_{6i}ROE_{it-1}/A_{it-1}$$

$$TA_{it}/A_{it-1} = \hat{a}_{1i}/A_{it-1} + \hat{a}_{2i}(\Delta REV_{it} - \Delta REC_{it})/A_{it-1} + a_{3i}\Delta COST_{it}/A_{it-1} + \hat{a}_{4i}PPE_{it+1}/A_{it-1} + \hat{a}_{5i}CFO_{it}/A_{it-1} + \hat{a}_{6i}ROE_{it-1}/A_{it-1} + \varepsilon_{it}$$

其中：$\Delta COST_{it}$ 表示 t 期的期间费用变动额，用营业费用、管理费用和财务费用本期减去上期的变动额之和来表示，CFO_{it} 为当期经营现金净流量，ROE_{it-1} 为滞后一期的净资产收益率，TA_{it} 通过现金流量表法计算，为全面分析线上操控与线下操控对盈余管理的影响，TA_{it} 的计算用净利润 NI_{it} 与经营现金净流量 CFO_{it} 之间的差额表示。

二、模型的参数估计

为便于新模型与前面模型间的比较，新模型的检验仍然采用了与前面各模型检验中一致的样本，样本分布见表 5.2，样本变量的描述性统计见表 5.8。

表 5.8　现金流收益模型样本变量的描述性统计

变量名	变量说明	样本数	均值	中位数	标准差	最小值	最大值
TA_{it}	t 期期末总应计利润	7976	-115056453	-26887533	1099599252	-45437000000	5178760797
$Asset_{it-1}$	t-1 期期末总资产	7976	2820583157	1419830022	10549968235	20390507	520572000000
ΔREV_{it}	t 期销售收入变动额	7976	362771675	72750453	3492843067	-6144314252	208483000000
ΔREC_{it}	t 期应收账款变动额	7976	13272167	3005757	156436360	-2908104098	4776000000
$\Delta COST_{it}$	t 期费用变动额	7976	35040357	14314977	181896230	-3034867204	7045000000
PPE_{it}	t 期固定资产原值	7976	1713049938	540390508	11764045340	403536	572465000000
CFO_{it}	t 期经营现金净流量	7976	220395402	59563344	1705198503	-4511234501	84963000000
ROE_{it-1}	t-1 期净资产收益率	7976	0.0582534	0.0684645	0.1218985	-0.9876455	0.9644497

　　模型参数的估计仍然是按总体样本进行的回归，通过总体样本估计的参数见表 5.9。各参数都在 0.01 水平通过了显著性检验，方程的 F 值、R^2 及调整后 R^2 与前面比较的模型也有较大的提高，调整后 R^2 达到了 0.7517，比分段线性模型高出了 5%，模型的解释能力得到了进一步提高。VIF 检验值均未超过 2，表明变量间没有严重的多重共线性。

表 5.9　现金流收益模型参数估计

Var	Parameter Estimate	t – Value	VIF
$\hat{a}_1$	3454800	7.02	1.45761
$\hat{a}_2$	0.05038	25.29	1.28201
$\hat{a}_3$	0.01524	11.13	2.00187
$\hat{a}_4$	− 0.87288	− 143.54	1.41974
$\hat{a}_5$	0.20735	40.24	1.24869
$\hat{a}_6$	− 0.21661	− 19.16	1.24018
Obs. N	7976	TA 均值	− 0.0211766
F Value	4024.59	NDA 均值	− 0.0228992
Pr > F	< 0.0001	DA 均值	0.0017226
R – Sq	0.7518	AdjNI 均值	106208997
Adj R – Sq	0.7517	AdjROE 均值	0.0623589

　　注：其中，$DA_{it} = TA_{it} - NDA_{it}$；$AdjNI_{it} = NI_{it} - DA_{it}$；$AdjROE_{it} = AdjNI_{it} \times NI_{it} / ROE_{it}$，NDA 均值与 DA 均值都是经上期期末总资产标准化后的均值。现金流收益模型 TA_{it}、NDA_{it} 由下面的模型估计得到：

$$NDA_{it} = \alpha_{1i}/A_{it-1} + \alpha_{2i}(\Delta REV_{it} - \Delta REC_{it})/A_{it-1} + \alpha_{3i}\Delta COST_{it}/A_{it-1} + \alpha_{4i}PPE_{it+1}/A_{it-1} + \alpha_{5i}CFO_{it}/A_{it-1} + \alpha_{6i}ROE_{it-1}/A_{it-1}$$

$$TA_{it}/A_{it-1} = \hat{a}_{1i}/A_{it-1} + \hat{a}_{2i}(\Delta REV_{it} - \Delta REC_{it})/A_{it-1} + \hat{a}_{3i}\Delta COST_{it}/A_{it-1} + \hat{a}_{4i}PPE_{it+1}/A_{it-1} + \hat{a}_{5i}CFO_{it}/A_{it-1} + \hat{a}_{6i}ROE_{it-1}/A_{it-1} + \varepsilon_{it}$$

$\Delta COST_{it}$ 表示 t 期的期间费用变动额，用营业费用、管理费用和财务费用本期减去上期的变动额之和来表示，CFO_{it} 为当期经营现金净流量，ROE_{it-1} 为滞后一期的净资产收益率，TA_{it} 通过现金流量表法计算，为全面分析线上操控与线下操控对盈余管理的影响，TA_{it} 的计算用净利润 NI_{it} 与经营现金净流量 CFO_{it} 之间的差额表示。

　　从各变量估计参数来看，与预期相符，总应计利润 TA_{it} 与总资产 $Asset_{it-1}$、销售收入 ΔREV_{it}、固定资产 PPE 以及上年净资产收益率 ROE_{it-1} 正相关，表明企业规模扩大和销售收入增加会导致应计利润的上升，上年的经营业绩，与本年总应计利润正相关。总应计利润 TA_{it} 与经营现金流量 CFO_{it} 以及期间费用 $\Delta COST_{it}$ 负相关，说明构成公司盈余的现金流增加，将导致应计利润的降低，同时，与收入形成对照的是费用的增加，则会减少应计利润。与表 5.7 各模型比较的估计 NDA 均值来看，现金流收益模型估计的均值最小，而估计的 DA 值则最大，调整后的 ROE 除业绩匹配模型外，最接近报告的 ROE 均值。

　　从图5.7经计算出的 DA 调整后的盈余 ROE 分布频率来看，现金流收益模型也有很好的表现。调整后的 ROE 分布频率呈现出较好的正态分布形态，在各阈值点处都没有出现明显的不连续性。因此，从模型参数估计的情况以及调整后盈余分布情况来看，现金流收益模型与其他模型相比，由于在模型中控制

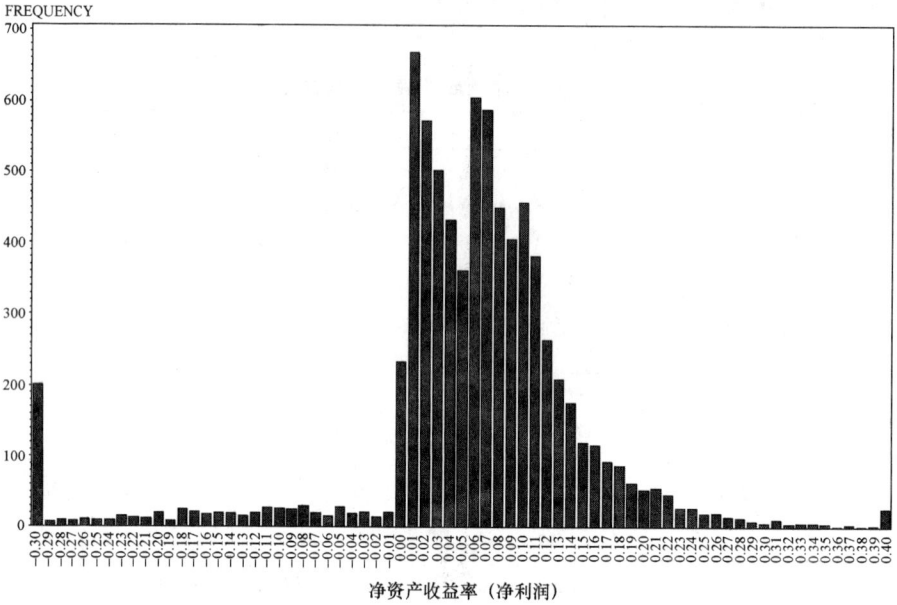

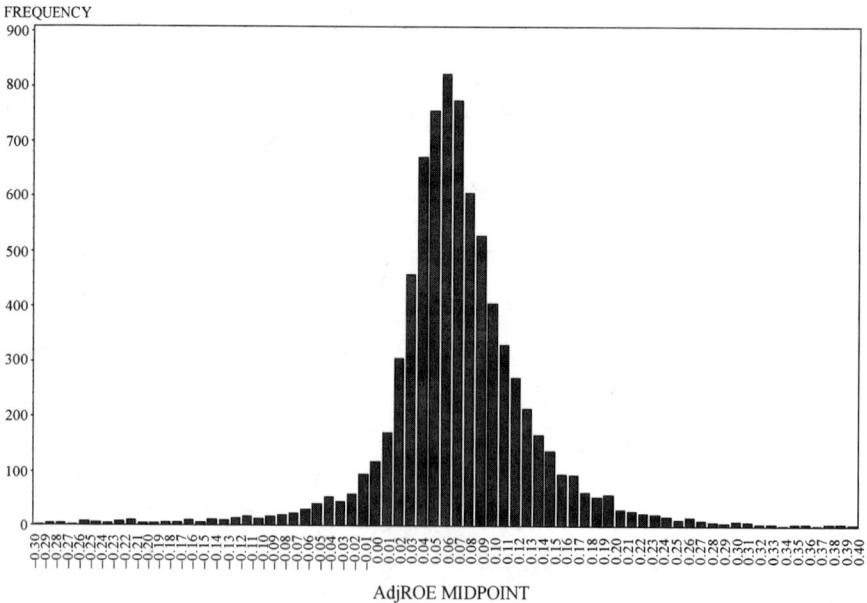

图 5.7　现金流收益模型调整前后 ROE 分布比较

了经营现金流、期间费用以及滞后一期的业绩等造成的估计误差，其解释能力有较大的提高。

三、模型的分组检验

考虑到不同的增发和配股政策，会对盈余管理的阈值点产生不同的影响，为了对模型的稳定性进行进一步检验，采用将样本依据配股政策变化进行分组的方法，检验现金流收益模型在盈余管理阈值点发生变化情况下对盈余管理的检测能力。仍然以配股政策发生重大变化的 2001 年为界，将总体样本分为1998 ~ 2001 年和2002 ~ 2006 年两组，分别进行参数估计和调整后盈余分布频率检测。

从表 5.10 和图 5.8、图 5.9 的结果来看，模型对不同阈值下的盈余管理都有较强的检测能力，分组后模型的参数估计都很好地通过了检验，R^2 值比总体样本检验还要高，各变量系数都在 0.01 水平通过了检验，各参数符号也与总体样本估计的情况一致。从分组样本调整前后的 ROE 分布来看，尽管各组阈值点的位置发生了变化，但经模型调整后的 ROE 分布仍然表现出良好的正态分布，说明模型有较好的稳定性。

表 5.10 分组样本的现金流收益模型参数估计

Var	1998 ~ 2001 年			2002 ~ 2006 年		
	Parameter Estimate	t – Value	VIF	Parameter Estimate	t – Value	VIF
$\hat{a}_1$	9893530	13.29	1.63111	– 2654499	– 4.15	1.40411
$\hat{a}_2$	0.07468	20.60	1.49537	0.04570	19.38	1.26928
$\hat{a}_3$	0.01750	7.38	2.01945	0.01537	9.41	2.05880
$\hat{a}_4$	– 0.88739	– 94.18	1.20525	– 0.85531	– 111.43	1.59460
$\hat{a}_5$	0.26961	30.66	1.47152	0.16898	27.28	1.17927
$\hat{a}_6$	– 0.44020	– 17.21	1.71963	– 0.19105	– 15.58	1.14917
Obs. N	2714	TA 均值	0.0026268	5262	TA 均值	– 0.0334538
F Value	1646.69	NDA 均值	0.0010782	2691.93	NDA 均值	– 0.0357993
Pr > F	< 0.0001	DA 均值	0.0015487	< 0.0001	DA 均值	0.0023455
R – Sq	0.7849	AdjNI 均值	64994913	0.7545	AdjNI 均值	122843148
Adj R – Sq	0.7844	AdjROE 均值	0.0793222	0.7542	AdjROE 均值	0.0519832

注：其中，$DA_{it} = TA_{it} - NDA_{it}$；$AdjNI_{it} = NI_{it} - DA_{it}$；$AdjROE_{it} = AdjNI_{it} \times NI_{it}/ROE_{it}$，$NDA$ 均值与 DA 均值都是经上期期末总资产标准化后的均值。现金流收益模型 TA_{it}、NDA_{it} 由下面的模型估计得到：

$$NDA_{it} = \alpha_{1i}/A_{it-1} + \alpha_{2i}(\Delta REV_{it} - \Delta REC_{it})/A_{it-1} + \alpha_{3i}\Delta COST_{it}/A_{it-1} + \alpha_{4i}PPE_{it+1}/A_{it-1} + \alpha_{5i}CFO_{it}/A_{it-1} + \alpha_{6i}ROE_{it-1}/A_{it-1}$$

$$TA_{it}/A_{it-1} = \hat{\alpha}_{1i}/A_{it-1} + \hat{\alpha}_{2i}(\Delta REV_{it} - \Delta REC_{it})/A_{it-1} + \hat{\alpha}_{3i}\Delta COST_{it}/A_{it-1} + \hat{\alpha}_{4i}PPE_{it+1}/A_{it-1} + \hat{\alpha}_{5i}CFO_{it}/A_{it-1} + \hat{\alpha}_{6i}ROE_{it-1}/A_{it-1} + \varepsilon_{it}$$

$\Delta COST_{it}$ 表示 t 期的期间费用变动额，用营业费用、管理费用和财务费用本期减去上期的变动额之和来表示，CFO_{it} 为当期经营现金净流量，ROE_{it-1} 为滞后一期的净资产收益率，TA_{it} 通过现金流量表法计算。

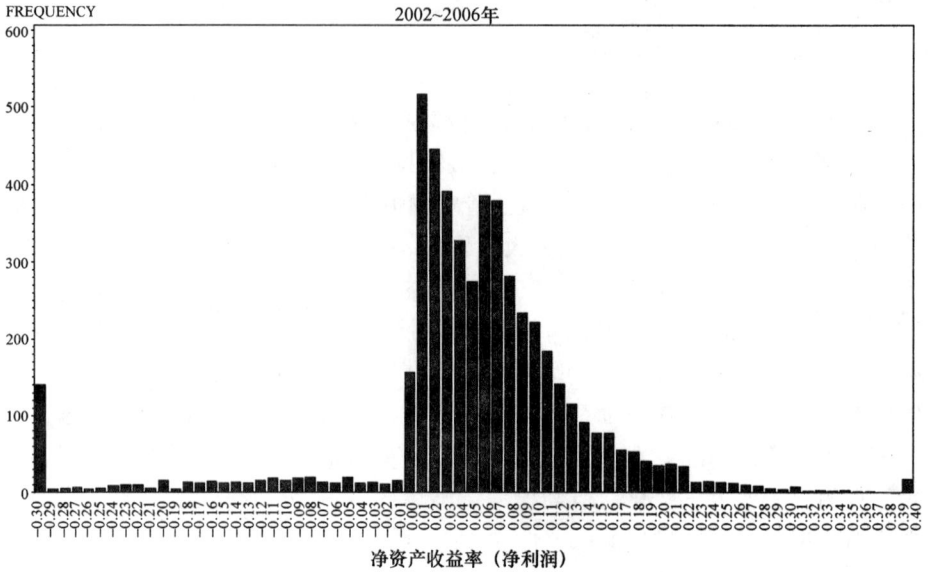

FREQUENCY

2002~2006年

净资产收益率（净利润）

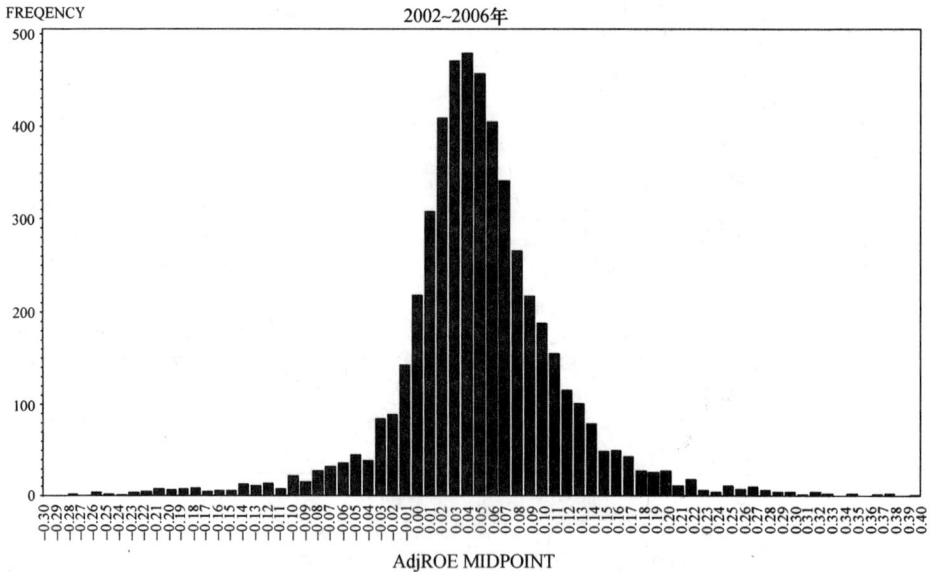

FREQENCY

2002~2006年

AdjROE MIDPOINT

图 5.8　1998~2001 年样本组现金流收益模型调整前后 ROE 分布比较

FREQUENCY　　　　　　　　　1998~2001年

净资产收益率（净利润）

FREQUENCY　　　　　　　　　1998~2001年

AdjROE MIDPOINT

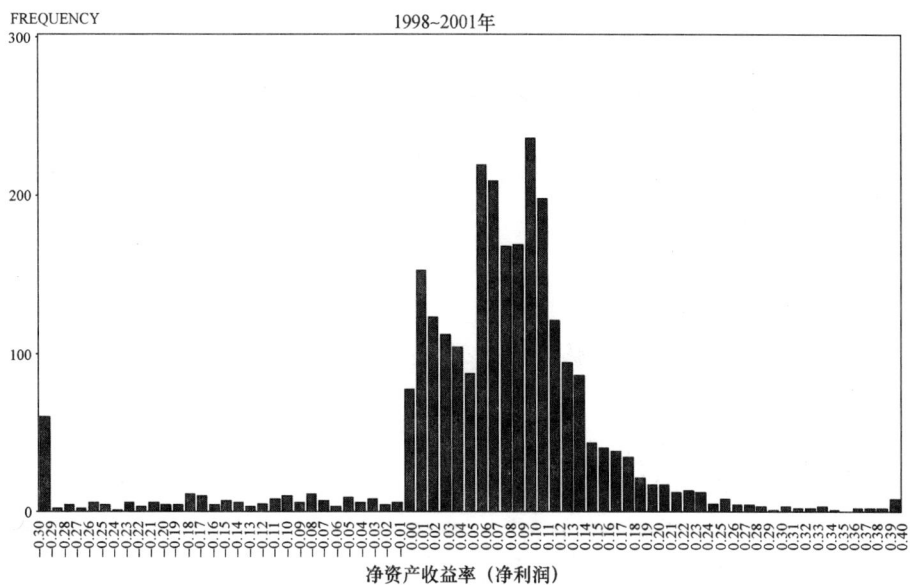

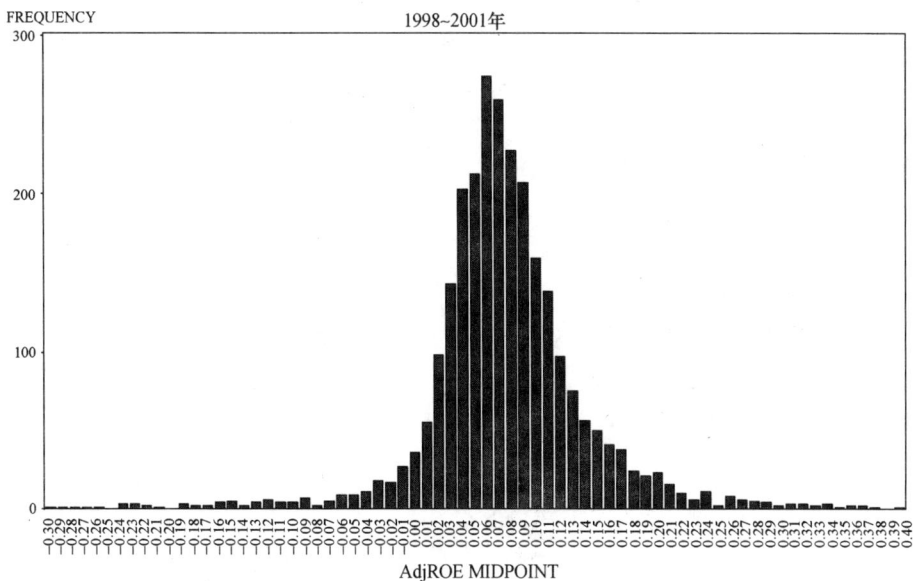

图 5. 9　2002~2006 年样本组现金流收益模型调整前后 ROE 分布比较

第六章 公司内部治理结构
对盈余管理的影响

所有权和控制权分离，导致了委托代理关系的产生，信息不对称和利益冲突是这一关系的两个基本问题，这两个问题也导致了管理层进行盈余管理的必然性和可能性。公司治理的目的是解决委托代理中的信息不对称和利益冲突问题，而企业盈余又是委托代理关系中各方利益关注的焦点内容，因此公司治理的核心问题是盈余问题。由于信息不对称和利益冲突的存在，导致了盈余管理行为的产生，特别是引起了更多的产生负面影响的盈余管理，因此有理由相信公司治理因素对盈余管理有重要的影响。

公司治理是企业有关控制权与剩余索取权的一种制度安排，这种制度安排的内在逻辑就是通过制衡实现对代理人的约束与激励。现代企业是利益相关者之间组成的一组契约，利益相关者共同拥有企业的剩余索取权与控制权（张维迎，1999）。他们通过剩余索取权的分配来实现自己的利益，通过控制权的分配来相互制约。一般而言，对于企业所有者与管理层之间、控股大股东和小股东之间可能存在两种利益冲突，都可以通过公司治理加以协调与约束。公司治理包括内部治理结构（如股权结构、董事会、监事会、管理层激励等）与外部治理机制（如制度环境、控制权市场、产品竞争市场、经理人市场、审计市场、机构投资者等）。本章主要讨论公司内部治理结构问题，外部治理机制将在第七章单独研究。

第一节 理论分析与研究假设

一、内部治理结构对盈余管理影响的研究框架

根据公司治理理论，上市公司内部股东与经理之间是一种典型的委托代理关系。由于委托人与代理人之间利益的不一致性、信息的不对称以及契约的不

完全性，使得公司管理层既有动机，也有可能为了自身利益采取机会主义行为，利用盈余管理使其自身效用最大化。为了解决委托人和代理人之间的利益冲突以及信息不对称所带来的道德风险问题，使委托人与代理人目标趋于一致，通常采用激励机制来协调双方的利益冲突，同时建立相应的监督约束机制，加强对管理者的监控，以解决管理层偷懒行为带来的道德风险，约束管理层的机会主义行为。公司内部治理结构主要从股权结构、董事会、监事会与管理层激励几个方面，通过激励与约束机制，影响管理层的盈余管理行为。

（一）股权结构

股权结构作为公司内部治理的重要组成部分，会对管理者的盈余管理行为产生影响，这种影响通常可以从股权集中度、股权制衡度、流通性以及是否存在控股股东几个方面的属性进行研究。股权结构的四个方面的属性，主要解决现代企业中股东与管理层、大股东与小股东之间的委托代理问题。

（二）管理层激励

管理层激励包括管理者薪酬、管理者持股、董事薪酬与董事持股四个方面的治理属性，主要解决委托代理问题中的利益冲突问题。一方面通过薪酬支付降低管理者和董事的风险厌恶；另一方面通过股权激励实现风险共担，通过薪酬与股权协调管理者的长期与短期激励，使管理层能够以股东利益最大化为目标。

（三）董事会特征

董事会是保障股东利益的重要机构，股东可以通过董事会对公司管理层施加影响，监督管理者经营的努力程度。董事会的有效运作可以保障股东意志在公司运营中的贯彻实施，作为公司内部治理的核心，其运作的有效性受其规模和活动、董事长和总经理权力配置以及董事会独立性的影响。

（四）监事会特征

监事会对股东大会负责，对公司的经营管理进行全面的监督，包括调查和审查公司的业务状况，检查各种财务情况，向股东大会或董事会提供报告，对公司各级干部的行为实行监督，并对领导干部的任免提出建议，对公司的计划、决策及其实施进行监督等。监事会规模与年度内召开的会议次数，是影响监事会有效性的重要因素。

公司治理的功能在于控制现代公司中存在的代理问题，保证公司管理层能够最大限度地从维护投资者利益的角度出发经营公司。公司治理这一功能主要是通过公司内部治理结构实现的。管理者的盈余管理行为是现代公司代理问题的一种重要表现形式，与公司内部治理结构是否有效存在密切关系。有效的公司内部治理结构通常是以追求公司价值最大化为目标，受此治理框架约束的管理者深知唯有真实提高公司业绩才能最大化自己的利益。因此，健全的公司内部治理结构能够减少管理层盈余管理的动机；相反，无效的公司内部治理结构由于对管理者的行为缺乏硬约束，为管理层提供了更多的盈余管理空间和机会，设计不当的管理者激励措施也会加剧管理者盈余管理的动机。所以，公司内部治理结构对管理者盈余管理的动机、行为方式具有重要的影响。理论分析与实证研究表明，公司内部治理结构越完善，对管理者的行为约束能力越强，管理者进行盈余管理的可能性就越小。本章的研究正是基于这样的假设：完善的公司内部治理结构能够对管理者的机会主义行为和大股东的代理问题构成有效约束并减少公司的盈余管理行为。

二、股权结构与盈余管理

（一）股权集中度与盈余管理

从理论上讲，股东在监督管理层方面能发挥积极的作用，但是由于监督成本的不可分摊性与监督收益的按比例均分性，造成中小股东很少有动机实施对管理者的监督行为；相反，大股东因持股比例较高，使其有动机也有能力监督管理者，这是因为大股东的利益更多地与公司价值相关。Demsetz 和 Lehn（1985）、Stiglitz（1985）的实证研究发现大股东有承担收集信息的成本与从事管理者监督的激励。Ramsey 和 Blair（1993）认为增加股权集中度可以提高大股东监督管理者的激励，这种大股东对自身利益的主观追求，客观上会导致管理层盈余管理行为的减少。Hart（1995）发现当股东持有公司的股票数量较低时，就失去了监督管理者的激励，因为监督成本将会超过监督管理者所获得的收益。Maher 和 Andersson（2000）研究也发现，分散的股权将导致监督激励的降低。在大股东存在的情况下，一方面由于其持有的股份较多，出于自身利益，大股东有动机对管理当局进行更有效的监督，并积极参与公司治理，可以避免在股权高度分散的情况下小股东的"搭便车"问题。另一方面大股东也有足够的选举权对管理当局施加压力，甚至能通过代理权的争夺或接管来更换管理当局（Shleifer 和 Vishny，1997）。一般来说，大股东持股比例越高，监督管理层维护自身利益的动机就越强，因此大股东的存在有助于抵制管理层的盈余管理行为。

但近年来公司治理的研究文献发现，股权集中是一种普遍的现象，尤其是对一些投资者法律保护比较弱的发展中国家，股权集中的程度更高。如东亚新兴的市场经济国家，很多企业都是由家族或政府控制的，这些企业的控股股东常常通过金字塔持股结构或交叉持股的方式获得控制权，从而使他们的控股权大于现金流权（LLSV，1999；Claessens，2000）。因此大股东的存在也可能导致大小股东间的代理成本，因为大股东的利益并不总是和中小股东、管理当局以及员工的利益相一致。当他们通过控制权获取私人控制权收益时，只须承担其中一部分成本，因此大股东有运用盈余管理手段输送利益的动机。控股股东侵害中小股东权益的表现方式有多种，如直接对中小股东的利益进行侵占，为了私人收益进行一些非利润最大化的投资行为（Shleifer 和 Vishny，1997），通过关联方交易以较低的价格将资产或产品销售给控股股东或控股股东持有较多现金流权的其他附属公司，向经理人员（通常公司的经理层也由控股股东担任）支付较高的薪酬，为控股股东及其子公司提供担保，等等。Johnson 等（2000）将这种控股股东的行为称之为"隧道行为"（Tunneling）。

从我国资本市场的情况来看，由于国有股在大部分上市公司具有绝对控股地位，大股东与小股东之间的利益冲突是主要的代理问题，其盈余管理的特征表现为大股东主导的盈余管理，因此提出下面的假设：

假设1：股权集中度与盈余管理正相关。

（二）股权制衡度与盈余管理

拥有大股东的公司中如果存在足够的制衡力量，对大股东的行为进行监督与制约，可以减轻拥有控制权的大股东对中小投资者的利益侵害。由于不具备控股地位，其他股东往往会形成非控股股东的联盟，他们因持有相当数量的股份而具有监督动力，不会产生小股东"搭便车"的动机，可以从中小投资者的角度制衡控股股东的行为，对公司的会计信息质量影响相对比较客观。

虽然第一大股东在我国的上市公司中处于绝对支配地位，但如果其他股东为保护自身利益，将他们的投票权联合起来，在某种程度上也可能构成对第一大股东的挑战，能够对第一大股东运用盈余管理手段、掠夺中小投资者的行为形成一定的约束和限制，客观上可以减轻上市公司的盈余管理[①]。其他股东的持股比例越高，这种效果越明显，因为随着其他股东持股比例的增大，从自身利益考虑，他们会详细审查上市公司的财务报告，增加盈余管理被公开的概率，从而制约大股东的机会主义行为。股权制衡度可以用上市公司前 2~5 位大股东的持股比例之和来度量，以此来考查其他股东挑战第一大股东的可能性，显然，前 2~5 位大股东持股比例与第一大股东越接近，对第一大股东的制约能力就越强，因此提出下面的假设：

假设2：第 2~5 位大股东持股比例越高，盈余管理的程度越低。

（三）股权流通性与盈余管理

从理论上讲，流通股股东既可以"用手投票"，通过参加股东大会投票，用选举和更换董事会成员来对公司管理层实施监控。他们也可以随时"用脚投

---

① 这种效应主要表现在三个方面：一是其他大股东是第一大股东隧道行为的障碍；二是他们提高了公司治理效率，当公司业绩下降时，他们可能参与控制权的争夺；三是其他大股东也具有监督管理层的功能。其他股东持股比例集中度越高，这些作用就越强。

票"，通过抛售或拒绝购买上市公司的股票，对管理者的行为产生一定的制约。同时，比较高的流通股比例使得公司被接管的可能性增大，从而对公司在位的经营者产生威胁，因为接管通常会导致管理层更替。但是，流通股对公司治理结构产生有利影响的一个前提就是要有一个充分发达的市场环境。目前我国证券市场还不成熟，投机气氛较浓，大部分流通股分散于中小投资者手中，"搭便车"现象比较严重，流通股股东对管理层和大股东的监督极为有限，并不能有效减少管理者操控会计盈余来影响契约参与主体的利益。另外我国上市公司的股权结构特点是以国家股和法人股等非流通股为主体，在董事会中几乎没有个人股东的代表，个人股东对公司治理结构的影响甚微，他们既无监督管理者的动机，也无监督管理者的能力。因此提出下面的假设：

假设3：流通股比例与盈余管理大小无关。

（四）控股股东性质与盈余管理

盈余管理是控股股东掠夺外部小股东的一种重要手段，控股股东操纵盈余的动机是由于掌握上市公司的控制权可以使控股股东获得私有收益，而控股股东则通过盈余管理竭力向外部人隐藏其控制权私有收益。因此，为了取得控制权私有收益，控股股东就有很强的动机进行盈余管理。我国上市公司的股份，依据其性质可以分为国有股和非国有股，不同性质的控股股东，其在公司治理中扮演的角色并不相同，从现有文献来看，许多研究认为国有股一股独大，通过隧道行为进行利益输送，是损害中小投资者的重要原因。因此提出下面的假设：

假设4：控股股东是国有股的公司，盈余管理程度高于非国有控股股东的公司。

三、管理层激励与盈余管理

企业是一系列契约关系的结合（Jensen 和 Meckling，1976），更具体的体现为一个人力资本和财务资本缔结的共同合约（周其仁，1996）。由于委托人与代理人的目标函数不尽一致，所以代理人以牺牲委托人的利益为代价追求个人私利的现象时有发生。为了实现人力资本和财务资本的精诚合作，现代企业设计了一系列激励措施，希望能够实现剩余索取权和控制权的匹配，促使企业管理者的目标函数能够尽量与股东的目标函数趋同。其中最典型的机制就是允许管理当局拥有一定的剩余索取权，从而产生了与管理者薪酬相关的激励协调问题。

（一）管理层薪酬与盈余管理

管理层在企业经营中努力程度的不可观察性，使会计盈余成为管理层激励契约签订的重要依据，管理层为了自身利益的最大化，有动机利用会计政策的选择等途径进行盈余管理。Watts 等（1990）指出，公司高管报酬契约是以会计信息为基础设定的，在其他条件相同的情况下，存在报酬契约的公司经理为提高个人效用，更有可能选择确认未来盈余的会计政策，以提高其报酬的现值。可见，报酬契约对公司会计政策选择具有显著影响，容易使高管出于个人利益最大化的动机而进行盈余管理（Hagerman 等，1979）。事实上在有薪酬、奖金计划的公司，高管更愿意致力于操纵会计盈余以使其薪酬、奖金最大化（Healy，1985）。公司红利计划也能增加高管操纵盈余的行为（Holthausen，1981；Holthausen 等，1995）。特别是大型跨国公司各分部经理在无法达到其奖励计划规定的盈余目标时，便可能递延收益（Grudry 等，1998）。由此，以盈余为基础的高管报酬会产生盈余管理的动机（Henry，1993；Elitzur 等，1995；Gul 等，2003）。

由于信息不对称，导致委托人无法直接观测到管理者的努力程度。为了有效解决管理者激励问题，使其尽可能为股东利益最大化而努力工作，在公司业绩与管理者努力程度密切相关的假定下，委托人通常以公司经营业绩为基础与管理者签订报酬契约，通过让管理者享有一定的剩余索取权使委托人与代理人的目标相一致。在经理的报酬契约中，通常工资和津贴等现金报酬是以会计指标为基础设计的，目前我国许多上市公司仍然采用依据会计业绩指标对管理者进行奖励的方式进行激励协调，而以会计盈余指标为基础的报酬契约设计是存在缺陷的，管理者有可能凭借其对公司的控制权，利用盈余管理调整盈余，以获取最大的私人收益而损害股东的长远利益。由此提出下面的假设：

假设5：管理层薪酬与盈余管理正相关。

（二）管理层持股与盈余管理

Jensen 和 Meckling（1976）认为管理者持股有助于使管理者和外部股东的利益相一致，可以减少管理者在职消费、剥夺股东财富和进行其他非价值最大化行为的动机，管理者持股的增加减少了由所有权和控制权分离所引起的代理成本。Warfield 等（1995）发现经理层持股比例的增加能够提高盈余信息含量和价值相关性，可操纵应计利润与经理层持股比例之间具有负相关关系。

大多数管理者报酬契约是以会计信息为基础制订的，但以当期的会计盈余确定管理者报酬存在一个重要缺陷，那就是会计信息是反映企业过去情况的一种历史信息，并不能把管理者当期的努力完全反映出来，而股票价格却可以反映当前管理者决策和努力经营所带来的未来现金流量的变化，如果将管理者的部分报酬以股票的形式支付，将使管理者不能在当期将所有报酬提现，迫使其不得不注意公司长期的业绩，有助于克服管理者行为的短期化。因此，在高管持有一定股份的情况下，管理者行为会在最大化自身利益与最大化公司价值之间进行权衡，从而使股权激励有效弥补以会计利润为基础的报酬契约带来的报酬体系的不足，将管理者个人利益与企业价值相关联，对管理者有较好的长期激励作用，有利于管理者关注企业长期价值，避免短视行为，可以在一定程度上抑制管理者出于增加个人报酬而损害企业价值的盈余管理行为。因此提出下面的假设：

假设 6：高管持股比例与盈余管理负相关。

四、董事会特征与盈余管理

董事会不仅是公司治理的重要组成部分，也是公司契约的最高内部监督者。董事会的一个重要职能就是监督公司内部的最高决策者（Fama，1980）。Weisbach（1988）、Sundaramurthy（2000）认为，董事会是股东防御管理者机会主义行为的第一道防线，体现在董事会的三个主要职责：负责公司的战略方向、提出建议和提供公司社交网络的基础，以及代表股东行使对管理者的监督职能。董事会的有效监督可以保证管理者履行他们股东利益最大化的职责。

（一）董事会规模与盈余管理

在现代公司中，董事和董事会是作为股东的代表实施公司治理的。由于董事会把提供资本的股东和使用这些资本创造价值的管理者联系了起来，因而被一些公司治理文献认为是公司治理的核心。董事会作为一种治理机构，目的在于监督管理层以控制包括盈余管理在内的代理问题，董事会治理的有效性，对公司的盈余管理和财务报表质量具有重要影响。

董事会规模对盈余管理程度的影响，现有研究并没有一致的结论。Dechow 等（1995）研究发现，从事盈余管理公司的董事会规模通常大于不从事盈余管理公司的董事会规模，Beasley（1996）也发现董事会规模与会计舞弊的可能性正相关，Abbott 等（2000）则发现二者不相关。但 John 和 Senbet（1998）发现董事会规模会增加监督能力，Kiel 和 Nicholson（2003）支持了上述观点，认为从代理理论的角度来看，大的董事会似乎更有利于监督，因为有更多的人监督管理者的行为。Chtourou 等（2001）和 Xie 等（2003）的实证研究也支持了这种观点，他们发现大的董事会与低水平的盈余管理显著相关。Yermack（1996）、Adams 和 Mehran（2003）也建议一些公司应扩大董事会，以提高董事会监督的有效性。

虽然有关董事会规模与盈余管理的实证研究还没有达成一致的观点，但仅从董事会的监督职能来看，小规模的董事会成员更有可能被控股股东所控制，较大规模的董事会成员更有代表性，专业知识和经验更广泛，有更多的人监督管理者的行为，因而对管理层盈余管理行为的制约更有效。同时更多的董事会成员虽然会导致决策时达成一致意见的困难，但同样也会在盈余管理问题上难以达成一致意见，减少共谋的可能。因此提出下面的假设：

假设 7：董事会规模与盈余管理负相关。

（二）董事独立性与盈余管理

根据经典治理理论，独立董事具有维护自身市场声誉的动机去履行监督管理层的职能，因而董事会中有独立董事介入时会提高其对管理层的监督效能。Baysinger 和 Fama（1980）、Fama 和 Jensen（1983）关于董事会的构成理论预测，更高的独立董事比例能提高董事会对管理者监督的有效性。Bulter（1985）用既不是内部人，也与公司没有经济关系的其他组织的管理者、董事人数所占董事会的比例作为董事会独立性的代理变量，研究发现董事会独立性的变化和公司净资产收益率的变化之间显著正相关。Beasley（1996）证实董事会中拥有更高比例的独立董事能显著降低财务报告舞弊的概率，非舞弊公司中独立董事的比例普遍较高。Dechow 等（1995）和 Peasnell 等（2000）研究发现，董事会中独立董事的比例越高，董事会对管理层的盈余管理行为约束越强。独立董事的主要职责在于监督公司的财务报告过程，他们的研究结论说明，独立董事的设置状况是董事会独立性及公司治理水平提高的重要信号。董事会独立性越高，对经理层监督越得力，盈余管理的可能性就越小。因此，具有较高比例独立董事的董事会可有效抑制管理层的会计政策选择的随意决策权，缩减管理层盈余管理的空间。根据以上分析，提出下面的假设：

假设8：董事会中独立董事数量与盈余管理负相关。

（三）董事会活动与盈余管理

董事会会议召开频率代表了董事会的活跃程度，董事会履行职责需要采用董事会会议决议的方式执行，因此董事会会议频率会影响到董事会的治理效果。对董事会会议频率与治理效率之间的关系，不同的研究有不同的观点。Jensen（1993）认为，董事会会议并不一定都是有利的，过多的董事会会议，将消耗外部董事用于监督经理层的有限时间，董事会应当处于相对不活跃的程度，只有公司出现问题时，董事会不得不维持高活跃状态，董事会会议应该是"灭火器"装置，而不是把它的活跃性作为改善公司治理的措施。但 Lipton 和 Lorsch（1992）指出，董事会面临的普遍问题是缺乏时间执行他们的职责，会议时间的延长有利于改进公司业绩。Conger 等（1998）持有同样的观点，认为董事会会议时间是改进董事会有效性的重要资源。

董事会通过董事会会议的形式形成决策，来完成对公司管理者的监督，其积极行为是影响董事会发挥作用的重要前提。董事会会议作为董事会成员之间进行沟通的有效途径，表明董事会正在执行其职能。董事会的活跃程度越高，识别并制止盈余管理的机会相应会增大。可以合理地推测董事会的会议次数越多，表明其活动越积极，会有更多的时间来关注包括盈余管理在内的各种问题。而很少开会的董事会可能就不会关注这种问题，更有可能只起到例行公事一般的作用。作为表征董事会行为特征的综合变量，董事会年度会议次数与公司盈余质量之间的关系基本上是明确的，代表他们工作努力水平的会议频率与公司的盈余管理水平应该是负相关关系。因此提出下面的假设：

假设9：董事会会议频率与盈余管理负相关。

（四）领导权结构与盈余管理

董事会独立性的另一个表现在于董事长和总经理的两职分离上。根据代理理论，在两权分离的现代公司中，代理问题主要表现在以总经理为代表的管理层与股东之间的利益冲突上。利用董事会监督总经理，是股东维护自身利益的一种机制。然而两职合一意味着总经理自己监督自己，这显然与总经理的自利性相矛盾。因此，代理理论认为，董事长和总经理两职合一会削弱董事会的监督效率。Forker（1992）研究公司治理与信息披露质量的关系时发现，董事长与总经理两职合一影响了董事会的监督质量。Jensen（1993）也认为当总经理同时担任董事长时，内部控制系统失效，因为董事会不能有效地执行其关键的监督职能。Sharma（1997）研究表明董事长与总经理两职合一时，财务报告舞弊的可能性提高。在监督效果上，Klein（1998）的研究结果表明，董事会结构独立于总经理更能够对财务报告过程提供有效的监督。这些研究结论表明，如果不考虑决策效率，仅从监督职能来看，董事长与总经理两职分离好于两职合一。因此提出下面的假设：

假设10：公司领导权结构分离，有助于抑制公司盈余管理。

（五）审计委员会与盈余管理

审计委员会作为公司治理的基本要素，在财务信息披露过程中扮演了重要的角色，在改善公司治理结构、提高会计信息质量方面发挥着重大作用。有效的审计委员会制度不仅能缩小上市公司与管理当局之间的期望差距，还可以提高审计人员的独立性。审计委员会作为董事会监督责任的一部分，设立的目的是完善财务报告的审计过程（Klein，2002）以及提高财务报告的质量（Mc-Mullen，1996）。当然，设立审计委员会并不必然导致有效的监督，Peasnell等（2000）就发现设立审计委员会与盈余管理并没有显著的关系。但大部分的研究都对审计委员会的监督职能予以了肯定，Dechow等（1995）研究表明，没有设立审计委员会的公司更可能实施财务欺诈。Dorothy、Ann和McMullen（1996）通过对存在舞弊行为的上市公司与非舞弊公司的配对样本进行研究，发现审计委员会的存在能够减少由于财务舞弊引起的股东诉讼，减少公司季度盈余重述，减少来自SEC的强制措施以及减少审计师出具非标准审计意见后出现的审计师更换。杨忠莲、殷姿（2006）通过对沪深两市2002～2004年51家舞弊公司进行配对研究，发现非舞弊公司成立审计委员会的可能性显著大于舞弊公司。吴清华、王平心（2007）通过对2003年深沪两市1192家上市公司的实证研究，发现财务独立董事和专司监督财务报告质量的审计委员会，能够帮助我国上市公司很好地降低盈余管理动机和程度，审计委员会和独立董事制度均发挥着不可或缺的作用。

上市公司在董事会中设立审计委员会，可以从保护外部投资者的利益出发，提高注册会计师的审计独立性，加强企业会计信息的监控，进而提高财务信息质量，制约盈余管理水平。目前，审计委员会在我国处于自愿设立阶段，但《上市公司治理准则》规定，公司一旦设立审计委员会，独立董事必须占主导地位并至少包括一名财务专家。因此提出下面的假设：

假设11：设立了审计委员会的公司其盈余管理水平显著低于未设立审计委员会的公司。

五、监事会与盈余管理

监事会是股东大会领导下的公司常设监察机构，执行监督职能。监事会与董事会并立，便于独立地行使对董事会、总经理、高级职员及整个公司管理的监督权，保障董事和管理者正确决策和执行公司决定，防止滥用职权，危及公司、股东及其他利益相关者的利益。

（一）监事会规模与盈余管理

我国公司法规定：监事会行使下列职权：①检查公司的财务；②对董事、经理执行公司职务时违反法律、法规或者公司章程的行为进行监督；③当董事和经理的行为损害公司的利益时，要求董事和经理予以纠正；④提议召开临时股东大会；⑤公司章程规定的其他职权。这些规定从法律上确立了监事会在公司治理中的内部监控职能，从公司治理的角度考虑，其目的是为了在公司内部、董事会之外设置一种制衡机制。如果这一内部监督机制能够发挥其应有的作用，与董事会类似，一个较大规模的监事会对盈余管理的制约作用更强。因此提出下面的假设：

假设12：监事会规模与盈余管理负相关。

（二）监事会活动与盈余管理

与董事会活动对盈余管理影响相似，有效的监事会活动，对盈余管理会产生相同的作用，即监事会会议频率与盈余管理水平负相关。因此提出下面的假设：

假设13：监事会活动与盈余管理负相关。

第二节　研究设计

本书研究的关键变量是公司内部治理结构与盈余管理之间的关系。上市公司盈余管理程度为被解释变量，公司内部治理结构因素是解释变量。同时，为了详细地检查提出的假设，还对影响盈余管理的其他因素进行了控制。

一、盈余管理的度量

本书研究的被解释变量是盈余管理的水平，考虑到盈余管理存在增加盈余和减少盈余两种倾向，但不论是向上操控盈余，还是向下操控盈余，都影响了公司披露的盈余质量，因此本书采用操控性应计利润的绝对值计量公司盈余管理的程度，盈余管理的方向（增加还是减少盈余）由于更多地与公司所处的特定经营状况相关（如盈利过多或首次亏损等），本书未进行研究。

盈余管理的计量采用了第五章提出的现金流收益调整的 Jones 模型：在修正 Jones 模型的基础上，增加了当期经营现金净流量 CFO_{it}、滞后一期的净资产收益率 ROE_{it-1} 以及当期的期间费用变动额 $\Delta COST_{it}$，分别控制经营现金流量、公司业绩与期间费用变动对非操控性应计利润估计的影响。下面是现金流收益调整的 Jones 模型估计非操控性应计利润的方法：

$$NDA_{it} = \alpha_{1i}/A_{it-1} + \alpha_{2i}(\Delta REV_{it} - \Delta REC_{it})/A_{it-1} + \alpha_{3i}\Delta COST_{it}/A_{it-1} + \alpha_{4i}PPE_{it+1}/A_{it-1} + \alpha_{5i}CFO_{it}/A_{it-1} + \alpha_{6i}ROE_{it-1}/A_{it-1}$$

$$TA_{it}/A_{it-1} = \hat{a}_{1i}/A_{it-1} + \hat{a}_{2i}(\Delta REV_{it} - \Delta REC_{it})/A_{it-1} + a_{3i}\Delta COST_{it}/A_{it-1} + \hat{a}_{4i}PPE_{it+1}/A_{it-1} + \hat{a}_{5i}CFO_{it}/A_{it-1} + \hat{a}_{6i}ROE_{it-1}/A_{it-1} + \varepsilon_{it}$$

其中：NDA_{it} 为经上年期末总资产 A_{it-1} 调整的非操控性应计利润，$\Delta COST_{it}$ 表示 t 期的期间费用变动额，用营业费用、管理费用和财务费用本期减去上期的变动额之和来表示，CFO_{it} 为当期经营现金净流量，ROE_{it-1} 为滞后一期的净资产收益率，TA_{it} 通过现金流量表法计算，为全面分析线上操控与线下操控对盈余管理的影响，TA_{it} 用净利润 NI_{it} 与经营现金净流量 CFO_{it} 之间的差额表示。

根据 $TA = NDA + DA$，可以计算出各公司操控性应计利润 DA，取其绝对值作为盈余管理程度的代理变量，用 $AbsDA$ 表示。

二、公司内部治理结构变量的选取与定义

根据本章第一节提出的假设，对公司内部治理结构定义了如下解释变量，进行假设检验。

（一）股权结构代理变量

股权结构选取了第 1 大股东持股比例 $Sh1$、前 5 大股东持股比例平方和 $HF5$、第 2 到第 5 大股东持股比例 $Sh2to5$、流通股比例 $ShareA$、控股股东性质 $Sh1type$ 5 个变量，分别作为股权集中度、股权制衡度、股权流通性以及是否国有控股作为衡量股权结构的代理变量。

（二）管理层激励代理变量

在管理者激励方面，限于数据的可获得性，本书只选取了高管薪酬

ManagSL 和高管持股 *ManagSH* 两个变量,以此来考查管理层与股东间的利益协调机制对盈余管理的影响。

(三)董事会特征代理变量

在董事会特征方面,选取了董事会规模 *BDSize*、独立董事人数 *BDIndep*、董事会活动 *BDMeet*、董事会领导权结构 *BDLead* 以及是否成立了审计委员会 *AuditCI* 5 个变量作为董事会有效性的代理变量。

(四)监事会特征代理变量

在监事会特征方面,选取了监事会规模 *JSSize* 和监事会活动 *JSMeet* 两个变量来度量公司监事会的监督情况。

各变量的定义与计算以及数据来源,见表6.1。

三、控制变量的选取与定义

为了控制公司自身特征对盈余管理的影响,本书选取了下面的控制变量。

(一)公司规模

公司规模能够对盈余管理行为的成本和收益产生重要影响。较大规模公司可以调整报告盈余的领域比较广泛(Watts 和 Zimmerman,1990),因此公司规模越大,就越具有实施盈余管理的能力。而 Rajan 和 Zingdes(1995)认为大公司较倾向于向公众提供更多信息,规模可能与内部人和外部投资人信息不对称水平负相关。良好的公司治理结构和内部审计也能够缓解盈余管理和提高财务报告质量(Beasley,1996),大公司通常具有强大的内部控制体系,拥有内部专业审计人员,非常关心其声誉,并得到著名会计公司的服务,这些因素在一定程度上能够制约盈余管理行为,有助于提高盈余信息披露的质量。关于公司规模与盈余管理关系的研究并没获得一致结论,因此公司规模对盈余管理行为的影响是不确定的。本书用总资产的自然对数来衡量公司规模。

(二)盈利情况

企业进行盈余管理的能力随着盈利情况的不同会有不同的动机。已有研究表明,我国上市公司的 ROE 由于配股等动机,受到了操纵,因此选取了操纵相对困难,并且也能够反映企业整体资产收益情况的 ROA 作为公司经营情况的控制变量。预期盈利能力较强的公司,其盈余管理的动机较小;反过来,盈利能力较差的公司,出于配股等动机操纵盈余的可能性则较高。

(三)年份与行业控制

根据已有的研究文献与研究惯例,本书用年份哑变量(*Year*1 ~ *Year*5)来控制宏观经济对盈余管理的影响,用行业哑变量(*Ind*1 ~ *Ind*19)控制不同行业公司之间的差异。

各控制变量的定义与计算见表6.1。

表 6.1　变量描述与定义

变量名	变量含义	变量定义	数据来源
Sh1	股权集中度	第 1 大股东所持股份/总股本	ccer
HF5	股权集中度	公司前 5 位大股东持股比例的平方和	ccer
Sh2to5	股权制衡度	第 2 到第 5 大股东持股比例/总股本	ccer
ShareA	流通股比例	流通股数/总股本	csmar
Sh1type	控股股东类型	第 1 大股东持股超过 30%[①]，且是国有股为 1，否则为 0	ccer
ManagSL	管理层薪酬	Ln（高管薪酬总额）	csmar
ManagSH	管理层持股	Ln（高管人员持股数量）	ccer
BDSize	董事会规模	Ln（董事会总人数）	ccer
BDIndep	董事独立性	Ln（独立董事总人数）	csmar
BDMeet	董事会活动	Ln（年度内召开的董事会会议次数）	ccer
BDLead	领导权结构	哑变量，董事长兼任总经理时为 1，否则为 0	csmar
AuditCI	审计委员会	哑变量，设立审计委员会为 1，否则为 0	ccer
JSSize	监事会规模	Ln（监事会总人数）	ccer
JSMeet	监事会活动	Ln（年度内召开的监事会会议次数）	ccer
ROA	总资产收益率	利润/总资产	csmar
Size	公司规模	Ln（总资产）	csmar
Year1 ~ Year5	年份控制变量	哑变量，指定年份为 1，其余年份为 0	csmar
Ind1 ~ Ind19	行业控制变量	哑变量，指定行业为 1，其余行业为 0	csmar

四、多元回归模型的建立

本书通过下面的模型对上市公司盈余管理的程度与公司内部治理结构的各特征变量之间的关系进行检验：

$$AbsDA_{it} = \beta_{0i} + \beta_{1i}Sh1_{it} + \beta_{2i}HF5_{it} + \beta_{3i}Sh2to5_{it} + \beta_{4i}ShareA_{it} + \beta_{5i}Sh1type_{it}$$
$$+ \beta_{6i}ManagSL_{it} + \beta_{7i}ManagSH_{it} + \beta_{8i}BDSize_{it} + \beta_{9i}BDIndep_{it}$$
$$+ \beta_{10i}BDMeet_{it} + \beta_{11i}BDLead_{it} + \beta_{12i}AuditCI_{it} + \beta_{13i}JSSize + \beta_{14i}JSMeet_{it}$$
$$+ \beta_{15i}ROA_{it} + \beta_{16i}Size_{it} + \beta_{17-21}Year_{kit} + \beta_{22-41}IND_{jit} + \varepsilon_{it}$$

① 《上市公司章程指引》第 41 条规定，"控股股东"是指具备下列条件之一的股东：此人单独或者与他人一致行动时，可以选出半数以上的董事；此人单独或者与他人一致行动时，行使公司 30% 以上的表决权或者可以控制公司 30% 以上表决权的行使；此人单独或者与他人一致行动时，持有公司 30% 以上的股份；此人单独或者与他人一致行动时，可以以其他方式在事实上控制公司。由此可见，判断控股股东最直接的标准就是其持股比例临界点 30%（余明桂、夏新平、潘红波，2007）。

其中：$AbsDA_{it}$ 表示公司 i 在 t 年的操控性应计利润的绝对值，其余自变量的定义见表 6.1。$Year_{kit}$ 为年份控制变量，K 的取值范围从 1～5，分别用哑变量控制从 2001～2006 年间盈余管理年度间的差异，IND_{jit} 为行业控制变量，取值范围从 1～19，分别表示 20 个行业的哑变量，以控制行业间盈余管理的差异。

第三节　实证分析

一、样本选择与数据来源

本书使用的上市公司财务数据来自 CCER 上市公司财务数据库，公司治理数据一部分来自 CCER 公司治理数据库，一部分来自 CSMAR 上市公司治理数据库，具体情况见表 6.1。数据处理与回归分析使用的是统计软件 SAS9.13。

研究样本以 2001～2006 年[①]深沪两市所有上市公司为基础，至少连续上市 2 年以上[②]，剔除了金融类上市公司（因其特殊的财务结构），以及数据库中缺失计算所需数据的公司年样本。由于我国上市公司的治理结构还在逐步完善之中，公司治理数据的披露也不规范，特别是管理者薪酬与管理者持股数据缺失较多，虽然样本区间年份跨度较长，但变量较多，研究所需数据都全的公司并不多，最终得到公司年混合数据样本 3749 个，样本年份与行业分布见表 6.2，有效样本在各年份与各行业的分布也不均衡。

表 6.2　样本分布情况表

行业分类	行业代码	2001	2002	2003	2004	2005	2006	合计（家）	所占比例（%）
农、林、牧、渔业	A	3	15	15	13	14	14	74	1.97
采掘业	B	2	6	8	6	7	5	34	0.91
食品、饮料	C0	8	30	30	33	36	34	171	4.56
纺织、服装、皮毛	C1	11	27	27	28	28	31	152	4.05

---

①　CCER 公司治理数据始于 1998 年，CSMAR 公司治理数据始于 1999 年，为保证各项数据的可获得性，本书将研究区间设定为 1999～2006 年。从我国董事会制度的发展来看，董事会制度较为成型始于 2001 年独立董事制度的建立与审计委员会的自愿设立。

②　利用现金流收益模型计算盈余管理需要使用滞后一年的数据。

续表

行业分类	行业代码	2001	2002	2003	2004	2005	2006	合计（家）	所占比例（%）
造纸、印刷	C3	1	12	13	14	15	15	70	1.87
石油、化学、塑胶、塑料	C4	17	87	89	82	79	81	435	11.60
电子	C5	3	19	22	21	25	27	117	3.12
金属、非金属	C6	20	65	61	62	62	61	331	8.83
机械、设备、仪表	C7	28	106	104	108	112	109	567	15.12
医药、生物制品	C8	12	41	40	44	50	57	244	6.51
其他制造业	C9	1	9	8	7	8	11	44	1.17
电力、煤气及水的生产和供应业	D	4	31	34	38	37	38	182	4.85
建筑业	E	6	11	8	10	10	13	58	1.55
交通运输、仓储业	F	5	25	28	30	29	34	151	4.03
信息技术业	G	13	41	37	33	34	35	193	5.15
批发和零售贸易	H	15	68	67	65	62	64	341	9.10
房地产业	J	10	21	28	31	28	30	148	3.95
社会服务业	K	4	27	23	24	23	23	124	3.31
传播与文化产业	L	2	6	6	6	4	3	27	0.72
综合类	M	17	60	57	54	52	46	286	7.63
合　　计	20	182	707	705	709	715	731	3749	100

注：行业分类依据中国证监会《上市公司行业分类指引》的规定，其中 C 类制造业按 2 位编码分类，其他行业按 1 位编码分类。

二、样本的描述性统计

表 6.3 是研究变量的描述性统计。从表中数据来看，如果不考虑盈余操控的方向，我国的上市公司较为普遍地存在盈余管理的情况，操控程度约为上年总资产的 3%。上市公司第一大股东平均持有上市公司股份为 40%，中位数为 38%，说明大部分的上市公司，第 1 大股东都是控股股东。第 2 到第 5 大股东持股比例之和的平均值约占上市公司股份的 15%，中位数为 12%，与第 1 大股东的超强控制能力相比，股权制衡作用极为有限。从股权流通性来看，上市公司流通股比例约占总股数的 18%，比例很低。从控股股东的性质来看，上市公司控股股东中约有 75% 的公司控股股东性质为国有股，国有股一股独大的现象是我国上市公司的一大特点。独立董事最小值为 0，最大值为 7，均值为 2.26，中位数为 3，说明各公司在独立董事的设置上差异较大，从均值和中

位数来看，由于证监会 2001 年颁布的《关于在上市公司建立独立董事制度的指导意见》，要求所有上市公司到 2004 年应使独立董事达到董事会成员的 1/3 以上，总体来看，董事会规模的均值和中值为 9 人，独立董事的均值为 2.26，中值为 3，刚刚达到规定的 1/3 的比例。

表 6.3　变量的描述性统计

变量	样本数	均值	中位数	标准差	最小值	最大值
AbsDA	3749	0.02963	0.04415	0.01748	3.77625E−6	1.04518
Sh1	3749	0.40431	0.38855	0.16533	0.02245	0.84979
HF5	3749	0.00021	0.00004	0.00049	1.072E−7	0.00730
Sh2to5	3749	0.14948	0.12139	0.12290	0.00207	0.61646
ShareA	3749	18.61495	18.60300	0.76100	15.93765	21.76566
Sh1type	3749	0.75593	1.00000	0.42959	0	1.00000
ManagSL	3749	13.92686	13.93542	0.82351	10.67612	16.91508
ManagSH	3749	10.85228	10.86284	1.98252	0	19.33730
BDSize	3749	2.25557	2.19722	0.21749	1.38629	3.04452
BDIndep	3749	1.06068	1.09861	0.30316	0	1.94591
BDMeet	3749	1.97621	1.94591	0.36336	0	3.46574
BDLead	3749	0.10509	0	0.30672	0	1.00000
AuditCI	3749	0.40117	0	0.49020	0	1.00000
JSSize	3749	1.40277	1.60944	0.31422	0	2.56495
JSMeet	3749	1.19941	1.38629	0.49423	0	2.77259
ROA	3749	0.02324	0.02366	0.06346	−1.75196	0.31422
Size	3749	21.35513	21.30301	0.91525	17.41197	25.40994

注：①AbsDA 依据第五章提出的现金流收益调整的 Jones 模型计算得到：

$$NDA_{it} = \alpha_{1i}/A_{it-1} + \alpha_{2i}(\Delta REV_{it} - \Delta REC_{it})/A_{it-1} + \alpha_{3i}\Delta COST_{it}/A_{it-1} + \alpha_{4i}PPE_{it+1}/A_{it-1} + \alpha_{5i}CFO_{it}/A_{it-1} + \alpha_{6i}ROE_{it-1}/A_{it-1}$$

$$TA_{it}/A_{it-1} = \hat{a}_{1i}/A_{it-1} + \hat{a}_{2i}(\Delta REV_{it} - \Delta REC_{it})/A_{it-1} + a_{3i}\Delta COST_{it}/A_{it-1} + \hat{a}_{4i}PPE_{it+1}/A_{it-1} + \hat{a}_{5i}CFO_{it}/A_{it-1} + \hat{a}_{6i}ROE_{it-1}/A_{it-1} + \varepsilon_{it}$$

$$AbsDA_{it} = |TA_{it}/A_{it-1} - NDA_{it}|$$

其中：$\Delta COST_{it}$ 表示 t 期的期间费用变动额，用营业费用、管理费用和财务费用与上期变动额之和来表示，CFO_{it} 为当期经营现金净流量，ROE_{it-1} 为滞后一期的总资产收益率，TA_{it} 通过现金流量表法计算，为全面分析线上操控与线下操控对盈余管理的影响，TA_{it} 的计算用净利润 NI_{it} 与经营现金净流量 CFO_{it} 之间的差额表示。

根据 $TA = NDA + DA$，可以计算出各公司操控性应计利润 DA，取其绝对值作为盈余管理程度的代理变量，用 AbsDA 表示。

②其余数据依据 CCER 和 CSMAR 相关数据计算所得。

盈余管理影响因素研究

表 6.4　变量的相关性分析

Varibal	AbsDA	Sh1	HF5	Sh2to5	ShareA	Sh1type	ManagSL	ManagSH	BDSize	BDIndep	BDMeet	BDLead	AuditCI	JSSize	JSMeet	ROA	Size
AbsDA		0.00445	0.02762	0.03100	-0.06219	-0.03525	-0.09031	-0.06269	-0.04329	-0.03331	0.04501	0.03034	-0.00962	0.0297	-0.00160	-0.50831	-0.15641
		0.7855	0.0908	0.0577	0.0001	0.0309	<0.0001	0.0001	0.0080	0.0414	0.0058	0.0633	0.5560	0.8558	0.9222	<0.0001	<0.0001
Sh1	0.03464		-0.34225	-0.54408	-0.03037	0.32124	-0.08050	-0.11497	-0.02526	-0.06707	-0.04078	-0.06763	-0.03748	0.03809	-0.00813	0.12438	0.17624
	0.0339		<0.0001	<0.0001	0.0629	<0.0001	<0.0001	<0.0001	0.1220	<0.0001	0.0125	<0.0001	0.0218	0.0197	0.6185	<0.0001	<0.0001
HF5	0.05584	-0.48489		0.19384	-0.04956	-0.14828	0.16858	0.16910	0.02191	0.03665	-0.01150	0.01927	0.06378	-0.04055	-0.04759	0.06470	-0.02881
	0.0006	<0.0001		<0.0001	0.0024	<0.0001	<0.0001	<0.0001	0.1798	0.0248	0.4813	0.2381	<0.0001	0.0130	0.0036	<0.0001	0.0777
Sh2to5	0.02302	-0.60105	0.31513		-0.21813	-0.22902	0.07160	-0.03643	0.10776	0.07501	0.03316	0.03830	0.06028	0.02022	-0.01532	-0.01838	-0.15115
	0.1589	<0.0001	<0.0001		<0.0001	<0.0001	<0.0001	0.0257	<0.0001	<0.0001	0.0423	0.0190	0.0002	0.2159	0.3484	0.2605	<0.0001
ShareA	-0.05854	-0.02813	-0.01513	-0.20742		0.10235	0.25453	0.22694	0.09278	0.14619	0.00025	-0.00985	-0.02004	0.11104	0.03113	0.11190	0.68204
	0.0003	0.0851	0.3544	<0.0001		<0.0001	<0.0001	<0.0001	<0.0001	<0.0001	0.9877	0.5466	0.2200	<0.0001	0.0566	<0.0001	<0.0001
Sh1type	0.00466	0.32934	-0.18974	-0.25725	0.10332		0.02343	-0.11629	0.13595	0.00484	-0.10305	-0.07257	0.00770	0.17181	0.00169	0.02781	0.17921
	0.7754	<0.0001	<0.0001	<0.0001	<0.0001		0.1514	<0.0001	<0.0001	0.7668	<0.0001	<0.0001	0.6376	<0.0001	0.9176	0.0886	<0.0001
ManagSL	-0.01523	-0.07489	0.17798	0.08493	0.25537	0.27007		0.25475	0.13639	0.26430	0.03290	0.01311	0.16782	0.03234	0.01444	0.25552	0.42061
	0.3512	<0.0001	<0.0001	<0.0001	<0.0001	<0.0001		<0.0001	<0.0001	<0.0001	0.0440	0.4223	<0.0001	0.0477	0.3767	<0.0001	<0.0001
ManagSH	-0.05918	-0.07503	0.09914	-0.06218	0.29872	-0.05755	0.13271		0.03049	0.03560	-0.06019	0.03272	0.00400	-0.04886	-0.02092	0.09479	0.15273
	0.0003	<0.0001	<0.0001	0.0001	<0.0001	0.0004	<0.0001		0.0619	0.0293	0.0002	0.0452	0.8066	0.0028	0.2004	<0.0001	<0.0001
BDSize	-0.03591	-0.03171	0.02740	0.11890	0.09525	0.13622	0.13271	0.04407		0.40909	-0.04601	-0.05752	0.05056	0.32796	0.02105	0.04059	0.18600
	0.0279	0.0522	0.0935	<0.0001	<0.0001	<0.0001	<0.0001	0.0070		<0.0001	0.0048	0.0004	0.0020	<0.0001	0.1975	0.0129	<0.0001

续表

Varibal		AbsDA	Sh1	HF5	Sh2to5	ShareA	Sh1type	ManagSL	ManagSH	BDSize	BDIndep	BDMeet	BDLead	AuditCI	JSSize	JSMeet	ROA	Size
BDIndep	系数	-0.00145	-0.07947	0.06576	0.08998	0.14582	0.01811	0.26412	0.03032	0.46886		0.00266	-0.00584	0.20752	0.11990	-0.01909	0.06621	0.22271
	p	0.9290	<0.0001	<0.0001	<0.0001	<0.0001	0.2677	<0.0001	0.0634	<0.0001		0.8708	0.7210	<0.0001	<0.0001	0.2426	<0.0001	<0.0001
BDMeet	系数	0.06345	-0.03742	0.01654	0.02998	-0.01524	-0.10380	0.02209	-0.06555	-0.05990	-0.04001		-0.02516	0.03875	-0.05557	0.27706	-0.02097	0.01754
	p	0.0001	0.0219	0.3112	0.0664	0.3510	<0.0001	0.1763	<0.0001	0.0002	0.0143		0.1235	0.0177	0.0007	<0.0001	0.1992	0.2829
BDLead	系数	0.02047	-0.06812	0.01943	0.04987	-0.00693	-0.07257	0.00998	0.02409	-0.05776	-0.00441	-0.01952		-0.01608	-0.05247	-0.01563	-0.00936	-0.03297
	p	0.2101	<0.0001	0.2342	0.0023	0.6715	<0.0001	0.5411	0.1404	0.0004	0.7873	0.2322		0.3249	0.0013	0.3386	0.5668	0.0435
AuditCI	系数	0.00956	-0.03756	0.07658	0.06300	-0.01226	0.00770	0.15863	0.00111	0.05929	0.20705	0.03913	-0.01608		0.02274	0.01550	0.06244	0.01842
	p	0.5583	0.0214	<0.0001	0.0001	0.4529	0.6376	<0.0001	0.9458	0.0003	<0.0001	0.0166	0.3249		0.1639	0.3426	0.0001	0.2594
JSSize	系数	-0.02516	0.03520	-0.03945	0.02847	0.12119	0.17627	0.03082	-0.03406	0.31487	0.13964	-0.05802	-0.05836	0.0496		0.04662	0.00640	0.14502
	p	0.1235	0.0311	0.0157	0.0814	<0.0001	<0.0001	0.0592	0.0370	<0.0001	<0.0001	0.0004	0.0004	0.1265		0.0043	0.6953	<0.0001
JSMeet	系数	-0.00512	-0.01503	0.00210	-0.00382	0.03316	-0.00525	0.01342	-0.03647	0.01438	-0.02100	0.28358	-0.01606	0.02418	0.04142		0.01933	0.00440
	p	0.7538	0.3576	0.8977	0.8152	0.0423	0.7477	0.4114	0.0256	0.3787	0.1987	<0.0001	0.3255	0.1389	0.0112		0.2368	0.7877
ROA	系数	-0.06101	0.14850	0.16183	0.00400	0.10630	-0.01864	0.29089	0.12731	0.04255	0.03435	-0.01868	-0.01492	0.07246	0.02048	0.03718		0.22762
	p	0.0002	<0.0001	<0.0001	0.8065	<0.0001	0.2538	<0.0001	<0.0001	0.0092	0.0355	0.2529	0.3611	<0.0001	0.2100	0.0228		<0.0001
Size	系数	-0.07143	0.15476	-0.02017	-0.17054	0.68018	0.16588	0.40879	0.22105	0.16631	0.21416	0.00713	-0.02901	0.01445	0.13831	-0.00234	0.16679	
	p	<0.0001	<0.0001	0.2168	<0.0001	<0.0001	<0.0001	<0.0001	<0.0001	<0.0001	<0.0001	0.6624	0.0757	0.3763	<0.0001	0.8862	<0.0001	

注：表格的右上部分为变量间的 Pearson 相关系数，左下部分为 Spearman 相关系数。

三、变量的相关分析

表 6.4 是研究变量的相关性分析表。从表中数据来看，操控性应计利润绝对值 AbsDA 与股权集中度、股权制衡度、董事会会议次数、董事长与总经理两职合一显著正相关，而与股权流通性、控股股东性质、管理者薪酬、管理者持股、董事会规模、独立董事人数显著负相关，部分地验证了前面提出的研究假设，其余变量未通过显著性检验。各变量间相关关系不强，结合回归分析中 VIF 值的情况来看，变量间不存在严重的多重共线性，可以进行回归分析。

四、多元回归分析

下面根据前面设定的模型，对公司内部治理各变量与盈余管理间的关系进行多元回归检验，结果见表 6.5。从表中数据可以看出，对模型进行回归的 F 值达到了 40.93，模型整体的显著性较高，从 R^2 和调整后的 R^2 来看，分别达到了 0.30 和 0.29，模型整体拟合度较好，VIF 值在 2 左右，结合相关分析说明解释变量之间没有明显的多重共线性。从表 6.5 数据来看，可以得到下面的初步结论。

表 6.5　模型的回归检验结果

Var	Parameter Estimate	t – Value	P – Value	VIF
Sh1	0.05590 ***	10.53	< 0.0001	2.11438
HF5	9.52493 ***	6.94	< 0.0001	1.23008
Sh2to5	0.03513 ***	5.41	< 0.0001	1.74702
ShareA	0.00703 ***	5.65	< 0.0001	2.45416
Sh1type	− 0.00376 **	− 2.39	0.0168	1.24901
ManagSL	0.00457 ***	4.93	< 0.0001	1.60010
ManagSH	− 0.00051	− 1.51	0.1309	1.21374
BDSize	− 0.00304	− 0.85	0.3933	1.64418
BDIndep	− 0.00018	− 0.06	0.9513	2.15478
BDMeet	0.00556 ***	3.08	0.0021	1.17804
BDLead	0.00382 **	1.92	0.0554	1.02427
AuditCI	0.00009	0.07	0.9436	1.11153
JSSize	0.00235	1.11	0.2659	1.20553
JSMeet	0.00017	0.13	0.8945	1.16142
ROA	− 0.37674 ***	− 36.71	< 0.0001	1.16305

续表

Var	Parameter Estimate	t - Value	P - Value	VIF
Size	− 0. 00847***	− 7. 89	< 0. 0001	2. 64714
Year1 ~ Year7		已控制		
Ind1 ~ Ind19		已控制		
F Value	40. 93	R − Sq	0. 3063	
Pr > F	< 0. 0001	Adj R − Sq	0. 2988	
Durbin − Watson D	2. 036			

注：其中，$AbsDA_{it} = \beta_{0i} + \beta_{1i}Sh1_{it} + \beta_{2i}HF5_{it} + \beta_{3i}Sh2to5_{it} + \beta_{4i}CS_{it} + \beta_{5i}Sh1type_{it} + \beta_{6i}BDindep_{it}$
$\qquad + \beta_{7i}ManagSL_{it} + \beta_{8i}ManagSH_{it} + \beta_{9i}BDSize_{it} + \beta_{10i}BDMeet_{it}$
$\qquad + \beta_{11i}BDLead_{it} + \beta_{12i}AuditCI_{it} + \beta_{13i}JSSize + \beta_{14i}JSMeet_{it}$
$\qquad + \beta_{15i}ShareN_{it} + \beta_{16i}ShareP_{it} + \beta_{17i}ShareA_{it} + \beta_{18i}Debt_{it}$
$\qquad + \beta_{19i}ROA_{it} + \beta_{20i}Size_{it} + \beta_{21-27}Year_{kit} + \beta_{28-47}IND_{jit} + \varepsilon_{it}$

$AbsDA_{it}$表示公司 i 在 t 年的操控性应计利润的绝对值，其余自变量的定义见表 6.1。
$Year_{kit}$ 为年份控制变量，K 的取值范围从 1 ~ 7，分别用哑变量控制从 1999 ~ 2006 年间盈余
管理年度间的差异，IND_{jit} 为行业控制变量，取值范围从 1 ~ 19，分别表示 20 个行业的哑变
量，以控制行业间盈余管理的差异。

*** 表示在 0.01 水平显著，** 表示在 0.05 水平显著，* 表示在 0.1 水平显著，双尾
检验。

（一）股权集中度与操控性应计利润显著正相关

在不考虑盈余操控方向的情况下，第 1 大股东持股比例 Sh1 与操控性应计
利润大小 AbsDA 显著正相关，第 1 大股东持股比例越高，上市公司操控利润的
程度越高，表明第 1 大股东确实存在通过操控盈余侵害中小股东利益的情况。
从另一个代理变量前 5 大股东持股比例平方和 HF5 来看，股权集中度与盈余
管理的程度也表现出显著的正相关关系，支持了研究假设 1。

（二）股权制衡未能制约大股东的盈余操控行为

第 2 至第 5 大股东持股比例 Sh2to5 通过了显著性检验，但与盈余管理的程
度正相关，未能支持假设 2，说明其他股东的联合并不能有效制约大股东的盈余
操控行为。从表 6.3 的变量描述性统计中可以看出，第 1 大股东持股比例 Sh1 的
均值达到了 40%，远高于第 2 到第 5 大股东持股比例之和的均值 15%，第 1 大
股东在我国上市公司中具有超强的控制能力，第 2 到第 5 大股东持股比例过低，
制约了股权制衡力量的发挥，在这样的情况下，第 2 到第 5 大股东的最佳选择只
能是与大股东共谋而不是制衡，不能起到监督和制约大股东的作用。

（三）股权性质不同对盈余管理的影响各异

流通股比例 ShareA 通过了显著性检验，但对盈余管理程度的影响方向与

预期不同。与假设 3 不同，流通股比例与盈余管理程度正相关，说明上市公司盈余管理的程度并不是与流通股比例无关，而是呈现出递增的趋势，这可能与我国证券市场尚不成熟有关，大部分流通股分散于小投资者手中，"搭便车"现象严重，加之非流通股的存在，"用脚投票"的制约机制失效，流通股的监督作用难以发挥的原因。同时，流通股中还有很大一部分为各类机构投资者所持有，机构投资者在无力抗衡大股东的情况下，也会选择与大股东合谋。控股股东性质是否为国有股哑变量 Sh1type 也通过了检验，但与假设 4 相反，该变量在 1% 水平上通过了显著性检验，且系数为负，表明控股股东为国有股时，可以在一定程度上抑制盈余管理。当控股股东为国有时，上市公司并非以盈利为唯一目标，它还承担着诸多社会责任，当然包括树立公众形象等，所以其往往并不一定会有更强的动机进行盈余管理、削弱会计信息的质量。再者，最终控制人为国有性质的上市公司，由于委托人具有政府的权威，所以其控制监督能力较非国家控股的公司要强，进行盈余管理的可能性就较小，从而其盈余管理的程度相对较小。

（四）管理层激励机制尚不完善

管理层持股数量 ManagSH 未能通过显著性检验，管理层薪酬 ManagSL 在 1% 水平通过了显著性检验。从系数符号来看，管理者薪酬与盈余管理程度正相关，支持了假设 5，表明在我国上市公司中也存在"报酬激励"的情况，上市公司管理者有为获得报酬进行盈余管理的动机；而管理者持股与盈余管理程度未通过显著性检验，未能支持假设 6。表明股权激励虽然有助于消除管理者的盈余管理动机，但未能充分发挥有效的协调激励冲突的作用，其主要原因可能是我国上市公司管理层持股比例过低，且大部分公司尚未实施股权激励。

（五）董事会的监督职能失效

从董事会特征的几个代理变量来看，董事会规模 BDSize 未能通过显著性检验，未能支持假设 7。表明大的董事会规模在抑制盈余管理方面并不比小的董事会更有效，这可能与我国上市公司中，董事会内部董事长和总经理的地位非常突出，权威性非常强，无论董事会规模大小，一般不会产生难以协调的现象有关。董事会中独立董事人数变量 BDIndep 也未通过显著性检验，未能支持假设 8。说明董事会中独立董事的人数的增加并不能抑制上市公司的盈余管理。从表 6.3 的变量描述性统计中可以看出，独立董事最小值为 0，最大值为 7，均值为 2.26，中位数为 3，刚好达到证监会的最低要求。一方面独立董事人数不足以影响董事会的最终结果；另一方面独立董事声誉市场的缺失也使独立董事缺乏独立性。

从董事会活动的情况 BDMeet 来看，该变量通过了显著性检验，但系数为正，与假设 9 相反，随董事会会议次数的增加，盈余管理有增加的倾向，这与董事会会议的"救火队"假设相一致，董事会会议越多，说明公司陷入困境的可能越大，从而越有可能进行盈余管理。董事会领导权结构 *BDLead* 与假设10相一致，与盈余管理显著正相关，说明两职合一的董事会领导权结构为盈余管理创造了更有利的条件。是否设立审计委员会 *AuditCI* 未能通过显著性检验，没有支持假设11。

（六）监事会形式重于实质

监事会规模 *JSSize*、监事会活动 *JSMeet* 都未通过显著性检验，未能支持假设12和假设13，说明我国上市公司虽然依据上市公司章程，设立了监事会，但监事会成员均由大股东推荐，并在股份公司任职，监事会很难发挥其监督职能，未对管理者的盈余管理行为产生影响。

（七）上市公司的经营状况对盈余管理有显著影响

模型选取的控制变量 *ROA* 和 *Size* 都通过了显著性检验，与预期相同，反映公司经营状况的 *ROA* 表明，当企业的盈利状况越好，盈余管理的动机就越小，*Size* 通过检验说明在我国上市公司中，声誉机制也会发挥重要作用，公司规模越大，进行盈余管理的程度就越小。

综上所述，本书提出的13个关于公司内部治理因素对盈余管理影响的假设中，只有假设1、假设5和假设10得到了验证；假设2、假设3、假设4和假设9通过了显著性检验，但符号与原假设相反；假设6、假设7、假设8、假设11、假设12和假设13未通过检验，表明我国公司内部治理的现状与理论上的分析还存在一定差异。尤其是在内部监督约束机制方面，有待进一步加强。国有股一股独大的情况影响了董事会治理效应的发挥，被寄予监督厚望的监事会并没有真正发挥其监督职能，独立董事制度作为一种有效的监督机制，应进一步加强其在公司内部治理中的作用。

第四节　稳健性检验

一、检验方法的选择

由于假设检验中因变量操控性应计利润 *DA* 的计算采用了第五章提出的现金流收益调整模型，为了对上面的结果进行稳健性检验，本书还使用标准Jones模型和修正的Jones模型，对结果进行稳健性检验，如果使用标准Jones模型和修正的Jones模型计算的 *DA* 在模型检验中表现出与使用现金流收益模型计算的 *DA* 相似的结果，则可以认为模型的检验具有一定的稳健性。

二、检验结果

本部分仍然采用与前面模型检验完全相同的样本，只是将操控性应计利润 *DA* 的计算方法改变为标准的 *Jones* 模型和修正的 *Jones* 模型。由于采用分行业分年度回归，从表6.2的样本分布情况来看，很多行业和年份都无法达到横截面 Jones 模型要求的至少10家公司，分行业分年度回归的许多方程显著性都无法通过检验，因此和第四章的情况一样，这里用标准 Jones 模型和修正的 Jones 模型计算操控性应计利润 *DA*，采用了总体样本回归①的方法。计算出操控性应计 *DA* 后，用其绝对值作为盈余管理的替代变量，对公司内部治理因素对盈余管理的影响进行回归检验。

表6.6　模型的稳健性检验

Var	Standard Jones Model			Modified Jones Model		
	Parameter Estimate	t – Value	VIF	Parameter Estimate	t – Value	VIF
Sh1	0.05858 **	5.72	2.11438	0.05863 ***	5.72	2.11438
HF5	10.91435 ***	4.12	1.23008	10.92757 ***	4.13	1.23008
Sh2to5	0.05278 ***	4.21	1.74702	0.05283 ***	4.22	1.74702
ShareA	− 0.00076	− 0.32	2.45416	− 0.00075	− 0.31	2.45416
Sh1type	− 0.00941 ***	− 3.10	1.24901	− 0.00941 ***	− 3.10	1.24901
ManagSL	0.00220	1.23	1.60010	0.00221	1.23	1.60010
ManagSH	− 0.00116 *	− 1.78	1.21374	− 0.00115 *	− 1.78	1.21374
BDSize	− 0.00947	− 1.38	1.64418	− 0.00954	− 1.39	1.64418
BDIndep	− 0.00183	− 0.32	2.15478	− 0.00181	− 0.32	2.15478
BDMeet	0.01146 ***	3.29	1.17804	0.01146 ***	3.29	1.17804
BDLead	0.00591	1.54	1.02427	0.00589	1.53	1.02427
AuditCI	− 0.00307	− 1.23	1.11153	− 0.00307	− 1.22	1.11153
JSSize	− 0.00011	− 0.03	1.20553	− 0.00012	− 0.03	1.20553
JSMeet	0.00313	1.23	1.16142	0.00313	1.23	1.16142
ROA	− 0.31251 ***	− 15.78	1.16305	− 0.31260 ***	− 15.78	1.16305
Size	− 0.00137	− 0.66	2.64714	− 0.00139	− 0.67	2.64714
Year1 ~ Year7	已控制			已控制		
Ind1 ~ Ind19	已控制			已控制		

---

① 这种情况在国内的相关研究中也有相同的发现，详见雷光勇、刘慧龙（2006）相关文献。

续表

Var	Standard Jones Model			Modified Jones Model		
	Parameter Estimate	t – Value	VIF	Parameter Estimate	t – Value	VIF
Obs. N	3749			3749		
F Value	11.98			11.98		
Pr > F	< 0.0001			< 0.0001		
R – Sq	0.1145			0.1145		
Adj R – Sq	0.1049			0.1049		
DW	2.031			2.031		

注:其中,Jones 模型和修正的 Jones 模型的操控性应计利润通过下面的模型进行估计:

Standard Jones Model

$$NDA_{it} = \alpha_{1i}1/A_{it-1} + \alpha_{2i}\Delta REV_{it}/A_{it-1} + \alpha_{3i}PPE_{it}/A_{it-1}$$

$$TA_{it}/A_{it-1} = \hat{a}_{1i}1/A_{it-1} + \hat{a}_{2i}\Delta REV_{it}/A_{it-1} + \hat{a}_{3i}PPE_{it}/A_{it-1} + \varepsilon_{it}$$

Modified Jones Model

$$NDA_{it} = \alpha_{1i}1/A_{it-1} + \alpha_{2i}(\Delta REV_{it} - \Delta REC_{it})/A_{it-1} + \alpha_{3i}PPE_{it}/A_{it-1}$$

$$TA_{it}/A_{it-1} = \hat{a}_{1i}1/A_{it-1} + \hat{a}_{2i}\Delta REV_{it}/A_{it-1} + \hat{a}_{3i}PPE_{it}/A_{it-1} + \varepsilon_{it}$$

NDA_{it} 表示经上期期末总资产调整的非操控性应计利润,A_{it-1} 是上期期末总资产,ΔREV_{it} 是 t 期销售收入和 $t-1$ 期销售收入的差额;ΔREC_{it} 是 t 期应收账款和 $t-1$ 期应收账款的差额,PPE_{it} 是 t 期期末总的厂房、设备等固定资产原值。$\hat{a}_{1i}$,$\hat{a}_{2i}$,$\hat{a}_{3i}$ 是 α_{1i},α_{2i},α_{3i} 的 OLS 估计值,TA_{it} 是 i 公司第 t 期的总应计利润,ε_{it} 为剩余项,代表各公司总应计利润中的操控性应计利润部分。根据 $TA = NDA + DA$,可以计算出各公司操控性应计利润 DA,取其绝对值作为盈余管理程度的代理变量,用 $AbsDA$ 表示。

*** 表示在 0.01 水平显著,** 表示在 0.05 水平显著,* 表示在 0.1 水平显著,双尾检验。

从表 6.6 的回归结果来看,不论是用 Jones 模型计算操控性应计利润 DA(以下简称为 SJones 模型),还是用修正的 Jones 模型计算操控性应计利润 DA(以下简称为 MJones),其模型的显著性都通过了检验,其 F 值和调整后的 R^2 值分别为 11.98 和 0.11,并且各变量的系数也没有太大的差别,这主要是因为两个模型计算 DA 的方法本来就差别不大,以此作为度量盈余管理程度的代理变量,其回归结果也非常相近。用现金流收益模型计算的 DA 对模型的检验,不论是全样本检验还是分组检验,都有更高的显著性和更好的模型拟合优度,其 F 值和调整后的 R^2 分别达到了 40.93 和 0.29,这也从另一个方面说明用本书提出的现金流收益调整模型作为盈余管理的替代变量,得到的结果更为可靠。

在用 SJones 模型计算出的 DA 值为因变量的回归检验中,第 1 大股东持股比例 $Sh1$,第 2 到第 5 大股东持股比例 $Sh2to5$,董事会会议次数 $BDMeet$ 都通过了显著性检验,且系数为正,控股股东是否为国有 $Sh1type$、管理者持股

*ManagSH*也通过了显著性检验，但系数为负，而流通股比例 *ShareA* 与管理者薪酬 *ManagSL* 未通过显著性检验。用 MJones 模型计算的 *DA* 与因变量回归的结果与使用 SJones 计算的结果基本相同。

用 SJones 模型和 MJones 模型计算的 *DA* 值作为盈余管理的替代变量，从影响盈余管理的公司内部治理因素的检验结果来看，与前面检验的结果基本一致，本书的研究结论具有一定的稳健性。

第五节　结论与政策建议

一、研究的主要结论

从实证研究的结果来看，影响盈余管理的公司内部治理因素中，股权集中度与操控性应计利润正相关，第 1 大股东持股比例、前 5 大股东持股比例平方和与盈余管理的程度显著正相关。股权制衡未能约束大股东的盈余操控行为，第 2 至第 5 大股东持股比例与盈余管理程度正相关，流通股比例与盈余管理程度正相关，管理者薪酬与盈余管理程度正相关，董事会活动、董事会领导权结构与盈余管理正相关，控股股东是否国有与盈余管理负相关。管理者持股、董事会规模、董事会中独立董事人数、是否设立审计委员会、监事会规模、监事会活动都未能通过显著性检验。

二、政策建议

（一）深化股权分置改革，改善股权结构

从本书实证研究的结果来看，"一股独大"的股权结构是我国上市公司治理盈余管理问题的根源，我国的盈余管理问题有别于英美管理层主导的盈余管理，而是大股东主导下的盈余管理。国有股一股独大的股权结构衍生出一系列的问题。上市公司尽管建立了董事会制度，但董事会主要由控股股东所操控，难以充分代表中小股东的利益，董事会治理作用机制大多是有其形式而无其实质；由于控股股东占绝对控股地位，其股权比例远高于其他大股东，其他非控股股东难以形成有效力量制衡控股股东，在这样的股权结构下，其他的非控股股东的最佳策略是和控股股东合谋而不是制衡；国有股占绝对控股地位以及股权不能流通，公司控制权市场难以发挥其作用，流通股股东只能采取"用脚投票"的方式参与公司治理。

因此，要改善上市公司的盈余信息，就必须坚定不移地深化股权分置改革，通过改善上市公司的股权结构，建立相对均衡的股权结构，只有这样才有

利于公司治理的完善和盈余信息的披露。

（二）推进管理层股权激励，协调激励机制

在现代公司制下，上市公司的所有权与控制权分离变得日趋严重，产生了管理者与股东利益冲突的问题，解决这种利益不一致的方法就是通过薪酬和股权的手段以激励管理层致力于提高企业真实绩效。在这种情况下，为了加强对管理层的控制与激励，就应通过合理的报酬设计，利用利润分享计划和赠与管理层股票期权的方式将管理层的利益与公司和所有者的利益联系起来。从本书实证研究的结果来看，管理者薪酬与盈余管理正相关，管理者持股与盈余管理程度负相关但未通过显著性检验，说明我国上市公司未能很好地解决管理层激励、中长期激励与短期激励的协调问题。年薪制是管理层与股东之间的一次性博弈，短期行为难以避免，因此，一个改进的做法是采用报酬延期支付方式，建立管理层股权激励制度，以此来协调管理层激励中短期效应和长期效应。

2005 年 12 月 31 日，证监会颁布了《上市公司股权激励管理办法（试行）》，并从 2006 年 1 月 1 日起执行，其主要目的就是为上市公司建立长短期激励相互协调的管理层激励创造条件，这一方法现在已被我国的一些企业所采用，但股权激励在我国上市公司的管理层报酬中并不多见。因此，尽管实施管理层股权激励在实践中受到诸多质疑，因为股票期权激励在高管人员报酬设计中的普及以及我国股市的不完善性，一旦出现报酬契约中的代理问题就会对我国股市、企业和投资者产生非常严重的后果。但随着我国证券市场的发展完善以及我国上市公司的进一步规范，协调管理层报酬激励对改进上市公司治理结构，改善会计信息披露，具有重要的意义。实践中应该鼓励上市公司精心设计报酬方案，积极实施管理层股权激励。

（三）改革董事会结构，强化董事责任

从本书实证研究的结果来看，我国上市公司董事会治理流于形式，并没有很好地发挥其监督作用。我国现阶段，董事会决策议事的独立性有待提高。一方面，议事过程缺乏民主，董事长往往享有过大的权力。事实上，几乎所有的议事程序均由董事长或大股东代表决定。另一方面，董事会会议的出席率偏低、独立董事参与不足和大股东直接干预董事会会议等现象也大量存在。中国上市公司的审计委员会制度实践时间还不长，监督和审核功能尚处于发育之中，很多方面不够规范，审计委员会的独立性也不够强，作用还十分有限。另外，中国上市公司的审计委员会的设计和实施是由政府部门（中国证券监督管理委员会）进行的，而不是市场需求的；同时，独立董事的聘请更多是为了迎合中国证券监督管理委员会的规定，而不是出于公司自身的需求，独立董事在公司治理作用的发挥情况不能令人满意。总之，董事会中独立董事过少，董事长与总经理二职合一的领导权结构，导致董事会决策议事的独立性不够强，独立董事和审计委员会没有发挥其应有的作用，进而导致了管理层的选择和监控的非效率。我国上市公司应加强董事会制度的建设，改革董事会结构，如董事会与总经理二职的分离，强制性提高董事会中独立董事的比例，对董事会活动及其内容做操作性更强的规定，设立独立董事准入市场及声誉机制，要求面向资本市场充分披露董事会治理情况等，以充分发挥董事会在公司治理中的作用，保护外部投资者利益，抑制管理者的机会主义行为。

（四）明确监事会职能，提高监事会有效性

从本书实证检验的结果来看，不论是监事会规模还是监事会活动，都未通过显著性检验，监事会在降低代理成本上并未起到应有的作用。造成这种情况的原因是我国的监事没有制约董事的权力，他们的最大权力也只是检举董事，而这并不能形成有效的制裁；监事会与"审计委员会"和"独立董事"等一些机构重复设置，它们的相互关系和职责界定至今仍不清楚；许多公司设立监事会只是为了满足我国《公司法》关于监事会制度的规定，监事会成员大多来自企业内部，监事会的存在流于形式。因此监事会治理水平不高并不是制度本身存在着问题，而是由于监事会在运行过程中存在着诸多不足。因此，要提高监事会效率，首先必须明确监事会职能，并赋予监事会更多的权力，同时改善监事会结构与规模。

第七章　公司外部治理机制对盈余管理的影响

现代公司治理是通过内部治理结构和外部治理机制来运行的。公司治理的内部结构和外部机制不仅互补，而且在一定程度上是可以相互替代的。一方面，通过"用手投票"机制替换在位经理的决策，常常建立在"用脚投票"机制所反映出来的信息上，"用脚投票"机制所反映出来的股东意愿，最终要通过"用手投票"机制来实现；另一方面，一个有效的市场使对经理的直接控制变得较不重要，这就如同增加巡逻警察的力量可以减少监狱里的拥挤程度一样（张维迎，1996）。在现实中，哪一种机制更为重要，主要取决于公司治理模式的选择和证券市场的发达程度。目前英美等国的公司治理结构主要是在加强市场规制以减少市场不完善性的条件下，通过发达的证券市场的"用脚投票"机制来进行公司治理；而德日等国的公司治理结构则主要是在放松市场规制和混业经营限制的条件下，通过发挥银行和大股东在董事会中"用手投票"机制的积极作用来进行公司治理（何炼成、赵增耀，2000）。本书第六章讨论了公司内部治理结构对盈余管理的影响，本章将对公司外部治理机制与盈余管理之间的关系进行研究。

第一节　理论分析与研究假设

一、外部治理机制对盈余管理影响的研究框架

作为一种制度安排，公司治理机制的有效性与社会中的其他各种制度安排是彼此关联的。按照制度经济学的理论，如果不参照社会中其他相关的制度安排，就无法估计某个特定制度安排的效率（林毅夫，1989）。因此，要完善公司内部治理结构，需要了解其发挥作用所需要的外部治理环境。同样，考查盈余管理的影响因素，也需要从公司内部治理结构和外部治理机制两个方面去探

讨。要抑制上市公司的盈余管理行为，一方面要发现影响盈余管理的公司内部治理结构因素，完善公司内部治理结构；另一方面，也要研究公司外部治理机制对盈余管理产生的影响因素，进而采取相应的措施，使内部治理结构适应外部治理机制，或者改变外部治理机制中影响内部治理结构发挥作用的因素，二者协调，才能共同发挥作用，减轻由于盈余管理行为导致的委托人与代理人的利益冲突。

公司外部治理机制的因素很多，本书主要从下面几个方面进行研究。

（一）制度环境

公司外部治理机制中的制度环境对于公司内部治理结构具有重要的作用，没有良好的制度环境，公司的内部治理结构很难发挥作用。我国从 1978 年开始从传统的计划经济向市场经济转轨，取得了举世瞩目的成就，但由于我国幅员辽阔，各个地区之间的市场化进程并不平衡（樊纲、王小鲁，2004），不同地区之间的公司可能面临有明显差异的制度环境。市场化程度高的地区，其法治化水平、要素市场发育水平、经济发展水平通常较高，政府对企业的干预程度也通常较低，企业的自律行为和受到的监管与约束也不同。另外，随着我国资本市场的发展，近年来财政部和证监会相继出台了一系列旨在加强上市公司会计信息披露的制度与措施，这些大环境的变化，都会对管理者的盈余管理行为产生影响。从构成来看，制度环境主要包括市场化水平、政府干预和法制水平，以及证券监管与会计制度的变革演进四个方面。

（二）市场竞争

市场竞争是公司治理机制的重要组成部分。市场竞争主要是通过市场对公司管理者行为的制约，减少所有权与经营权分离所导致的代理成本，促使管理者服务于股东利益。但市场竞争的效果取决于市场发育程度和市场机制运作效率。市场竞争的主要因素包括：公司控制权市场竞争、经理人市场竞争和产品市场竞争。通过这些市场上的各种价格信号，提供评判企业经营绩效的信息，以此评价企业管理者行为的优劣，并通过自发的优胜劣汰的竞争机制，来实现对企业管理者的约束和控制。由于市场竞争的结果，最终仍是以会计盈余作为重要的评价标准，因而当管理者面临较强的市场竞争压力时，会影响管理者盈余管理的行为。

（三）债权人治理

债务契约安排所导致的公司治理效率是研究现代公司治理的重要问题之一，研究的焦点就是负债在公司治理中的作用。银行债务可以减轻由于信息不对称而导致的股东与经理间因利益冲突而引起的代理问题，因为负债使经理人面临更强的监督，按期偿债的压力迫使经理人努力工作。债权人参与公司治理有利于形成公司内部制衡，对管理者形成约束机制，能够让债权人获得更多的与债务契约相关的信息，从而改善公司治理状况。通过债务契约的安排抑制或减少盈余管理幅度，主要从资产负债率和债务期限结构两个方面考虑。

（四）中介市场

与公司治理相关的其他外部治理机制还有审计市场、机构投资者、分析师预测与舆论监督等。当外部投资者向公司融资时，他们将面临着因控股股东或管理者对他们的剥夺而使其投资回报无法兑现的风险，因而他们有强烈的动机来限制这种转移或掠夺行为，通常通过聘用独立审计师来监督审查，并向外部投资者报告。与此同时，独立审计师具备较高的执业技能，有较强的独立性，要承担审计失败导致的民事责任，可以出具有可信度较高、包含信息更丰富的审计报告，因此他们能够有效地保护股东权益、降低信息风险、增进代理人的利益、约束控股股东的行为，审计市场的监督会间接地对盈余管理行为产生影响。

投资规模越大，投资人对上市公司进行监督的动力越强。在证券市场的多个参与主体中，机构投资者是一个特殊的群体，机构投资者感兴趣的是公司是否具有投资价值，公司的股价是否真正体现了这种价值，市场价格与价值之间是否有利可图。机构投资者的自发性质疑和监督，目的是维护自身的利益，降低自己的投资风险。但是，这种行动客观上起到了参与公司治理的作用，也显现了机构投资者强有力的市场功能，即它不仅可以被动地接受市场现状，还可以参与公司治理。机构投资者参与公司治理，一方面增强了对管理者的监督，约束管理者盈余管理的行为；另一方面又加大了管理者所面临的市场压力，增强了管理者进行盈余管理的动机。

二、制度环境与盈余管理

公司治理作为一种制度安排存在于特定的制度环境中，治理模式的选择要受到制度环境的制约，有效的治理模式应该与制度环境相兼容，即公司治理模式与制度环境之间存在着一定的关联。考查公司治理的有效性，离不开对特定治理环境的具体分析。显然，影响公司治理有效性的环境因素很多，包括经济、法律、文化等方面，本书主要从以下几个方面讨论制度环境对盈余管理的影响。

（一）市场化进程

以 La Porta 等（2000）为代表的国别比较研究通常暗含一个假定，就是在某一国内部，公司间所面临的法律制度环境无差异。对于一个小国，或者经济、政治、法律与社会发展比较平衡的国家来说，这一假定可能无关紧要，但对于我国这样一个国土面积巨大、各地区之间发展极不平衡的国家来说，这一假定就显得不尽合理。我国从 1978 年开始的市场化进程不是简单的一项规章制度变迁，而是一系列经济、社会、法律乃至政治体制的变革。30年来我国的市场化改革取得了瞩目的成就，但是就区域而言，在某些省份，特别是东部沿海省份，市场化已经取得了决定性的进展；而在另外一些省份，经济中非市场的因素还占有重要的地位（樊纲、王小鲁，2004）。因此，不同地区的公司所面临的制度环境可能极为不同。樊纲、王小鲁和朱恒鹏（2006）对我国各个省级行政区域的市场化程度进行的比较分析表明，我国各地区之间的市场化进程存在显著的差异。不同地区制度环境不同，企业行为特征自然就不同，就制度环境与盈余管理的关系而言，一方面，市场环境的逐步完善给企业造成的竞争压力更大，可能促使管理者通过盈余管理进行利润操控；另一方面，完善的外部市场环境与较好的法律保护程度，又提高了企业盈余管理的成本，抑制了企业的盈余管理行为。因此提出下面的假设：

假设1：市场化进程会显著影响盈余管理的程度，市场化进程指数高的地区，公司的盈余管理程度相对较低。

（二）政府干预行为

由于政策、地理、交通、历史等因素的影响，中国各地区的市场化进程差异明显。市场化进程可以分为五个方面，分别是政府与市场的关系、非国有经济的发展、产品市场的发育程度、要素市场的发育程度以及市场中介组织发育和法律制度环境。在这五个方面，逐渐形成了东部优于中部、中部优于西部的不平衡格局。总体来看，制度转轨过程中政府对经济的干预力量仍然极为显著，这是我国公司治理环境中不可忽视的特点。政府作为理性的经济人，会通过各种手段追求其自身利益。国家是公司最大的控股股东，并占有绝对控股地位，政府有通过控制企业来获得控制权收益的可能。

政府对上市公司的控制决定了我国上市公司股权结构特点为国有控股、股权高度集中以及二元股权结构。这种一股独大的股权结构特点衍生出一系列的问题：尽管建立了董事会制度，但董事会主要由控股股东所操控，难以充分代表中小股东的利益。董事会治理作用机制大多是有其形式而无其实质；由于控股股东占绝对控股地位，其股权比例远高于其他大股东，其他非控股股东难以形成有效力量制衡控股股东，其他的非控股股东的最佳策略是和控股股东合谋而不是制衡；国有股占绝对控股地位以及股权不能流通，公司控制权市场难以发挥其作用，如果没有政府的主导，上市公司的控制权转移不可能发生；法律难以有效约束代表政府的控股股东的行为等。政府除了在股权方面的控制外，还控制了公司的经理人市场。上市公司的高管人员大多由政府任命，而并非从经理人市场中遴选。此外，由政府任命的公司高管人员有其行政级别，公司高管人员收入中的很大比例是非货币性收入和隐性收入。在这种情况下，经理人市场中的声誉机制难以发挥作用，薪酬激励机制也可能难以发挥有效作用，因为对于公司的高管人员来说，相对于目前较低的显性收入，行政级别的提升是一个更重要的激励目标。更确切地说，由于政府对公司高管人员的任命制，对于中国的上市公司来说并不存在真正意义上的经理人市场。

从以上的分析可以看出，政府行为影响到众多治理机制发挥有效作用。政府行为是我国公司治理环境中最为根本的影响因素。因此，从某种程度上可以说，公司治理问题其实是政府治理问题（Vishny 和 Shleifer，2004；陈冬华，2003）。公司治理制度的完善首先需要的是政府治理的完善。在这种制度环境下，传统的治理机制难以发挥作用，更容易导致盈余管理情况的发生。因此提出下面的假设：

假设 2：政府干预与盈余管理程度负相关。

（三）法律制度环境

在普通法系国家的会计信息不对称问题可以通过公开的披露信息得以解决，而成文法系国家的会计信息不对称则是通过各大股东之间以及大股东与债权人之间的内部渠道得以解决。发达国家公司治理问题解决得相对较好，一个重要的原因就是法律法规的威慑作用。如果法律法规健全，执法严厉，任何违规违法行为一旦被发现将面临数倍于违规所得的处罚，直接责任人还将承担民事、刑事责任，将会有效抑制上市公司的违规行为。因此，健全完善的法律法规体系，辅之以强有力的执法部门，将对公司治理中出现的违法违规行为形成有力的直接的威慑。

政府行为和法律水平是我国公司治理环境中最具影响力的因素。虽然这两个因素对公司治理机制的作用机理不同，但是这二者之间的关系并不相互独立。一个国家的法律制度和其政治体制有一定的关联度，有些法律规定的产生其实源于政府对经济控制的需要。此外，我国上市公司大多由国家所控股，在这样的情况下，法律对控股股东的约束力将会减弱。因此，法律制度环境和政府干预水平相互交织在一起共同影响到公司治理机制的有效性。因此提出下面的假设：

假设 3：法律制度环境水平高，则公司进行盈余管理的程度低。

（四）会计制度变革

近年来，为提高会计信息质量，监管部门出台了一系列制度与措施，这些制度与措施的变革为提高会计信息质量，抑制盈余管理营造了一个大环境。主要的措施有：通过股票发行制度改革，实施证券发行核准制，取消了政府推荐的指标和额度管理，并引进了证券中介机构的责任，同时由证券监管机构对发行上市的合规性和适销性进行审查，不再需要企业主管部门或者地方政府批准的审批格局，只要是符合条件的企业就可以发行股票上市进行交易，大大提高了进入证券市场交易的公司质量；强化和完善了上市公司的强制性信息披露，出台了一系列旨在强化上市公司信息披露的文件，提高了证券市场的透明度和投资者利益保护的程度，起到了督促上市公司提高公司质量的作用；推进会计标准国际化，提高了信息披露的标准。为了进一步规范上市公司信息披露，提高会计信息质量，于 2006 年对会计制度进行了较大规模的修订，摒弃了分所有制性质、分行业类别的设计思想，彻底打破所有制和行业分割的界限，实行基本统一的确认、计量、记录和披露标准，提高了信息披露的标准。从以上的各种政策变迁可以看出，核准制将使发行上市的公司质量得到提高，发行上市公司进行盈余管理，调高收益的动机得到了抑制。同时信息披露、准则规范、治理结构等监管措施的实施，也在一定程度上降低了发行上市公司的盈余管理程度。理论上，盈余管理的程度应当随制度的完善逐步降低。因此提出下面的假设：

假设 4：新会计制度改革与盈余管理负相关。

三、市场竞争与盈余管理

外部市场竞争对盈余管理会产生重要的影响。控制权市场竞争的压力，使管理层有通过盈余管理提升公司盈余的动机，产品竞争市场、经理人市场也会有同样的机制。一方面竞争增加了管理层的市场压力，使管理层有进行盈余管理的激励；另一方面又可以通过市场竞争有效约束公司内部控股股东和管理人员的行为，达到改善公司治理的目的。

（一）控制权市场与盈余管理

公司控制权市场的作用主要表现在以下方面：由于控制权市场的激烈竞争，任何公司都有被接管、收购兼并的危险，公司的经理人员也有被取代的职业风险。为了自己的利益，经理人员会较好地考虑广大股东的利益。但控制权市场的有效竞争也是有前提条件的，即假定公司管理效率以及经营者业绩与公司股票的市场价格是高度正相关的。如果一家公司管理混乱，经营不利，那么其股票价格则会相对于本行业或市场整体股价水平下跌，公司的股票市价总值下降。当那些有能力的企业家或机构预期能从接管该公司的行为中获利的时候，他们就会趁机低价买进足够的股份，从而取得公司的控制权，并赶走在任的经营者。收购兼并的出现能够通过替换业绩不好或是机会主义行为的经理人员，从而使被收购兼并公司的管理活动走上正轨。在控制权市场上出现的收购兼并活动具有一种惩罚效应，这是对经理人员滥用权力，也是对内部人控制的一种很好的外部制约机制。所以，公司控制权争夺则被视为一种制约经营者行为的有效手段。控制权市场的激烈竞争不仅把所有的公司都置于潜在的接管风险之中，而且还对公司经营者形成了强有力的威慑，因机会主义行为或业绩不佳而被替换的危险随时存在。上市公司在面临控制权市场的压力之下，当经营业绩不佳时，就有通过盈余管理调整其经营业绩的动机。因此提出下面的假设：

假设5：控股股东变更的公司，其盈余管理的程度要高于控股股东没有变更的公司。

（二）产品市场竞争与盈余管理

一般说来，如果产品市场是充分竞争的，那么产品生产企业的经营者就会承受来自市场的压力，而这种压力又会使其产生努力工作的动力，可见产品市场也可以有效地约束经营者行为。产品市场的竞争机制正是通过大量所有者控制的企业进入市场、影响市场价格、促使经营者努力增加投入、降低成本来发挥作用的。在市场上所有者控制的企业越多，竞争将越激烈，对经营者行为的约束力也就越强。产品市场竞争作为现代公司治理机制的有机组成部分，其治理的机理在于通过价格信号"筛选"出不称职经理，同时通过竞争机制带来的破产威胁，对经理人发挥有效监督的作用。理论上，产品市场通过价格与竞争机制有效降低了投资者与经营者之间的信息不对称程度，为客观评价经理人提供了一个行之有效的方法，从而有助于董事会、股东识别不称职的经理，并在恰当时机实施变更决策。同时，竞争性的产品市场作为一种"硬预算约束"（Hard Budget Constraint）和激励机制（Hart，1983），不时考验着企业的生存能力，并淘汰那些不能按竞争性价格（最低价格）供给消费者需求的企业，这给经理们造成极大的外在压力，破产退出的威胁迫使想控制企业资源的经理们努力提高效率，以避免沦为被清算的对象。虽然很难如 Alchain（1950）和 Stigler（1958）所言，市场竞争（尤其是产品市场竞争）可以一劳永逸地解决公司治理问题（谢军，2003），但是很明显，竞争性的产品市场已经成为现代公司治理机制不可或缺的有机组成部分，客观上有助于投资者对经理人的监督。同样，管理层在面临较强的产品市场竞争压力的情况下，也会出于自利的动机而进行盈余管理。因此提出下面的假设：

假设6：产品市场竞争强度与盈余管理程度正相关。

（三）经理人市场与盈余管理

经理人市场是从外部监督公司的重要机制，委托人与代理人之间的利益冲突，可以通过经理人市场在一定程度上得到控制。如果经理人市场是完全竞争的，那么能力高、尽职的代理人与能力低、不尽职的代理人就会区分开来，前者会被很快提升并获得丰厚的报酬，而后者则只能得到低职位和低工资，甚至被解雇。在有效的经理人市场上，委托人能够很容易找到新的代理人来代替因行为不当而损害委托人利益的代理人。即使现实中的经理市场并非完全竞争的，这种来自经理市场的压力也会在一定程度上使在职经理人为企业努力工作。

Pourciau（1993）研究了高管人员非常规变更与盈余管理的关系，发现新任 CEO 在变更当年会进行降低收益的盈余管理行为。Murphy 和 Zimmerman（1993）研究发现在效益不好的企业，新任 CEO 会注销巨大资产。随后 DeAngelo 和 Skinner（1994）发现 CEO 可能会注销巨大资产以提高未来盈利的可能性。新上任 CEO 同样具有这种动机，特别是在有可能把注销巨大资产的责任推到前任 CEO 身上的时候。这是由于新任高管有强烈盈余冲销的动机，将经营业绩不好的责任推给前任高管人员。因此，从横向的角度看，发生非常规变更的公司比未发生高管变更的公司更有可能进行调整收益的盈余管理行为，从纵向的角度看，高管变更后比变更前更有可能进行调减收益的盈余管理行为。因此提出下面的假设：

假设 7：高管更换与盈余管理程度正相关。

四、债权人治理与盈余管理

银行与企业之间的资金借贷业务是借助于债务契约的签订、完善和履行来完成的。银行的风险主要来源于贷款利息和本金能否按照事先约定的条件收回，该风险受债务人的偿债能力与盈利能力以及相关制度的约束。许多文献指出，债务契约中的限制性条款是以会计信息为基础，这些条款用来防止股东或经理人通过发放清算性股利或投资高风险项目侵占债权人的利益（Watts 和 Zimmerman，1986）。另外，会计信息对企业破产概率的预测能力也证明了会计信息的债务契约有用性（Ohlson，1980）。饶艳超和胡弈明（2005）的研究发现，银行对长短期借款、主营业务收入、资产负债率、流动比率和速动比率等财务信息高度重视，对有助于进一步判别企业潜在风险的报表附注信息也比较重视。孙铮等（2006）的研究发现，会计信息对公有企业和私有企业的贷款行为都有重要影响，但公有企业的产权性质使会计信息对贷款行为的影响程度降低，会计信息在债务契约中的作用要小于私有企业。廖秀梅（2007）的研究结果表明，会计信息可以降低信贷决策中的信息不对称程度，但信贷决策有用性在所有权制度层面被削弱，主要是因为企业与银行均为政府终极所有时银行监督的缺位。

银行对企业进行信贷评估时，收集、储存和处理信息是要花费成本的，特别是在制度环境不健全的转型经济国家，成本相对更高。当信贷评估成本足够高时，银行可能利用简单的零盈余作为判断企业"有问题"的信号。因为利息费用是在盈余之前扣除的，如果企业没有正的盈余，银行会认为企业缺乏足够的支付能力。当企业意识到盈余在银行信贷评估中的重要作用时，就有动机进行调高利润、避免亏损的盈余管理，而且企业因处于会计信息处理的有利地位，也有条件进行盈余管理。银行在授予信贷后，仍然要对企业进行监控，而企业盈余必然是贷后监控的重要指标。企业经理人为了避免技术性违约甚至失去对企业的控制权，也有动机进行调高利润、避免亏损的盈余管理。Sweeney（1994）的研究发现，为了避免技术性违约，样本企业相对于控制样本企业进行了增加收益的盈余管理。该文献研究的是企业在获得借款后为避免违反债务契约的承诺而进行的盈余管理，而没有研究企业获得借款前进行的盈余管理。Goncharov 和 Zimmermann（2007）用俄罗斯企业1999～2004年的数据，分析了会计信息在借款过程中的应用以及企业围绕借款过程的财务报告动机。他们发现，企业对银行评价其会计业绩的回应是在信贷授予前和贷后监控中围绕零盈余目标进行盈余管理。因此提出下面的假设：

假设8：债务契约是引起公司盈余管理行为的因素之一，且债务融资比率越大，盈余管理程度越大。

由于长短期债务的治理作用不同，银行在对企业提供贷款时也会对债务期限进行管理。一般来说，向企业发放短期贷款有利于掌控企业的偿债风险，降低债权人违约的可能性。因为短期贷款多被用于流动性较强的资产，而且在短期内，公司的资产结构与资产价值不会发生很大的变化，风险较低。而对于长期借款来说，由于债务期限长，违约风险相对较高，因此对外部契约履约机制的依赖性更强。如果信息不对称问题严重，法律制度不够健全，实施效率不高或执行成本高昂，那么债务违约风险更大。在这样的情况下，银行更愿意提供短期借款，以防范风险。因此，有较多长期负债的公司，有更强的盈余管理动机。因此提出下面的假设：

假设9：债务期限结构不同时盈余管理幅度有差异，其中长期融资性负债比例越大，公司盈余管理的程度越大。

五、中介市场与盈余管理

社会中介组织的发展是现代市场经济发展的必然产物。在实行市场经济以后，政府不再直接干预企业的经营。政府与企业之间、企业与企业之间、企业与消费者之间的信息沟通与联系以及企业行为的日常监督等，只能由市场中介组织来完成。市场中介组织介于政府与企业之间，在市场运行中起着政府与企业之间相互联系的纽带和桥梁作用。它们一方面向政府反映企业的呼声和愿望，是企业经营决策的参谋咨询机构和自主经营的实体（有盈利性和非盈利性两种）；另一方面，它们又接受政府的指导，严格遵循国家的法律法规，履行政府部门转移出来的对企业管理和指导的部分职责。可见社会中介组织在企业的外部监控体系中同样扮演着非常重要的角色。

（一）审计市场与盈余管理

财务报告是投资者获取企业信息的重要来源，是投资者进行投资决策的主要依据。但是由于外部投资者与公司"内部人"之间存在信息不对称，为"内部人"提供了扭曲财务报告信息的可能性。通过让公司的外部人了解财务报告的真实性、有效性，审计降低了经理层和公司股东间的信息不对称。实证会计理论提出的三大假设指出，公司"内部人"会在某些情况下进行盈余管理，扭曲真实盈余。大规模的盈余管理会误导投资者的投资决策，给投资者带来严重的损失。

DeAngelo（1981）发现大的会计师事务所更有可能发现并揭示管理层错报。与 DeAngelo 的研究相一致，Teoh 和 Wong（1993）发现由六大会计师事务所审计的公司比由非六大会计师事务所审计的公司的盈余反应系数更高。此外，Pierre 和 Anderson（1984）发现针对六大会计师事务所审计的诉讼要少于非六大会计师事务所审计。DeFond 和 Jiambalvo（1991）把差错和非正常事件看作盈余管理的形式，并假设由六大会计师事务所审计的公司发生差错和非正常事件的可能性较小。DeFond 和 Jiambalvo（1993）的研究表明，审计人员与管理当局意见不一致是出于管理盈余的动机，并且当公司是由六大会计师事务所审计时，这种不一致更可能发生。将事务所按前十大和非前十大划分，并设置会计师事务所前十大/非前十大会计师事务所虚拟变量是对审计质量的最常见的表述，许多研究已经支持了这一替代变量（Nichols 和 Smith，1983；DeFond，1992；Davidson 和 Neu，1993 等）。采用这一替代变量，是因为事务所规模可以用作审计质量的替代（DeAngelo，1981；Dopuch 和 Simunic，1982）。事务所规模越大，意味着它们在丧失声誉的事件中损失越大，所以作为最大的前十家会计师事务所，它们保持独立性的动机应该高于非前十大会计师事务所。因此提出下面的假设：

假设 10：由前十大会计师事务所审计的公司盈余管理程度比非前十大会计师事务所审计的公司要低。

刘峰和周福源（2006）认为，由于上市公司的报告盈余是公司管理当局与审计师联合作用的结果，审计质量的高低在盈余质量上会有所体现，因此盈余质量可以用来推测审计质量的高低。基于此，研究者可以用操控性应计利润作为审计质量研究的一个替代变量。根据盈余管理的研究文献，操控性应计利润是盈余管理的主要手段，而且审计质量与操控性应计利润存在反向关系，即企业报告盈余中所包含的操控性应计利润比重越大，则表示"操控"的成分越多，利润质量相应越低，审计质量相应地也会降低。从注册会计师的角度看，由于投资者作出投资决策的主要依据来源于上市公司报告的会计盈余信息，盈余管理的规模增加会加大对投资者投资行为的误导程度，因此，被投资者雇佣来鉴证财务报告真实性的注册会计师面临的诉讼风险会变大，高质量的审计应当能够鉴别这种风险的程度，并且通过审计意见来减小这一风险。由此，高质量的审计能够鉴别企业盈余管理的程度。虽然就个体而言，非标准无保留审计意见并不都是针对盈余管理行为的，但是在大样本统计中，从整体上看，两者之间应该存在着相关关系：注册会计师倾向于对盈余管理程度高的企业发表非标准无保留审计意见，而在低质量的审计中，审计意见不能反映盈余管理的程度。因此提出下面的假设：

假设 11：盈余管理程度与非标准审计意见正相关。

（二）机构投资者与盈余管理

Grossman 和 Hart（1980）和 Shleifer 和 Vishny（1986）认为，投资规模越大，投资人对上市公司进行监督的动力越强。机构投资者的资金量高于一般中小投资者，对个股的投资规模比较大，从而更有动力对上市公司进行监督。与一般中小投资者相比，机构投资者还有信息上的优势。一方面，机构投资者愿意投入资源来主动搜集信息；另一方面，机构投资者可能还拥有一般中小投资者所没有的非公开信息。在专业化研究队伍和丰富信息渠道的支持下，机构投资者比普通投资者具有更强的信息解读和价值评估能力，更有能力分辨上市公司会计政策的合理与否，进而承担一定的监督角色。

但是，也有很多研究认为，机构投资者不仅缺乏必要的专业经验（Taylor，1990），而且在机构之间也容易遭受"搭便车"问题的困扰（Black，1990），因而不能有效地监督管理者。还有一些研究者发现，机构投资者都有短视行为，他们一般过多地关注当期收益，常常为了短期的财务利润最大化给经理们施加压力，而不是采取有效的措施去提升公司的长期价值（Coffee，1991）。我国的机构投资者虽然在近年来发展迅速，但仍然处于初级阶段，对基金经理人缺乏约束，激励机制和评价机制欠缺，出现了许多令投资者大失所望的"基金黑幕"，以及对倒、倒仓等操纵市场的行为屡见不鲜。我国股市的高市盈率和低派息率，注定了机构投资者在价值型投资的掩盖下，进行助涨助跌、频繁换股的庄家炒作行为。因此机构投资者并不具备积极型机构的监督功能，其注重短期利益的运作方式，只会通过资本市场给公司管理者增加更大的压力，管理者在盈余无法达到机构预期时，有可能采取盈余管理手段操控盈余。因此提出下面的假设：

假设 12：机构投资者的存在与盈余管理正相关。

假设 13：机构投资者持股比例与盈余管理正相关。

第二节　研究设计

本书研究的关键变量是公司外部治理机制与盈余管理的关系，以上市公司盈余管理的程度为被解释变量，公司外部治理因素为解释变量。同时，还对影响盈余管理的其他因素进行了控制。

一、盈余管理的度量

本书研究的被解释变量是盈余管理的程度，盈余管理的计量采用了第五章提出的现金流收益调整的 Jones 模型，$AbsDA$ 计算与第六章所用方法相同，在此不再阐述。

二、公司外部治理机制变量的选取与定义

根据前面提出的假设，本书对公司外部治理机制选择了如下解释变量，进行假设检验。

（一）制度环境代理变量

制度环境选取了各省区市场化指数、政府干预水平和法律水平作为公司治理制度环境的替代变量。由于制度环境因素难以量化，影响了制度环境和盈余管理方面的实证研究。樊纲、王小鲁和朱恒鹏（2006）编制的中国各地区市场化相对进程指数为实证研究提供了相应的数据资料，本书采用了他们所编制的数据。制度环境变量包括市场化指数 $IMark$、政府干预水平 $IGov$ 和法律水平 $ILaw$。根据前面的分析，则 $IMark$、$IGov$ 和 $ILaw$ 变量预期与盈余管理程度 $AbsDA$ 负相关。同时为了考查会计制度变化对盈余管理的影响，模型还设置了哑变量 $NewStd06$，用来表示 2006 年的会计制度变革，$NewStd06$ 取值 2005 年前为 0，2005 年[1]及之后为 1。如果会计制度的变革制约了盈余管理的行为，则 $NewStd06$ 与 $AbsDA$ 负相关。

（二）市场竞争代理变量

控制权市场用哑变量 $CtrlChg$ 作为替代变量，如果公司当年发生控制权[2]转移取 1，未发生控制权转移为 0。经理人市场用高管变更哑变量 $TopChg1$ 和 $TopChg2$ 作为替代变量，分别表示董事长变更与总经理变更，若当年发生变更取值为 1，未发生变更取值为 0。预期 $CtrlChg$、$TopChg1$ 和 $TopChg2$ 与盈余管理正相关。

产品竞争市场学术界目前还没有一个公认合理的指标可以用来准确反映竞争强度。为此，经过权衡，本书借鉴国内外学者（Grosfeld 等，2001；刘志彪，2004）的研究方法，用市场占有率（Herfindahl - Hirschman Index，HHI）

---

① 新准则于 2005 年下发征求意见稿，2006 年 2 月 15 日颁布，2005 年年报的截止日期是 2006 年 4 月 30 日，有理由相信 2005 年年报也将受到新准则的影响。

② 包括当年发生多次变更的情况。

作为产品市场竞争强度的替代指标。HHI 较为合理地反映了产业的市场集中程度，可以大体反映产业的竞争情况，当产业可容纳的企业数目一定时，市场占有率越小，一个产业内相同规模的企业就越多，产业内企业之间的竞争越激烈，企业行为的相互影响程度就越大。因此，在产业内企业数目一定的条件下，市场占有率越小，说明市场竞争强度越大，反之，说明市场竞争强度越小。HHI 与竞争强度成反比，意味着 HHI 越大，竞争程度越低；反之，HHI 越小，竞争程度越大。

$$HHI = \sum (x_i/X)^2，其中 X = \sum x_i，\quad x_i 为企业 i 的销售额。$$

考虑到在计算这一指标时仅局限于上市公司数据，结果可能有偏差，本书还采用了主营业务利润率 OPE 作为产品市场竞争的辅助指标[①]。预期 HHI 和 OPE 与盈余管理正相关。

（三）债权人治理代理变量

债权人治理用资产负债率 TDebt、长期债务比例 DebtS 作为替代变量，分别考查总负债以及债务期限结构对盈余管理的影响。预期公司的盈余管理与资产负债率 TDebt 正相关，与长期债务比率 DebtS 正相关。

（四）中介市场机制代理变量

哑变量 AuditOP 表示审计师出具的年报审计意见，审计师发表非标准审计意见取 1，否则取 0，以此作为审计质量的替代变量。同时用哑变量 Audit10 表示事务所是否为十大会计师事务所[②]，若为前十大会计师事务所取 1，否则为 0。预期公司的盈余管理行为与非标准审计意见 AuditOP 正相关，与十大会计师事务所 Audit10 正相关。

本书中的机构投资者是指上市公司前 10 大股东是否存在基金公司和证券公司，若前 10 大股东中存在机构投资者，哑变量 InstInv 取值为 1，否则取值为 0；机构投资者持股比例 InstshBL 以前 10 大股东中机构投资者持股比例之和表示；预期上市公司盈余管理程度与是否存在机构投资者正相关，与机构投资者持股比例正相关。

各变量的定义与计算以及数据来源，见表 7.1。

---

① Nickell（1996）认为，主营业务利润率在某种程度上也可视为企业的"垄断租金"，垄断租金越高，意味着产品市场竞争程度越低；反之，产品市场竞争程度越高。

② 十大会计师事务所的确定以中国注册会计师协会每年公布的事务所排名为依据，取当年排名前十位的事务所。

表 7.1　变量描述与定义

变量名	变量含义	变量定义	数据来源
IMark	市场化指数	公司所在地市场化指数总体评分	*
IGov	政府干预	公司所在地政府与市场的关系指数评分	*
ILaw	法律制度环境	公司所在地中介组织发育和法律制度环境指数评分	*
NewStd06	2006 年会计制度修订	2005 年前取值为 0，2005 年及其后取值为 1	
CtrlChg	公司控制权变更	当年公司控制权发生变更为 1，未发生变更为 0	csmar
*TopChg*1	公司高管变更	当年公司董事长发生变更为 1，未发生变更为 0	csmar
*TopChg*2	公司高管变更	当年公司总经理发生变更为 1，未发生变更为 0	csmar
HHI	产品市场竞争程度	市场集中度综合指数	ccer
OPE	产品市场竞争程度	主营业务利润率	ccer
TDebt	资产负债率	负债合计/总资产	ccer
DebtS	债务期限结构	长期负债/负债合计	ccer
AuditOP	年报审计意见	公司当年年报被出具非标准审计意见为 1，否则为 0	ccer
Audit10	会计师事务所规模	公司聘请的会计师事务所为前 10 大取 1，否则取 0	csmar
InstInv	是否存在机构投资者	前 10 大股东中是否存在机构投资者，有取 1，没有取 0	csmar
InstBL	机构投资者持股比例	前 10 大股东中机构投资者持股比例之和	ccer
Size	公司规模	Ln（总资产）	csmar
ROA	净资产收益率	利润/净资产	csmar
DQGDP	地区 GDP 增长率	地区 GDP 增长率	csmar

资料来源：樊纲、王小鲁、朱恒鹏：《中国市场化指数——各省区市场化相对进程 2006 年度报告》，北京：经济科学出版社 2006 年版。为消除三者间的共线性，用对数进行了标准化。

三、控制变量的选取与定义

为了控制上市公司自身经营特征对盈余管理的影响，并与第六章保持一致，本章仍然选取了公司规模 *Size*（公司总资产取自然对数）、上市公司盈利状况 *ROA*（总资产收益率），作为控制变量，同时选取了公司所在省（市、自治区）GDP 增长率作为控制变量。以控制宏观经济环境对盈余管理的影响，各控制变量的定义与计算见表 7.1。

四、多元回归模型的建立

本书通过下面的模型对上市公司盈余管理的程度与公司外部治理结构的各特征变量之间的关系进行检验：

$$AbsDA_{it} = \beta_{0i} + \beta_{1i}IMark_{it} + \beta_{2i}IGov_{it} + \beta_{3i}ILow_{it} + \beta_{4i}NewStd_{it} + \beta_{5i}CtrlChg_{it}$$
$$+ \beta_{6i}TopChg1_{it} + \beta_{7i}TopChg2_{it} + \beta_{8i}HHI_{it} + \beta_{9i}OPE_{it} + \beta_{10i}TDebt_{it}$$
$$+ \beta_{11i}DebtS_{it} + \beta_{12i}AuditOP_{it} + \beta_{13i}Audit10_{it} + \beta_{14i}InstInv_{it} + \beta_{15i}InstBL_{it}$$
$$+ \beta_{16i}ROA_{it} + \beta_{17i}Size_{it} + \beta_{18i}DQGDP_{it} + \varepsilon_{it}$$

其中，$AbsDA_{it}$ 表示公司 i 在 t 年的操控性应计利润的绝对值，用第五章提出的现金流收益模型计算得到，其余自变量的定义与计算见表 7.1。

第三节　实证分析

一、样本选择与资料来源

本书使用的上市公司财务数据来自 CCER 上市公司财务数据库；公司外部治理数据部分来自 CCER 公司治理数据库，部分来自 CSMAR 上市公司治理数据库，具体情况见表 7.1。制度环境变量采用了滞后一期的中国各地区市场化相对进程指数（樊纲、王小鲁、朱恒鹏，2006）作为实证研究的数据资料。数据处理与回归分析使用的是统计软件 SAS9.13。

研究样本以 2002～2006 年①深沪两市所有上市公司为基础，为考查同一公司在不同治理环境下盈余管理的变化情况，要求样本公司至少连续上市三年以上，并剔除了金融类上市公司（因其特殊的报表结构）以及数据库中缺失计算所需数据的公司年样本，最终得到公司年混合数据样本 4821 个，样本年份与行业分布见表 7.2。

表 7.2　样本分布情况表

行业分类	行业代码	2002	2003	2004	2005	2006	合计（家）	所占比例（%）
农、林、牧、渔业	A	16	18	19	19	17	89	1.85
采掘业	B	9	13	14	12	11	59	1.22
食品、饮料	C0	39	44	47	47	46	223	4.63
纺织、服装、皮毛	C1	38	42	42	39	34	195	4.04
造纸、印刷	C3	13	16	16	16	15	76	1.58

---

① 基于这样的样本选择，主要是受限于数据的可获得性，中国注册会计师协会从 2002 年才开始颁布每年的事务所排名，同时《中国市场化指数——各省区市场化相对进程 2006 年度报告》（樊纲、王小鲁、朱恒鹏，2006）也只报告了各地区 2001～2005 年的数据，新的报告尚未公布。

续表

行业分类	行业代码	2002	2003	2004	2005	2006	合计（家）	所占比例（%）
石油、化学、塑胶、塑料	C4	98	110	114	107	103	532	11.04
电子	C5	25	28	32	31	30	146	3.03
金属、非金属	C6	85	86	101	101	91	464	9.62
机械、设备、仪表	C7	130	152	165	164	153	764	15.85
医药、生物制品	C8	52	61	66	65	63	307	6.37
其他制造业	C9	13	13	14	13	13	66	1.37
电力、煤气及水的生产和供应业	D	41	46	48	49	48	232	4.81
建筑业	E	14	14	17	17	17	79	1.64
交通运输、仓储业	F	33	39	45	45	42	204	4.23
信息技术业	G	43	49	53	50	47	242	5.02
批发和零售贸易	H	71	74	77	78	73	373	7.74
房地产业	J	35	46	49	49	47	226	4.69
社会服务业	K	33	32	34	33	33	165	3.42
传播与文化产业	L	9	10	10	9	9	47	0.97
综合类	M	67	67	69	68	61	332	6.89
合　　计	20	864	960	1032	1012	953	4821	100

注：行业分类依据中国证监会《上市公司行业分类指引》的规定，其中 C 类制造业按 2 位编码分类，其他行业按 1 位编码分类。其中，C2 行业公司数不足 10 家，合并到了 C9，金融行业 I 样本已删除。

二、样本的描述性统计

表 7.3 是研究变量的描述性统计。从表中数据来看，如果不考虑盈余操纵的方向，我国的上市公司普遍存在盈余管理的情况，操控程度（AbsDA）约为上年总资产的 3%。发生大股东变更（CtrlChg）的公司约占样本总数的 6%，说明我国上市公司的控制权转移市场并不活跃，其主要原因是由于流通股与非流通股的人为分隔，使得股权转移只能通过协议和划拨进行，资本市场上流通股对控制权转移的作用有限。董事长变更（TopChg1）与总经理变更（TopChg2）分别占到了样本总数的 20% 和 33%，总经理的变更比董事长变更更为频繁，考虑到大股东发生变更的情况只有 6%，说明我国的经理人市场能在一定程度上发挥作用，即使没有发生大股东变更，也有可能会由于公司经营

表7.3 变量的描述性统计

变量	样本数	均值	中位数	标准差	最小值	最大值
AbsDA	4821	0.02935	0.01744	0.03979	3.77625E-6	0.80014
IMark	4821	1.87315	1.91839	0.31278	0.86289	2.34277
IGov	4821	2.02716	2.05284	0.20404	1.32176	2.36368
ILaw	4821	1.63344	1.61939	0.50850	0.13976	2.57032
NewStd06	4821	0.40759	0	0.49144	0	1.00000
CtrlChg	4821	0.05891	0	0.23548	0	1.00000
TopChg1	4821	0.20597	0	0.40445	0	1.00000
TopChg2	4821	0.33001	0	0.47027	0	1.00000
HHI	4821	0.00230	0.00005	0.02423	1.74E-10	0.89755
OPE	4821	0.37890	0.15886	6.05506	-0.97339	400.677
TDebt	4821	0.49487	0.49646	0.31251	0.00814	7.97895
DebtS	4821	0.13856	0.07035	0.17241	5.27E-15	0.95537
AuditOP	4821	0.02427	0	0.15390	0	1.00000
Audit10	4821	0.18253	0	0.38632	0	1.00000
InstInv	4821	0.64904	1.00000	0.47732	0	1.00000
InstBL	4821	0.02023	0.00375	0.03986	0	0.58762
Size	4821	21.33269	21.26843	0.94934	17.91741	26.97819
ROA	4821	0.02527	0.02443	0.05656	-1.02901	0.51024
DQGDP	4821	11.71888	11.60000	2.04323	6.50000	23.8000

注：其中：$IMark$、$IGov$、$ILow$ 分别取滞后一年的市场化指数、政府干预指数和法律与中介服务水平指数。资料来源于樊纲、王小鲁、朱恒鹏：《中国市场化指数——各省区市场化相对进程2006年度报告》，北京：经济科学出版社2006年版。其余变量依据表6.1所列方法，从CCER、CSMAR数据库相关数据计算获得。$AbsDA$ 依据第五章提出的现金流收益调整的 Jones 模型计算得到：

$$NDA_{it} = \alpha_{1i}/A_{it-1} + \alpha_{2i}(\Delta REV_{it} - \Delta REC_{it})/A_{it-1} + \alpha_{3i}\Delta COST_{it}/A_{it-1} + \alpha_{4i}PPE_{it+1}/A_{it-1} + \alpha_{5i}CFO_{it}/A_{it-1} + \alpha_{6i}ROA_{it-1}/A_{it-1}$$

$$TA_{it}/A_{it-1} = \hat{a}_{1i}/A_{it-1} + \hat{a}_{2i}(\Delta REV_{it} - \Delta REC_{it})/A_{it-1} + a_{3i}\Delta COST_{it}/A_{it-1} + \hat{a}_{4i}PPE_{it+1}/A_{it-1} + \hat{a}_{5i}CFO_{it}/A_{it-1} + \hat{a}_{6i}ROA_{it-1}/A_{it-1} + \varepsilon_{it}$$

$$AbsDA_{it} = |TA_{it}/A_{it-1} - NDA_{it}|$$

其中：$\Delta COST_{it}$ 表示 t 期的期间费用，用营业费用、管理费用和财务费用变动额之和来表示，CFO_{it} 为当期经营现金净流量，ROA_{it-1} 为滞后一期的净资产收益率，TA_{it} 通过现金流量表法计算，为全面分析线上操控与线下操控对盈余管理的影响，TA_{it} 的计算用净利润 NI_{it} 与经营现金净流量 CFO_{it} 之间的差额表示。

根据 $TA = NDA + DA$，可以计算出各公司操控性应计利润 DA，取其绝对值作为盈余管理程度的代理变量，用 $AbsDA$ 表示。

业绩不佳而发生管理层变更。市场集中度差距悬殊，从样本总体均值来看，上市公司都面临较大的竞争压力。我国上市公司的总资产负债率平均达到了49%，其中长期债务约占 13%，比例相对较小。样本公司被出具非标准审计意见的公司约占 2.5%，比例相对较小，样本公司中聘请前 10 大会计师事务所进行年报审计的公司约占样本总数的 18%，有 64% 的上市公司拥有机构投资者，前 10 大股东中的机构投资者持股约占上市公司股份的 2%，总体上看，比例偏低，但从个体来看，机构投资者对上市公司的最高持股比例达到了58%，说明前 10 大股东中的机构投资者持股合计对个别上市公司具有很强的控制能力。

三、变量的相关分析

表 7.4 是研究变量的相关性分析表。从表中数据来看，操控性应计利润绝对值 AbsDA 与市场化指数 IMark、政府干预 IGov 相关性未能通过检验，法律制度水平 ILow 负相关，并通过了显著性检验，支持假设 3。盈余管理程度与会计制度变更 NewStd06 与盈余管理显著正相关，与假设 4 相反，这可能与变量取值设定①有关。控制权变更 CtrlChg、董事长变更 TopChg1、总经理变更 TopChg2 都与盈余管理正相关，支持了假设 5 和假设 6。市场集中度指数 HHI 与盈余管理负相关，支持了假设 7，即产品市场竞争度越强，盈余管理的程度也越高。但主营业务收入 OPE 与盈余管理正相关，和假设 7 相反，这可能与 OPE 变量自身的属性有关，OPE 除可以作为产品市场竞争的替代变量外，通常还用作企业成长性的替代指标，而盈余管理模型对高成长性企业的操控性应计计量通常会偏大。但这两个变量都未能通过显著性检验。盈余管理与总资产负债比率 TDebt 正相关，与债务期限结构 DebtS 负相关，支持了假设 8 未支持假设 9，且通过了显著性检验。审计意见 AuditOP 与盈余管理程度正相关，并通过了显著性检验，说明审计师可以识别上市公司的盈余管理，上市公司盈余管理程度越高，被出具非标准审计意见的可能性就越大，支持了假设 10。是否十大会计师事务所 Audit10 与盈余管理相关性未通过检验，没有支持假设11。上市公司是否拥有机构投资者与盈余管理显著负相关，未支持假设 12，机构投资者持股与盈余管理未通过显著性检验，没有支持假设 13。

上面对相关分析做了简单的阐释，由于相关分析只是进行了单变量检验，没有考虑变量间有相互影响，各变量对盈余管理的影响还需要进行回归检验。

---

①　如新会计准则第 8 号《资产减值准则》规定，长期资产减值一经计提，以后年度不得转回，这会导致以前多计提长期资产减值准备的公司，赶在新准则实施前转回以前多提的减值准备，从而导致盈余管理与新会计准则颁布相关分析表现为正相关。

表7.4　变量的相关性分析

Varibal	AbsDA	IMark	IGov	ILaw	NewStd06	CtrlChg	TopChg1	TopChg2	HHI	OPE	TDebt	DebtS	AuditOP	Audit10	InstInv	InstBL	Size	ROA	DQGDP
AbsDA		-0.01474	0.01163	-0.02412	0.03203	0.03977	0.08232	0.04457	-0.01213	0.01220	0.27326	-0.04991	0.18573	0.00287	-0.04916	0.01104	-0.12083	-0.31795	0.01416
		0.3061	0.4193	0.0940	0.0261	0.0058	<0.0001	0.0020	0.3996	0.3970	<0.0001	0.0005	<0.0001	0.8422	0.0006	0.4433	<0.0001	<0.0001	0.3258
IMark	0.01440		0.85444	0.89263	0.32438	-0.01526	-0.01351	-0.01323	0.04035	0.01828	0.05564	-0.06955	-0.01200	0.15762	0.02541	0.03516	0.18093	0.08181	0.49142
	0.3174		<0.0001	<0.0001	<0.0001	0.2895	0.3485	0.3585	0.0051	0.2045	0.0001	<0.0001	0.4046	<0.0001	0.0777	0.0146	<0.0001	<0.0001	<0.0001
IGov	0.03086	0.86042		0.64280	0.54769	-0.01699	-0.02574	-0.00441	0.02464	0.01008	0.06154	-0.05121	-0.01649	0.11253	-0.04254	0.05325	0.14196	0.05199	0.49160
	0.0322	<0.0001		<0.0001	<0.0001	0.2381	0.0740	0.7597	0.0871	0.4842	<0.0001	0.0004	0.2525	<0.0001	0.0031	0.0002	<0.0001	0.0003	<0.0001
ILaw	0.00580	0.90235	0.67865		0.15999	-0.00770	0.00268	-0.01419	0.05964	0.02620	0.04055	-0.07639	-0.00713	0.23561	0.07689	0.02826	0.19412	0.08615	0.36366
	0.6871	<0.0001	<0.0001		<0.0001	0.5929	0.8526	0.3245	<0.0001	0.0689	0.0049	<0.0001	0.6208	<0.0001	<0.0001	0.0498	<0.0001	<0.0001	<0.0001
NewStd06	0.02468	0.32571	0.58098	0.15939		-0.03004	0.00132	0.06241	-0.00546	-0.02057	0.08223	0.00034	0.00908	0.00909	-0.10733	0.11114	0.09885	-0.03831	0.53444
	0.0867	<0.0001	<0.0001	<0.0001		0.0370	0.9272	<0.0001	0.7049	0.1532	<0.0001	0.9811	0.5283	0.5280	<0.0001	<0.0001	<0.0001	0.0078	<0.0001
CtrlChg	0.05266	-0.00998	-0.01282	-0.00847	-0.03004		0.12091	0.06796	-0.01175	0.00666	0.00200	-0.02129	-0.01656	0.00037	-0.04859	-0.02622	-0.09354	-0.03137	-0.02439
	0.0003	0.4885	0.3734	0.5566	0.0370		<0.0001	<0.0001	0.4148	0.6438	0.8896	0.1395	0.2504	0.9798	0.0007	0.0687	<0.0001	0.0294	0.0904
TopChg1	0.08234	-0.01036	-0.01738	0.00388	0.00132	0.12091		0.27411	0.00576	-0.00127	-0.00341	-0.02437	0.04967	0.01692	-0.03599	-0.04293	-0.05498	-0.09345	-0.03272
	<0.0001	0.4719	0.2276	0.7875	0.9272	<0.0001		<0.0001	0.6890	0.9295	0.8130	0.0907	0.0006	0.2402	0.0124	0.0029	0.0001	<0.0001	0.0231
TopChg2	0.02845	-0.00790	0.00254	-0.00936	0.06241	0.06796	0.27411		-0.01010	0.01315	0.01098	-0.02662	0.01258	-0.01418	-0.04401	-0.03731	-0.04146	-0.06676	-0.01538
	0.0483	0.5836	0.8603	0.5160	<0.0001	<0.0001	<0.0001		0.4833	0.3611	0.4458	0.0646	0.3825	0.3251	0.0022	0.0096	0.0040	<0.0001	0.2857
HHI	-0.04612	0.19179	0.10833	0.23311	-0.05333	-0.06815	-0.06361	-0.04049		0.00077	0.01316	0.06286	-0.01075	0.10181	0.05527	0.00690	0.25490	0.03194	-0.00152
	0.0014	<0.0001	<0.0001	<0.0001	0.0002	<0.0001	<0.0001	0.0049		0.9576	0.3609	<0.0001	0.4556	<0.0001	0.0001	0.6317	<0.0001	0.0266	0.9162
OPE	0.01002	-0.03566	-0.04403	-0.03714	-0.10978	0.00727	-0.08611	-0.05261	0.16827		0.01665	-0.01125	-0.00428	-0.01083	0.01851	0.01229	0.00250	0.03185	-0.00499
	0.4869	0.0133	0.0022	0.0099	<0.0001	0.6140	<0.0001	0.0003	<0.0001		0.2479	0.4347	0.7664	0.4520	0.1989	0.3937	0.8624	0.0270	0.7291

续表

Varibal	AbsDA	IMark	IGov	ILaw	NewStd06	CtrlChg	TopChg1	TopChg2	HHI	OPE	TDebt	DebtS	AuditOP	Audit10	InstInv	InstBL	Size	ROA	DQGDP
TDebt	0.05714 (<0.0001)	0.07876 (<0.0001)	0.09814 (<0.0001)	0.04467 (0.0019)	0.11642 (<0.0001)	0.01924 (0.1816)	-0.00034 (0.9809)	0.01435 (0.3191)	0.10674 (<0.0001)	0.10315 (<0.0001)		0.05183 (0.0003)	0.23735 (<0.0001)	0.00122 (0.9324)	-0.09450 (<0.0001)	-0.02714 (0.0596)	0.00675 (0.6396)	-0.27702 (<0.0001)	0.07960 (<0.0001)
DebtS	-0.04830 (0.0008)	-0.06696 (<0.0001)	-0.04694 (0.0011)	-0.07975 (<0.0001)	0.00613 (0.6703)	-0.02001 (0.1647)	-0.03681 (0.0106)	-0.02386 (0.0976)	0.11925 (<0.0001)	0.08394 (<0.0001)	0.15739 (<0.0001)		-0.03438 (0.0170)	0.00710 (0.6220)	0.11456 (<0.0001)	0.01681 (0.2431)	0.29371 (<0.0001)	0.10783 (<0.0001)	-0.01716 (0.2335)
AuditOP	0.10479 (<0.0001)	-0.01017 (0.4802)	-0.00638 (0.6579)	-0.00549 (0.7030)	0.00908 (0.5283)	-0.01656 (0.2504)	0.04967 (0.0006)	0.01258 (0.3825)	-0.04993 (0.0005)	-0.06847 (<0.0001)	0.06673 (<0.0001)	-0.04650 (0.0012)		0.02667 (0.0641)	-0.06196 (<0.0001)	-0.04590 (0.0014)	-0.05864 (<0.0001)	-0.23344 (<0.0001)	-0.00192 (0.8940)
Audit10	0.00740 (0.6073)	0.16434 (<0.0001)	0.12193 (<0.0001)	0.23410 (<0.0001)	0.00909 (0.5280)	0.00037 (0.9798)	0.01692 (0.2402)	-0.01418 (0.3251)	0.18680 (<0.0001)	0.02526 (0.0795)	-0.00428 (0.7664)	-0.00662 (0.6459)	0.02667 (0.0641)		0.08759 (<0.0001)	0.03743 (0.0094)	0.22102 (<0.0001)	0.07925 (<0.0001)	0.04607 (0.0014)
InstInv	-0.01723 (0.2315)	0.02494 (0.0834)	-0.03591 (0.0126)	0.07499 (<0.0001)	-0.10733 (<0.0001)	-0.04859 (0.0007)	-0.03599 (0.0124)	-0.04401 (0.0022)	0.30541 (<0.0001)	0.12371 (<0.0001)	-0.08155 (<0.0001)	0.10990 (<0.0001)	-0.06196 (<0.0001)	0.08759 (<0.0001)		0.37320 (<0.0001)	0.35910 (<0.0001)	0.24727 (<0.0001)	-0.09432 (<0.0001)
InstBL	0.03318 (0.0212)	0.05518 (0.0001)	0.04174 (0.0038)	0.06896 (<0.0001)	0.02680 (0.0628)	-0.04636 (0.0013)	-0.05975 (<0.0001)	-0.05547 (0.0001)	0.26197 (<0.0001)	0.15701 (<0.0001)	-0.05681 (<0.0001)	0.09029 (<0.0001)	-0.07133 (<0.0001)	0.07985 (<0.0001)	0.77685 (<0.0001)		0.17788 (<0.0001)	0.22841 (<0.0001)	0.06644 (<0.0001)
Size	-0.05976 (<0.0001)	0.17997 (<0.0001)	0.15004 (<0.0001)	0.18970 (<0.0001)	0.09623 (<0.0001)	-0.09868 (<0.0001)	-0.05751 (<0.0001)	-0.04200 (0.0035)	0.65729 (<0.0001)	0.14329 (<0.0001)	0.20686 (<0.0001)	0.29440 (<0.0001)	-0.04265 (0.0031)	0.18644 (<0.0001)	0.36589 (<0.0001)	0.35236 (<0.0001)		0.23355 (<0.0001)	0.13781 (<0.0001)
ROA	-0.04473 (0.0019)	0.05268 (0.0003)	0.02438 (0.0905)	0.06359 (<0.0001)	-0.06031 (<0.0001)	-0.02444 (0.0897)	-0.08734 (<0.0001)	-0.08316 (<0.0001)	0.24498 (<0.0001)	0.29415 (<0.0001)	-0.30844 (<0.0001)	0.10447 (<0.0001)	-0.17753 (<0.0001)	0.09211 (<0.0001)	0.32817 (<0.0001)	0.42264 (<0.0001)	0.20191 (<0.0001)		0.01479 (0.3045)
DQGDP	0.01568 (0.2763)	0.56871 (<0.0001)	0.60780 (<0.0001)	0.42382 (<0.0001)	0.57319 (<0.0001)	-0.03271 (0.0231)	-0.03537 (0.0141)	-0.01892 (0.1890)	0.00932 (0.5179)	-0.02118 (0.1414)	0.12080 (<0.0001)	-0.01210 (0.4009)	0.00262 (0.8555)	0.04761 (0.0009)	-0.10181 (<0.0001)	0.01379 (0.3386)	0.14647 (<0.0001)	-0.00364 (0.8006)	

注：表格的右上部分为变量间的 Pearson 相关系数，左下部分为 Spearman 相关系数。

四、多元回归分析

下面根据前面设定的模型，对公司外部治理各变量与盈余管理间的关系进行多元回归检验，结果见表7.5。由于市场化指数 *IMark* 与政府对企业的干预指数和法律中介服务水平指数之间存在多重共线性，因此检验分成了两个模型，Model1 只引入了市场化指数变量 *IMark*，而 Model2 则只引入了政府对企业的干预指数 *IGov* 和法律中介服务水平指数 *ILow*，经过这样的处理后，解决了这三个变量之间的多重共线性问题。

表 7.5　模型的回归分析结果

Var	Model1				Model2			
	Parameter Estimate	t – Value	P – Value	VIF	Parameter Estimate	t – Value	P – Value	VIF
IMark	− 0.00069		− 0.35	0.7281	1.40802			
IGov					0.01038 **	2.48	0.0132	2.64936
ILaw					− 0.00348 **	− 2.33	0.0200	2.10042
NewStd06	0.00038	0.29	0.7692	1.46760	− 0.00155	− 1.04	0.2989	1.93885
CtrlChg	0.00370 *	1.64	0.1019	1.02639	0.00369 *	1.63	0.1029	1.02646
TopChg1	0.00487 ***	3.57	0.0004	1.10507	0.00500 ***	3.66	0.0003	1.10653
TopChg2	0.00091	0.78	0.4373	1.09348	0.00099	0.84	0.3987	1.09422
HHI	0.02045	0.91	0.3638	1.07804	0.02088	0.93	0.3536	1.07824
OPE	0.00011	1.22	0.2235	1.00371	0.00011	1.22	0.2220	1.00400
TDebt	0.02427 ***	13.45	< 0.0001	1.15173	0.02427 ***	13.46	< 0.0001	1.15152
DebtS	− 0.00187	− 0.58	0.5641	1.13011	− 0.00206	− 0.64	0.5252	1.13272
AuditOP	0.02063 ***	5.76	< 0.0001	1.10104	0.02079 ***	5.81	< 0.0001	1.10140
Audit10	0.00335 **	2.37	0.0179	1.08083	0.00369 **	2.58	0.0099	1.10929
InstInv	0.00351 ***	2.71	0.0068	1.38700	0.00374 ***	2.88	0.0040	1.39403
InstBL	0.07783 ***	5.31	< 0.0001	1.23485	0.07769 ***	5.31	< 0.0001	1.23436
Size	− 0.00388 ***	− 5.76	< 0.0001	1.48279	− 0.00383 ***	− 5.68	< 0.0001	1.48557
ROA	− 0.17538 ***	− 16.73	< 0.0001	1.27328	− 0.17616 ***	− 16.82	< 0.0001	1.27282
DQGDP	0.00030	0.89	0.3726	1.69368	0.00030	0.92	0.3601	1.61802
Obs. N	4821				4821			
F Value	58.29				55.34			
Pr > F	< 0.0001				< 0.0001			

续表

Var	Model1				Model2			
	Parameter Estimate	$t-Value$	$P-Value$	VIF	Parameter Estimate	$t-Value$	$P-Value$	VIF
$R-Sq$	0.1626				0.1638			
$Adj\ R-Sq$	0.1598				0.1608			

注：其中：
$$AbsDA_{it} = \beta_{0i} + \beta_{1i}IMark_{it} + \beta_{2i}IGov_{it} + \beta_{3i}ILow_{it} + \beta_{4i}NewStd_{it} + \beta_{5i}CtrlChg_{it}$$
$$+ \beta_{6i}TopChg1_{it} + \beta_{7i}TopChg2_{it} + \beta_{8i}ManagSH_{it} + \beta_{9i}HHI_{it}$$
$$+ \beta_{10i}OPE_{it} + \beta_{11i}TDebt_{it} + \beta_{12i}DebtS_{it} + \beta_{13i}AuditOP_{it}$$
$$+ \beta_{14i}Audit10_{it} + \beta_{15i}InstInv_{it} + \beta_{16i}InstBL_{it} + \beta_{17i}ROA_{it}$$
$$+ \beta_{18i}Size_{it} + \beta_{19i}YDQGDP_{it} + \varepsilon_{it}$$

其中：$AbsDA_{it}$表示公司 i 在 t 年的操控性应计利润的绝对值，用第五章提出的现金流收益模型计算得到，其余自变量的定义与计算见表 6.1。

*** 表示在 0.01 水平显著，** 表示在 0.05 水平显著，* 表示在 0.1 水平显著，双尾检验。

从表 7.5 多元回归的结果可以看出，对 Model1 进行回归的 F 值达到了 58.29，模型整体的显著性较高，从 R^2 和调整后的 R^2 来看，分别达到了 0.1626 和 0.1598，模型整体拟合度尚可，VIF 值均未超过 2，结合相关分析说明解释变量之间没有明显的多重共线性。Model2 的情况类似，F 值达到了 55.34，R^2 和调整后的 R^2 分别为 0.1638 和 0.1608，模型整体拟合度尚可。

从表中数据来看，可以得到下面的初步结论：

（一）制度环境对盈余管理有治理作用

在不考虑盈余操控方向的情况下，市场化指数与盈余管理间的关系没有通过显著性检验，未能支持假设 1，这可能是由于研究的时间跨度较小的原因。政府对企业的干预与盈余管理显著正相关，与假设 2 相反，但与第六章控股股东是否国有与盈余管理的关系相一致，即政府对上市公司控制较强时，由于委托人具有政府的权威，上市公司承担着诸多社会责任，当然包括树立公众形象等，所以其往往并不一定会有更强的动机进行盈余管理、削弱会计信息的质量。法律中介服务水平与盈余管理显著负相关，并在 0.05 水平通过了显著性检验，支持了假设 3，说明上市公司所在地区法律中介服务水平的改善，会有效抑制上市公司的盈余管理程度。新会计准则颁布的哑变量与盈余管理正相关，但未通过显著性检验，与假设 4 不符，这可能是变量取值的原因。新会计准则 2005 年发布征求意见稿，2007 年开始执行，其间可能会有上市公司赶在新会计准则实施前进行盈余管理，从而导致新会计准则颁布与盈余管理程度正相关的情况，但相信随着 2007 年新会计准则正式开始实施，这一情况会有所改变。

（二）市场竞争对盈余管理的约束逐步显现

控制权变更、董事长变更与盈余管理程度显著正相关，其中控制权变更在0.1水平通过了检验，董事长变更在0.01水平通过了检验，系数影响也更大，表明公司在面临市场压力的情况下，有盈余管理的行为，支持了假设5和假设6。这也从一个侧面说明随着我国资本市场的规范与完善，市场约束开始在公司治理中发挥作用。而总经理变更与盈余管理的关系虽然为正相关，但未通过检验，表明在我国公司治理结构中起主导作用的仍然是大股东委任的董事长，总经理的变更与经营业绩带来的压力没有显著的关系。产品市场竞争的两个替代变量与盈余管理正相关，但均未通过检验，未能支持假设7，这可能与各行业间市场竞争程度差异太大有关，分行业检验也许会有新的发现。

（三）债务契约是导致盈余管理的重要因素

上市公司的总资产负债率与盈余管理程度正相关，并在0.01水平通过了显著性检验，支持了假设8，表明上市公司在债务契约的约束下，确实存在盈余管理的行为。我国政府主导的债务机制，削弱了债务人治理对盈余管理的抑制作用。债务期限结构与盈余管理负相关，表明上市公司债务中长期债务越多，盈余管理的程度有减轻的趋势，债务期限结构对盈余管理有一定的治理作用，这可能与发放长期贷款需要经过更为严格的审查与关注有关，但债务期限结构的治理作用并未通过显著性检验，假设9未得到支持。

（四）其他外部监控机制对盈余管理的治理有积极因素也有消极因素

审计师出具的非标准审计意见与盈余管理正相关，并在0.01水平通过了显著性检验，支持了假设11，表明注册会计师有能力识别上市公司的盈余管理，上市公司盈余管理的程度越高，被出具非标准审计意见的概率也越大。但非十大会计师事务所审计也与盈余管理程度正相关，并通过了显著性检验，未能支持假设10。可能存在这样的情况，即非标准意见大多是由十大会计师事务所出具的，造成一方面盈余管理程度与非十大会计师事务所正相关，另一方面十大会计师事务所又出具了更多的非标准审计意见，当然这个推测还需要进一步的检验。但从总体来看，审计师出具非标准审计意见的系数与显著性都强于非十大会计师事务所，因此有理由相信审计市场对盈余管理的治理发挥了重要作用。

前10大股东中是否存在机构投资者、机构投资者持股比例与盈余管理显著正相关，支持了假设12和假设13。这也从一个侧面反映了我国资本市场不同于英美股权分散的情况，机构投资者在公司治理中的作用并不是"用手投票"，更多的采用了"用脚投票"，机构投资者持股比例越高，对管理者施加影响的能力就越大，与大股东合谋的可能越高，从而间接导致上市公司为迎合机构投资者的盈利预期，采取盈余管理的手段报告盈余。

综上所述，本书提出的 13 个关于公司外部治理因素对盈余管理影响的假设中，假设 3、假设 5、假设 6、假设 8、假设 10、假设 11、假设 12 和假设 13 得到了验证，而假设 2、假设 9 通过了检验但与原假设相反，假设 1、假设 4 和假设 7 未通过检验，说明我国公司外部治理与理论上的期望还存在一定差异，有待通过制度改革进一步加强。

第四节　稳健性检验

为了对模型的稳健性进行检验，并减轻公司自身治理特征对盈余管理的影响，本书采用了提高样本一致性的方法对模型的稳健性进行检验，将连续上市时间增加到 5 年，共获得 784 个公司 5 年的样本共计 3920 个，采用相同的模型进行回归检验，结果见表 7.6。

表 7.6　模型的稳健性检验

Var	Model1				Model2			
	Parameter Estimate	t – Value	P – Value	VIF	Parameter Estimate	t – Value	P – Value	VIF
IMark	0. 00101	0. 54	0. 5912	1. 39457				
IGov					0. 01207 ***	3. 05	0. 0023	2. 64964
ILaw					− 0. 00323 **	− 2. 26	0. 0241	2. 11125
NewStd06	0. 00186	1. 48	0. 1394	1. 47866	− 0. 00029	− 0. 20	0. 8382	1. 95392
CtrlChg	0. 00319	1. 46	0. 1445	1. 02792	0. 00314	1. 44	0. 1506	1. 02793
TopChg1	0. 00517 ***	3. 92	< 0. 0001	1. 10772	0. 00531 ***	4. 03	< 0. 0001	1. 10918
TopChg2	0. 00006	0. 06	0. 9516	1. 09840	0. 00015	0. 14	0. 8874	1. 09919
HHI	0. 04120	0. 75	0. 4541	1. 09105	0. 04431	0. 81	0. 4205	1. 09162
OPE	0. 00011	1. 57	0. 1157	1. 00482	0. 00012	1. 59	0. 1125	1. 00520
TDebt	− 0. 00271	− 0. 82	0. 4095	1. 21419	− 0. 00286	− 0. 87	0. 3838	1. 21378
DebtS	0. 00068	0. 22	0. 8253	1. 13113	0. 00038	0. 12	0. 9024	1. 13419
AuditOP	0. 01044 ***	2. 78	0. 0054	1. 03112	0. 01059 ***	2. 82	0. 0048	1. 03142
Audit10	0. 00196	1. 45	0. 1481	1. 06819	0. 00227 *	1. 66	0. 0973	1. 09200
InstInv	0. 00288 **	2. 29	0. 0219	1. 38282	0. 00315 **	2. 51	0. 0123	1. 38958
InstBL	0. 05657 ***	4. 14	< 0. 0001	1. 21654	0. 05665 ***	4. 15	< 0. 0001	1. 21558
Size	− 0. 00147 **	− 2. 08	0. 0376	1. 59192	− 0. 00137 **	− 1. 94	0. 0528	1. 60004

续表

Var	Model1				Model2			
	Parameter Estimate	$t-Value$	$P-Value$	VIF	Parameter Estimate	$t-Value$	$P-Value$	VIF
ROA	-0.20204***	-17.63	<0.0001	1.28792	-0.20282***	-17.72	<0.0001	1.28724
DQGDP	-0.00005	-0.18	0.8554	1.67948	-0.00001	-0.04	0.9700	1.61535
Obs. N	3920				3920			
F Value	27.71				26.68			
Pr > F	<0.0001				<0.0001			
R-Sq	0.1020				0.1041			
Adj R-Sq	0.0983				0.1002			

注：其中：$AbsDA_{it} = \beta_{0i} + \beta_{1i}IMark_{it} + \beta_{2i}IGov_{it} + \beta_{3i}ILow_{it} + \beta_{4i}NewStd_{it} + \beta_{5i}CtrlChg_{it}$

$+ \beta_{6i}TopChg1_{it} + \beta_{7i}TopChg2_{it} + \beta_{8i}ManagSH_{it} + \beta_{9i}HHI_{it}$

$+ \beta_{10i}OPE_{it} + \beta_{11i}TDebt_{it} + \beta_{12i}DebtS_{it} + \beta_{13i}AuditOP_{it}$

$+ \beta_{14i}Audit10_{it} + \beta_{15i}InstInv_{it} + \beta_{16i}InstBL_{it} + \beta_{17i}ROA_{it}$

$+ \beta_{18i}Size_{it} + \beta_{19i}YDQGDP_{it} + \varepsilon_{it}$

其中：$AbsDA_{it}$表示公司 i 在 t 年的操控性应计利润的绝对值，用第五章提出的现金流收益模型计算得到，其余自变量的定义与计算见表6.1。

*** 表示在0.01水平显著，** 表示在0.05水平显著，* 表示在0.1水平显著，双尾检验。

从表7.6稳健性检验的结果来看，F 值与 R^2 值有所下降，但仍然有较好的拟合度，方程整体的显著性在 0.01 水平通过了检验。变量的稳健性检验结果与回归分析的结果基本一致，除控制权变更与资产负债比率未通过检验外，其余变量都通过了检验，并且方向也与原检验保持了一致，模型的稳健性得到初步的检验。

第五节 结论与政策建议

一、研究的主要结论

从实证研究的结果来看，影响盈余管理的公司外部治理机制中，市场化指数与盈余管理没有通过显著性检验。政府对企业的干预与盈余管理正相关，与原假设相反，法律中介服务水平与盈余管理显著负相关，说明上市公司制度环境的改善，有助于抑制上市公司的盈余管理程度。控制权变更、董事长变更与盈余管理程度显著正相关，表明公司在面临市场压力的情况下，有盈余管理的行为。产品市场竞争的两个替代变量未通过检验。上市公司的总资产负债率与盈余管理程度负相关，表明上市公司在债务契约的约束下，确实存在盈余管理的行为。债务期限结构未通过显著性检验。审计师出具的非标准审计意见与盈余管理正相关，表明注册会计师有能力识别上市公司的盈余管理，上市公司盈余管理的程度越高，被出具非标准审计意见的概率也越大。前 10 大股东中是否存在机构投资者、机构投资者持股比例与盈余管理显著正相关，机构投资者持股比例越高，对管理者施加影响的能力就越大，从而间接导致上市公司为迎合机构投资者的盈利预期，采取盈余管理的手段报告盈余。

二、政策建议

(一) 推进市场化进程，加强制度环境建设

从上面实证研究的结果来看，市场环境对盈余管理有很大的影响，尽管各地区市场化指数与盈余管理的负相关关系未能通过显著性检验，但盈余管理与政府干预正相关、与法律中介服务水平负相关说明上市公司所处地区的市场制度环境越好，盈余管理的程度就越低。从总体上来说，制度环境的改善，对抑制上市公司盈余管理有重要的影响。因此，应该在资本市场建立上市公司所在区域市场环境的披露机制，一方面可以使资本市场上的投资者了解上市公司的市场环境；另一方面，对该区域的政府也可以形成一种改善制度环境的动力，从而推动地区的市场化进程，逐步改善上市公司面临的制度环境。

虽然本书关于会计准则变革的替代变量未通过显著性检验，但会计准则对盈余披露质量的改进是可以预期的。因此，会计准则制订部门需要不断完善会计准则与会计制度，逐渐与国际会计准则接轨，减少管理者利用准则进行盈余操控的空间，针对学术界发现的新问题、新情况，及时制定或修改相关的会计准则与会计制度，促使我国的会计准则制定从准则导向向原则导向转变。

(二) 完善经理人市场与声誉机制，营造良好的市场竞争氛围

控制权变更、董事长变更与盈余管理程度显著正相关，产品市场竞争的两个替代变量与盈余管理正相关，但均未通过显著性检验。这些实证研究的结果表明，市场竞争的加剧，可以改善公司治理，提升公司绩效，但也会成为公司管理层在面临市场压力时进行盈余操控的重要动机。因此在完善控制权市场、产品竞争市场和经理人市场的同时，必须建立良好的经理人声誉机制，毕竟所有的盈余管理行为，都与具体的管理者相联系，经理人市场上的声誉机制是激励和约束经理人行为的一种有效机制，可以促使管理层在面临市场压力时，通过努力工作，改善公司的真实业绩，而不是通过盈余操控的方式。当前，由于我国经理人市场的缺乏，很多企业经理的任命和考核由政府负责，经理人利益

与企业利益脱钩，导致其盈余管理行为往往以企业利益为代价谋求个人利益，损害了投资者的利益。通过建立经理人市场，充分发挥声誉机制的作用，可以在一定程度上避免这种情况的发生。

因此，各级上市公司国有股管理部门应结合股权分置，废除国有控股企业的行政级别，以及公司领导人正式或非正式的行政任命，建立完全市场化的经理人资源配置机制，以市场为基础，以经理人管理才能为标准，由公司董事会独立地选聘公司经理人，从而改善上市公司治理结构，提高盈余信息的披露质量。

（三）强化债权人治理，保护债权人利益

上市公司资产负债率与盈余管理程度正相关，表明上市公司在债务契约的约束下，确实存在盈余管理的行为。债务期限结构与盈余管理负相关，但未通过显著性检验。实证研究的结果说明，作为上市公司外部治理重要力量的债权人没有发挥其应有的监督作用，因此要强化债权人在公司治理中的作用，从制度上保证债权人在上市公司重大决策中的直接参与权、参与程度与参与方式，建立完善的偿债机制和债权人法律救济制度，保护债权人利益。

（四）加强审计市场管理，规范机构投资者行为

本书的实证研究发现，审计师出具的非标准审计意见与盈余管理正相关，表明注册会计师有能力识别上市公司的盈余管理，上市公司盈余管理的程度越高，被出具非标准审计意见的概率也越大。因此应进一步加强审计市场的建设，强化审计师作为外部监督者的功能，建立完善的审计执业规范体系，加强对会计师事务所的监督，强化注册会计师的责任。动员社会各界力量，对注册会计师行业质量进行监督，完善行业举报制度，对涉及执业质量问题的举报，要认真调查核实。对不负责任、放任公司粉饰财务报告或协助公司操纵盈余管理的注册会计师予以重罚，让他们在经济、声誉和资格上受到损失，使他们承受相应的责任和压力。强化注册会计师审计的独立性，健全相关监管制度，完善上市公司对会计师事务所的聘任模式，使管理层不介入会计师事务所的聘任，制约管理层变更事务所的情况发生。

前10大股东中是否存在机构投资者、机构投资者持股比例与盈余管理显著正相关，机构投资者持股比例越高，对管理者施加影响的能力就越大，从而间接导致上市公司为迎合机构投资者的盈利预期，采取盈余管理的手段报告盈余。这说明我国的机构投资者更多的是投机型的市场参与者，还不具备成熟市场中积极型机构投资者的监督功能。因此，一方面要改善机构投资者的结构，发展更多具有长期投资需要的机构投资者，如各种养老基金、保险公司、社保基金等，培养机构投资者长期投资的理念与行为模式，推动机构投资者关注公司治理等长期性因素，促使机构投资者参与公司治理的模式从"用脚投票"

向"用手投票"转变。另一方面要加强证券市场监管，改善对机构投资者行为的监管，抑制市场操纵、内幕交易等不当获利行为，加强对上市公司的监管，避免其与行为不当的机构投资者共谋的行为，最大限度地消除市场扭曲，使机构投资者发挥有效的外部监督者的作用。

第八章　总结与展望

本章对主要结论进行了归纳和总结，并对研究中的不足进行了说明，最后对未来进一步研究的方向进行了探讨。

第一节　主要研究结论

（1）在对盈余管理与公司治理关系进行理论分析的基础上，运用博弈论与信息经济学的方法，以报告盈余分布的不连续性为出发点，把不连续的盈余分布现象看作是作为代理人的管理者与委托人的投资者之间博弈的结果，构建了盈余管理的基本模型。在此基础上，分别引入了公司内部治理因素、外部治理因素，得到了管理者报告盈余的最优策略。最后引入了内外部治理因素的综合作用，解出了管理者报告盈余的均衡解。从理论上分析了内外部治理机制对管理者盈余管理行为的影响，有助于了解管理者报告盈余的行为与动机，揭示盈余管理与公司治理的内在联系。

（2）盈余管理计量方法是研究盈余管理要解决的首要问题，本书在回顾已有文献的基础上，对盈余管理计量方法进行了归纳和整理，并对6种盈余管理计量模型在我国上市公司盈余管理计量中的效力进行了比较。在此基础上，提出了盈余管理计量的新模型——现金流收益模型，在传统的盈余管理计量模型中引入了现金流、收益与费用，经过比较和检验，新模型在计量我国上市公司盈余管理方面的能力要优于现有模型，对我国上市公司盈余管理有更好的检测效力，为后续的盈余管理研究提供了新的计量方法。

（3）研究了上市公司内部治理结构对盈余管理的影响，为盈余管理的治理和公司治理结构的优化提供了新的理论和证据。本书从股权结构、管理者激励、董事会特征与监事会特征四个方面，抽取了14个代表公司内部治理的因素，提出了13个假设，构建了公司内部治理因素对盈余管理影响的实证模型。在此基础上运用1999~2006年间3749个公司年样本，利用第五章提出的现金流收益修正的横截面 Jonse 模型来计量操控性应计利润作为盈余管理程度的替代变量，探讨了上市公司内部治理结构对盈余管理的影响。研究发现第一大股东持股比例、股权流动性、管理层薪酬、董事会活动、董事长与总经理两职合一与盈余管理正相关，控股股东国有属性与盈余管理负相关，管理者持股、董事会规模、独立董事人数与盈余管理负相关，但未通过显著性检验，股权制衡度、是否有审计委员会、监事会规模与活动均未通过检验。说明我国上市公司内部治理结构对于盈余管理的制约能力较弱，国有股一股独大的情况影响了股权制衡和董事会治理效应的发挥，被寄予监督厚望的监事会没有发挥作用，公司内部治理结构有待加强。

（4）多层次考查了公司外部治理环境对盈余管理的影响，特别是引入了制度环境变量，检验了我国各地区不同的市场化进程对盈余管理的影响，同时以公司治理理论为基础，较为全面地考查了控制权市场、经理人市场、产品竞争市场、债权人治理、审计市场与机构投资者等公司外部治理因素对盈余管理的影响，拓展了盈余管理研究的范围。在理论分析的基础上，选取了 15 个代表公司外部治理的因素，提出了 13 个与之相对应的假设，构建了公司外部治理因素与盈余管理影响的实证模型。在此基础上运用 2002 ~ 2006 年间 4820 个公司年样本，对模型进行了检验。研究发现，政府干预、控制权变更、管理层变更、资产负债率、机构投资者以及机构投资者持股比例与盈余管理程度正相关，法律制度环境、审计质量与盈余管理程度负相关。从公司治理的外部机制来看，对盈余管理行为的约束不足。

第二节　本书的局限

本书的不足主要有以下几个方面：

（1）在公司内部治理结构与外部治理机制对盈余管理影响因素的实证研究中，为了尽可能全面地考查公司治理各因素对盈余管理的影响，模型容纳的变量较多，未能对发现的对盈余管理有显著影响的变量作进一步的深入细化研究。

（2）在第五章进行盈余管理计量方法研究时，样本期间跨度是 1998 ~ 2006 年，但没有考虑 2001 年会计制度变革可能带来的会计数据可比性问题，可能会影响到研究结论的可靠性。

（3）在第六章公司内部治理结构对盈余管理影响的研究中，由于我国上市公司治理数据披露从 1999 年开始，并且披露内容与方式随意性较大，导致上市公司治理数据缺失较多，因此研究所取的时间窗口较短，样本数量较少，可能会影响到研究结论的一般性。

（4）在第七章公司外部治理机制对盈余管理影响的研究中，由于我国注册会计师协会从2002年才开始披露会计师事务所排名情况，同时受限于各地区市场化指数披露的情况，研究区间较小，样本量不大，可能会影响到结论的一般性。

第三节　后续研究的方向

未来关于公司治理与盈余管理的研究，应关注以下方面：

（1）在进一步的研究中，应该考虑公司内部治理结构与外部治理机制的综合作用，以便更深入地了解公司内部治理结构与外部治理机制之间的相互影响，明确在什么样的外部治理条件下，内部治理结构才能发挥最佳的治理效应，以及内外部治理因素之间互相补充与替代的效应。

（2）研究设计还需要进一步完善，由于我国股权结构的特点是国有股一股独大，流通股与非流通股人为分隔，导致研究样本本身存在选择性偏差，如何分离样本固有属性对研究结论的影响，需要精心设计研究方法。

（3）进一步拓展和细化外部治理机制对盈余管理的影响，目前关于盈余管理影响因素的研究，多集中在内部治理结构的研究上，本书虽然就外部治理环境对盈余管理的影响进行了初步的研究，但许多影响因素还有待进一步细化研究。

（4）由于公司治理包括的因素太多，各因素间相互影响，如果能采用编制指数的方法度量公司内外部治理水平，在此基础上研究与盈余管理的关系，可能会取得更好的效果。

（5）公司内外部治理中的多个因素在公司治理效率与抑制盈余管理方面存在两难困境，后续的研究可以结合公司治理效率来研究治理因素对盈余管理的影响。比如管理层激励，为了提高公司治理效率，常常采取激励措施，这些激励措施达到一定的强度，又增强了管理层盈余管理的动机，因此如何在考虑公司治理效率的同时，兼顾盈余管理的治理是一个新的问题。

参考文献

1. 白重恩、刘俏、陆洲、宋敏、张俊喜：《中国上市公司治理结构的实证研究》，《经济研究》2005 年第 2 期。

2. 蔡吉甫：《会计盈余管理与公司治理》，《当代财经》2007 年第 6 期。

3. 蔡宁、梁丽珍：《公司治理与财务舞弊关系的经验分析》，《财经理论与实践》2003 年第24 期。

4. 陈冬华：《地方政府、公司治理与补贴收入——来自我国证券市场的经验证据》，《财经研究》2003 年第 9 期。

5. 陈汉文、林志毅、严晖：《公司治理结构与会计信息质量——由"琼民源"引发的思考》，《会计研究》1999 年第 5 期。

6. 陈小悦、肖星、过晓艳：《配股权与上市公司利润操纵》，《经济研究》2000 年第 1 期。

7. 陈小悦、徐晓东：《股权结构、企业绩效与投资者利益保护》，《经济研究》2001 年第 11 期。

8. 陈信元、夏立军：《审计任期与审计质量：来自中国证券市场的经验证据》，《会计研究》2006 年第 1 期。

9. 陈旭东：《盈余质量与股权结构关系的分析》，《华东经济管理》2007 年第 10 期。

10. 杜兴强、温日光：《公司治理与会计信息质量：一项经验研究》，《财经研究》2007 年第 1 期。

11. 杜兴强、周泽将：《会计信息质量与公司治理：基于中国资本市场的进一步经验证据》，《财经论丛》2007 年第 3 期。

12. 樊纲、王小鲁、朱恒鹏：《中国市场化指数——各省区市场化相对进程 2006 年度报告》，北京：经济科学出版社 2006 年版。

13. 樊纲、王小鲁：《中国地区差距的变动趋势和影响因素》，《经济研究》2004 年第 1 期。

14. 高明华、马守莉：《独立董事制度与公司绩效关系的实证分析——兼论中国独立董事有效行权的制度环境》,《南开经济研究》2002 年第 2 期。

15. 谷祺、于东智:《公司治理、董事会行为与经营绩效》,《财经问题研究》2001 年第 1 期。

16. 顾兆峰:《论盈余管理》,《财经研究》2000 年第 3 期。

17. 顾振伟、欧阳令南:《频数分布法与上市公司盈余管理动机研究》,《安徽大学学报》(哲学社会科学版)2008 年第 1 期。

18. 何红渠、张志红:《有关审计意见识别盈余管理能力的研究——来自沪市制造业的经验证据》,《财经理论与实践》2003 年第 6 期。

19. 何炼成、赵增耀:《国有企业的治理结构:问题、争论及演化趋势》,《学术研究》2000 年第 4 期。

20. 胡勤勤、沈艺峰:《独立外部董事能否提高上市公司的经营业绩》,《世界经济》2002 年第 7 期。

21. 胡一帆、宋敏、张俊喜:《竞争、产权、公司治理三大理论的相对重要性及交互关系》,《经济研究》2005 年第 9 期。

22. 黄梅:《盈余管理计量方法评述与展望》,《中南财经政法大学学报》2007 年第 6 期。

23. 黄少安、张岗:《中国上市公司股权融资偏好分析》,《经济研究》2001 年第 11 期。

24. 雷光勇、刘慧龙:《大股东控制、融资规模与盈余操纵程度》,《管理世界》2006 年第 1 期。

25. 李东平、黄德华、王振林:《不清洁审计意见、盈余管理与会计师事务所变更》,《会计研究》2001 年第 6 期。

26. 李维安:《公司治理》,天津:南开大学出版社 2001 年版。

27. 廖秀梅:《会计信息的信贷决策有用性:基于所有权制度制约的研究》,《会计研究》2007 年第 5 期。

28. 林舒、魏明海:《中国 A 股发行公司首次公开募股过程中的盈利管理》,《中国会计与财务研究》2000 年第 2 期。

29. 林毅夫、蔡昉、李周:《现代企业制度的内涵与国有企业改革方向》,《经济研究》1997 年第 3 期。

30. 刘峰:《制度安排与会计信息质量——红光实业的案例分析》,《会计研究》2001 年第 7 期。

31. 刘峰、许菲:《风险导向型审计、法律风险、审计质量——兼论"五大"在我国审计市场的行为》,《会计研究》2002 年第 2 期。

32. 刘凤委、汪辉、孙铮:《股权性质与公司业绩——基于盈余管理基础上的经验分析》,《财经研究》2005 年第 6 期。

33. 刘立、杜莹：《公司治理与会计信息质量关系的实证研究》，《会计研究》2003 年第 2 期。

34. 刘志彪：《市场结构、厂商行为与价格联盟的不稳定性》，《经济研究》2004 年第 2 期。

35. 刘斌、李珍珍、朱丹：《自愿性会计政策变更与公司治理——来自深沪两市 1998～2002 的经验证据研究》，《财经科学》2005 年第 1 期。

36. 陆建桥：《中国亏损上市公司盈余管理实证研究》，《会计研究》1999 年第 9 期。

37. 陆宇建：《从 ROE 与 ROA 的分布看我国上市公司的盈余管理行为》，《经济问题探索》2002 年第 3 期。

38. 宁亚平：《盈余管理的定义及其意义研究》，《会计研究》2004 年第 9 期。

39. 钱颖一：《企业的治理结构改革和融资结构改革》，《经济研究》1995 年第 1 期。

40. 秦荣生：《财务会计新课题：盈余管理》，《当代财经》2001 年第 2 期。

41. 饶艳超、胡弈明：《银行信贷中会计信息的使用情况调查与分析》，《会计研究》2005 年第 4 期。

42. 沈艺峰、张俊生：《ST 公司董事会治理失败若干成因分析》，《证券市场导报》2002 年第 3 期。

43. 司可脱·威廉姆 R.，陈汉文等译：《财务会计理论》，北京：机械工业出版社 2000 年版。

44. 孙永祥：《所有权、融资结构与公司治理机制》，《经济研究》2001 年第 1 期。

45. 孙永祥、黄祖辉：《上市公司的股权结构与绩效》，《经济研究》1999 年第 12 期。

46. 孙铮、李增泉、王景斌：《所有权性质、会计信息与债务契约》，《管理世界》2006 年第 10 期。

47. 孙铮、王跃堂：《资源配置与盈余操纵之实证研究》，《财经研究》1999 年第 4 期。

48. 唐宗明、蒋位：《中国上市公司大股东侵害度实证分析》，《经济研究》2002 年第 4 期。

49. 王化成、刘亭立、卢闯：《公司治理与盈余质量：基于中国上市公司的实证研究》，《中国软科学》2007 年第 11 期。

50. 王克敏、王志超：《高管控制权、报酬与盈余管理——基于中国上市公司的实证研究》,《管理世界》2007 年第 7 期。

51. 王亚平、吴联生、白云霞:《中国上市公司盈余管理的频率与幅度》,《经济研究》2005 年第 12 期。

52. 王彦超、林斌、辛清泉:《市场环境、民事诉讼与盈余管理》,《中国会计评论》2008 年第 1 期。

53. 王颖、王平心、吴清华:《审计委员会特征对上市公司盈余管理的影响研究》,《当代经济管理》2006 年第 6 期。

54. 王咏梅、杨阳:《股权分置改革、资产减值准备与盈余管理》,《财经问题研究》2007 年第 10 期。

55. 王跃堂:《会计政策选择的经济动机——基于沪深股市的实证研究》,《会计研究》2000 年第 12 期。

56. 王跃堂、周雪、张莉:《长期资产减值:公允价值的体现还是盈余管理行为》,《会计研究》2005 年第 8 期。

57. 魏明海:《盈余管理基本理论及其研究述评》,《会计研究》2000 年第 9 期。

58. 吴敬琏:《现代公司与企业改革》,天津:天津人民出版社 1994 年版。

59. 吴联生:《盈余管理与会计域秩序》,《会计研究》2005 年第 5 期。

60. 吴联生、王亚平:《盈余管理程度的估计模型与经验证据:一个综述》,《经济研究》2007 年第 8 期。

61. 吴清华、王平心:《基于博弈的审计委员会治理效应分析》,《山西财经大学学报》2006 年第 2 期。

62. 吴清华、王平心:《公司盈余质量:董事会微观治理绩效之考察——来自我国独立董事制度强制性变迁的经验证据》,《数理统计与管理》2007 年第 1 期。

63. 夏冬林、李刚:《机构投资者持股和会计盈余质量》,《当代财经》2008 年第 2 期。

64. 夏立军:《盈余管理计量模型在中国股票市场的应用研究》,《中国会计与财务研究》2003 年第 2 期。

65. 夏立军、方轶强:《政府控制、治理环境与公司价值——来自中国证券市场的经验证据》,《经济研究》2005 年第 5 期。

66. 夏立军、杨海斌:《注册会计师对上市公司盈余管理的反应》,《审计研究》2002 年第 4 期。

67. 谢德仁:《审计委员会制度与中国上市公司治理创新》,《会计研究》2006 年第 7 期。

68. 谢荣、吴建友:《论索克斯法案对我国的影响》,《审计研究》2003 年第 1 期。

69. 徐浩萍：《会计盈余管理与独立审计质量》，《会计研究》2004 年第 1 期。

70. 薛祖云、黄彤：《董事会、监事会制度特征与会计信息质量——来自中国资本市场的经验分析》，《财经理论与实践》2004 年第 130 期。

71. 杨忠莲、殷姿：《审计委员会、独立董事监管效果研究——来自财务舞弊的证据》，《上海财经大学学报》2006 年第 1 期。

72. 于东智：《董事会、公司治理与绩效——对中国上市公司的经验分析》，《中国社会科学》2003 年第 3 期。

73. 于东智、王化成：《独立董事与公司治理：理论、经验与实践》，《会计研究》2003 年第 8 期。

74. 于李胜：《盈余管理动机、信息质量与政府监管》，《会计研究》2007 年第 9 期。

75. 余明桂、夏新平、潘红波：《控股股东与小股东之间的代理问题：来自中国上市公司的经验证据》，《管理评论》2007 年第 4 期。

76. 张奇峰、王俊秋、王建新：《上市公司长期资产减值转回的理论与实证研究》，《财经论丛》2007 年第 3 期。

77. 张维迎：《企业理论与中国企业改革》，北京：北京大学出版社 1999 年版。

78. 张雁翎、陈涛：《盈余管理计量模型效力的实证研究》，《数理统计与管理》2007 年第 3 期。

79. 章永奎、刘峰：《盈余管理与审计意见相关性实证研究》，《中国会计和财务研究》2002 年第 1 期。

80. 赵景文：《公司治理质量与盈余质量——基于中国治理指数（CCGI^NK）的初步证据》，《南开管理评论》2006 年第 5 期。

81. 支晓强、童盼：《盈余管理、控制权转移与独立董事变更——兼论独立董事治理作用的发挥》，《管理世界》2005 年第 11 期。

82. 周其仁：《市场里的企业：一个人力资本与非人力资本的特别合约》，《经济研究》1996 年第 6 期。

83. 朱红军：《大股东变更与高级管理人员更换：经营业绩的作用》，《会计研究》2002 年第 9 期。

84. 朱红军：《高级管理人员更换与经营业绩》，《经济科学》2004 年第 4 期。

85. 朱星文、蔡吉甫、谢盛纹：《公司治理、盈余质量与经理报酬研究——来自中国上市公司数据的检验》，《南开管理评论》2008 年第 2 期。

86. Adams R. Mehran. 2003. Is Corporate Governance Different for Bank Holding Companies. *Federal Reserve Bank of New York Economic Policy Review*, 9 (1): 123 – 142.

87. Aharny Joseph, Lee Chi Wen Jevons, Wong T. J. 2000. Financial Packaging of IPO Firms in China. *Journal of Accounting Research*, 38 (1): 103 – 126.

88. Alciatore Mimi, Easton Peter, Spear Nasser. 2000. Accounting for the impairment of long-lived assets: Evidence from the petroleum industry. *Journal of Accounting and Economics*, 29 (2): 151 – 172.

89. B. Smith D. , Nichols D. R. 1982. A market test of investor reaction to disagreements. *Journal of Accounting and Economics*, 4 (2): 109 – 120.

90. Ball Ray, Shivakumar Lakshmanan. 2005. Earnings quality in UK private firms: comparative loss recognition timeliness. *Journal of Accounting and Economics*, 39 (1): 83 – 128.

91. Ball Ray, Shivakumar Lakshmanan. 2006. The Role of Accruals in Asymmetrically Timely Gain and Loss Recognition. *Journal of Accounting Research*, 44 (2): 207 – 242.

92. Ball Ray, Shivakumar Lakshmanan. 2008. Earnings quality at initial public offerings. *Journal of Accounting and Economics*, 45 (2 – 3): 324 – 349.

93. Bartov Eli, Gul Ferdinand A. , Tsui Judy S. 2001. Discretionary – accruals models and audit qualifications. *Journal of Accounting and Economics*, 30 (3): 421 – 452.

94. Basu Sudipta. 1997. The conservatism principle and the asymmetric timeliness of earnings 1. *Journal of Accounting and Economics*, 24 (1): 3 – 37.

95. Baysinger B. , Butler H. 1985. Corporate Governance and the Board of Directors: Performance Effects of Changes in Board Composition. *Journal of Law, Economics & Organization*, 1 (1): 101 – 124.

96. Beaver W. , Eger C. , Ryan S. , et al. 1989. Financial Reporting, Supplemental Disclosures and Bank Share Prices. *Journed of Accounting Research*, 27 (1): 157 – 178.

97. Beaver William H. , McNichols Maureen F. 1998. The Characteristics and Valuation of Loss Reserves of Property Casualty Insurers. *Review of Accounting Studies*, 3 (1): 73 – 95.

98. Beaver William H. , McNichols Maureen F. , Nelson Karen K. 2003. Management of the loss reserve accrual and the distribution of earnings in the property – casualty insurance industry. *Journal of Accounting and Economics*, 35 (3):

347 - 376.

99. Berle Adolf Augustus, Gardiner Coit Means. 1932. The Modern Corporation and Private Property. New York: Macmillan.

100. Blair Margaret. 1995. Ownership and Control - Rethinking Corporate Governance for the Twenty First Century. Washington D. C. : The Brookings Institution.

101. Burgstahler David, Ilia Dichev. 1997. Earnings management to avoid earnings decreases and losses. *Journal of Accounting and Economics*, 24 (1): 99 - 126.

102. Christian, Leuz Dhananjay. 2003. Earnings Management and Investor Protection: An International Comparison. *Journal of Financial Economics*, 69 (3): 505 - 527.

103. Cindy Durtschi, Peter Easton. 2005. Earnings Management? The Shapes of the Frequency Distributions of Earnings Metrics Are Not Evidence Ipso Facto. *Journal of Accounting Research*, 43 (4): 557 - 592.

104. Claessens S. , Djankov S. , Lang L. H. P. 2000. The separation of ownership and control in East Asian corporations. *Journal of Financial Economics*, 58 (1 - 2): 81 - 112.

105. Collins J. , Shackelford D. , Wahlen J. 1995. Bank Differences in the Coordination of Regulatory Capital, Earnings and Taxes. *Journal of Accounting Research*, 33 (2): 263 - 291.

106. Conger Jay, Finegold David, Lawler Edward E. 1998. CEO appraisals: Holding corporate leadership accountable. *Organizational Dynamics*, 27 (1): 7 - 20.

107. D. Sharma, S. Peta A. 1997. The Impact of Impending Corporate Failure on the incidence and Magnitude of Discretionary Accounting Policy Changes. *British Accounting Review*, 29 (2): 129 - 153.

108. Davidson R. A. , Neu D. 1993. A Note on the Association between Audit Firm Size and Audit Quality. *Contemporary Accounting Researeh*, 6 (Spring): 479 - 488.

109. DeAngelo Harry, DeAngelo Linda, Skinner Douglas J. 1994. Accounting Earnings and Cash Flows as Measures of Firm Performance: The Role of Accounting Accruals. *The Journal of Accounting and Economics*, 18: 3 - 42.

110. DeAngelo Harry, DeAngelo Linda, Skinner Douglas J. 1994. Accounting choice in troubled companies. *Journal of Accounting and Economics*, 17 (1 - 2): 113 - 143.

111. DeAngelo L. E. 1981. Auditor independence, Low bailing and disclosure

regulatio. *Journal of Accounting and Economics*, 3 (2): 113 - 127.

112. DeAngelo L. E. 1981. Auditor size and audit qualit. *Journal of Accounting and Economics*, 3 (3): 183 - 199.

113. DeAngelo Linda Elizabeth. 1986. Accounting Numbers as Market Valuation Substitutes: A Study of Management Buyouts of Public Stockholders. *Accounting Review*, 61 (3): 400 - 421.

114. DeAngelo Linda Elizabeth. 1988. Managerial Competition, Information Costs, and Corporate Governance: The Use of Accounting Performance Measures In Proxy Contests. *Journal of Accounting and Economics*, 10 (1): 3 - 36.

115. Dechow Patricia M., Dichev Ilia D. 2002. The quality of accruals and earnings: The role of accrual estimation errors. *The Accounting Review*, 77 (Supplement): 35 - 59.

116. Dechow Patricia M., Skinner Douglas J. 2000. Earnings Management: Reconciling the Views of Accounting Academics, Practitioners, and Regulators. *Accounting Horizons*, 14 (2): 235.

117. Dechow Patricia M., Sloan Richard G. 1991. Executive incentives and the horizon problem: An empirical investigation. *Journal of Accounting and Economics*, 14 (1): 51 - 89.

118. Dechow Patricia M., Kothari S. P., L Watts Ross. 1998. The relation between earnings and cash flows. *Journal of Accounting and Economics*, 25 (2): 133 - 168.

119. Dechow Patricia M., Richardson Scott A., Tuna Irem. 2003. Why Are Earnings Kinky? An Examination of the Earnings Management Explanation. *Review of Accounting Studies*, 8 (2): 355 - 384.

120. Dechow Patricia M., Sloan Richard G., Sweeney Amy P. 1995. Detecting Earnings Management. *The Accounting Review*, 70 (2): 193 - 225.

121. Dechow Patricia Richard, Sloan Richard G., Amy P. Hutton. 1996. Causes and Consequences of Earnings Manipulation: An Analysis of Firms Subject to Enforcement Actions by the Sec. *Contemporary Accounting Research*, 13 (2): 1 - 36.

122. DeFond M. L., Jiambalvo J. 1993. Factors Related to Auditor-client Disagreements over Income-increasing Accounting Methods. *Contemporary Accounting Research*, 9 (2): 415 - 431.

123. DeFond Mark L. 1997. Smoothing Income In Anticipation of Future Earnings. *Journal of Accounting and Economics*, 23 (2): 115 - 139.

124. DeFond Mark L. , Jiambalvo James. 1991. Incidence and circumstances of accounting errors. *The Accounting Review*, 66: 643 – 655.

125. DeFond Mark L. , Jiambalvo James. 1994. Debt covenant violation and manipulation of accruals. *Journal of Accounting and Economics*, 17 (1–2): 145 – 176.

126. Degeorge F. , Patel J. , Zeckhauser R. 1999. Earnings Management to Exceed Thresholds. *Journal of Business*, 72 (1): 1 – 33.

127. Demsetz Harold, Lehn Kenneth. 1985. The Structure of Corporate Ownership: Causes and Consequences. *Journal of Political Economy*, 93 (6): 1155 – 1177.

128. Dorothy A. McMullen, Ragahunandan K. 1996. Internal Control Reports and Financial Reporting Problems. *Accounting Horizons*, 12: 67 – 75.

129. Elitzur R. Ramy, Yaari Varda. 1995. Executive incentive compensation and earnings manipulation in a multi-period setting. *Journal of Economic Behavior & Organization*, 26 (2): 201 – 219.

130. Elliott J. Hanna. 1996. Repeated accounting write-offs and the information content of earnings. *Journal of Accounting Research*, 34 (Supplement): 135 – 155.

131. Fama Eugene F. 1980. Banking in the theory of finance. *Journal of Monetary Economics*, 6 (1): 39 – 57.

132. Fama Eugene F. , French Kenneth R. 1997. Industry costs of equity. *Journal of Financial Economics*, 43 (2): 153 – 193.

133. Fama, Jensen. 1983. Separation of ownership and control. *Journal of Law and Economies*, 25 (June): 327 – 349.

134. Flora Guidry, Andrew J. Leone, Steve Rock. 1999. Earnings-Based Bonus Plans and Earnings Management by Business Unit Managers. *Journal of Accounting and Economics*, 26 (1 – 3): 113 – 142.

135. Forker J. 1992. Corporate governance and disclosure quality. *Accounting and Business Research*, 86: 111 – 124.

136. Francis Jennifer, Lafond Ryan, Olsson Per, et al. 2005. The market pricing of accruals quality. *Journal of Accounting and Economics*, 39 (2): 295 – 327.

137. Gaver Jennifer J. , Gaver Kenneth M. , Austin Jeffrey R. 1995. Additional evidence on bonus plans and income management. *Journal of Accounting and Economics*, 19 (1): 3 – 28.

138. Gopal V. Krishnan. 2003. Audit quality and the pricing of discretionary accruals. *Auditing: A Journal of Practice and Theory*, 22 (1): 109 – 134.

139. Guay Wayne R. , Kothari S. P. , Watts Ross L. 1996. A Market-Based Evaluation of Discretionary Accrual Models. *Journal of Accounting Research*, 34: 83 – 105.

140. Guttman I. , Kadan O. , Kandel E. 2006. A Rational Expectations Theory of Kinks in Financial Reporting. *Accounting Review*, 81 (July): 811 – 848.

141. Hagerman Robert L. , Zmijewski Mark E. 1979. Some economic determinants of accounting policy choice. *Journal of Accounting and Economics*, 1 (2): 141 – 161.

142. Hart Oliver D. 1983. The Market Mechanism as an Incentive Scheme. *Bell Journal of Economics*, 14 (2): 366 – 382.

143. Hart Oliver D. 1995. Corporate Governance: Some Theory and Implication. *The Economic Journal*, 105 (May): 678 – 689.

144. Hart Oliver D. , Tirole Jean. 1988. Contract Renegotiation and Coasian Dynamics. *Review of Economic Studies*, 55: 509 – 540.

145. Healy Paul M. 1985. The Effect of Bonus Schemes On Accounting Decisions. *Journal of accounting and Economics*, 7 (1 – 3): 85 – 107.

146. Healy Paul M. , Palepu Krishna G. 1990. Effectiveness of Accounting-Based Dividend Covenants. *Journal of Accounting and Economics*, 12 (1 – 3): 97 – 124.

147. Healy Paul M. , Wahlen James Michael. 1999. A Review of the Earnings Management Literature and its Implications for Standard Setting. *Accounting Horizons*, 13 (4): 365 – 383.

148. Holthausen Robert W. 1981. Evidence on the effect of bond covenants and management compensation contracts on the choice of accounting techniques: The case of the depreciation switch-back. *Journal of Accounting and Economics*, 3 (1): 73 – 109.

149. Holthausen Robert W. , Leftwich Richard W. 1983. The Economic Consequences of Accounting Choice: Implications of Costly Contracting and Monitoring. *Journal of Accounting and Economics*, 5 (April): 77 – 117.

150. Hong Xie. 2001. Are discretionary accruals mispriced a reexamination. *The Accounting Review*, 76 (3): 357 – 373.

151. Hribar Paul, Collins Dan. 2002. Errors in estimating accruals: Implications for empirical research. *Journal of Accounting Research*, 40 (1): 105 – 134.

152. Igor Goncharov, Jochen Zimmermann. 2007. Do Accounting Standards Influence the Level of Earnings Management? Evidence from Germany. *Swiss Journal of*

Business Research and Practice, 61 (5): 371 – 388.

153. James A. Ohlson. 1980. Financial Ratio and the Probabilistic Prediction of Bankruptcy. *Journal of Accounting Research*, 18 (1): 109 – 131.

154. Jensen Michael C. 1993. The Modern industrial revolution, exit, and the failure of internal control systems. *Journal of Finance*, 48 (July): 831.

155. Jeter Debra C. , Shivakumar Lakshmanan. 1999. Cross-sectional estimation of abnormal accruals using quarterly and annual data: Effectiveness in detecting event-specific earnings management. *Accounting and Business Research*, 29 (4): 299 – 319.

156. John Kose, Senbet Lemma W. 1998. Corporate governance and board effectiveness. *Journal of Banking & Finance*, 22 (4): 371 – 403.

157. John M. Friedlan. 1994. Accounting Choices of Issuers of Initial Public Offerings. *Contemporary Accounting Research*, 11 (1): 1 – 31.

158. Jones Jennifer J. 1991. Earnings Management During Import Relief Investigations. *Journal of Accounting Research*, 29 (2): 193 – 228.

159. Joseph P. H. , T J. Wong. 2002. Corporate Ownership Structure and the Informativeness of Accounting Earnings In East Asia. *Journal of Accounting and Economics*, 33 (3): 401 – 425.

160. Kang Sok-Hyon, Sivaramakrishnan K. 1995. Issues in Testing Earnings Management and an Instrumental Variable Approach. *Journal of Accounting Research*, 33 (2): 353 – 367.

161. Kaplan Robert. 1985. Evidence of the effect of bonus schemes on accounting procedure on accruals decisions. *Journal of Accounting and Economics*, 7 (1 – 3): 109 – 113.

162. Kiel Geoffrey C. 2003. Corporate governance options for the local subsidiaries of multinational enterprises. *Corporate Governance*, 14 (6): 568 – 576.

163. Klein April. 1990. Board of Director Characteristics, and Earnings Management. *Journal of Accounting and Economics*, 33: 375.

164. Klein April. 1998. Firm Performance and Board Committee Structure. *Journal of Law and Economics*, 41: 275.

165. Klein April. 2002. Audit committee, board of director characteristics, and earnings management. *Journal of Accounting and Economics*, 33 (3): 375 – 400.

166. La Porta R. , Lopez-De-Silanes Florencio, Shleifer Andrei, et al. 1998. Law and Finance. *Journal of Political Economy*, 106 (6): 1113 – 1155.

167. La Porta R. , Lopez-De-Silanes Florencio, Shleifer Andrei. 1999. Corpo-

rate Ownership around the World. *Journal of Finance*, 54 (2): 471 -517.

168. La Porta R. , Lopez-De-Silanes Florencio, Shleifer Andrei, et al. 2000. Investor protection and corporate governance. *Journal of Financial Economics*, 58 (1 -2): 3 -27.

169. La Rafael Porta, Florencio Lopez-De-Silanes, Andrei Shleifer, et al. 2000. problems and dividend policies around the world. *Journal of Finance*, 55 (1): 1 -34.

170. Larry L. Ducharme, Paul H. Malatesta, Stephan E. Sefcik. 2004. Earnings Management, Stock Issues, and Shareholder Lawsuits. *Journal of Financial Economics*, 71: 27.

171. Lipton M. Lorsch. 1992. A modest proposal for improved corporate governance. *Business Lawyer*, 48: 59 -77.

172. Mark S. Beasley. 1996. An empirical analysis of the relation between board of director composition and financial statement fraud. *The Accounting Review*, 71 (4): 443 -465.

173. Mark S. Beasley. 1996. An Empirical Investigation of the Relation between Board of Director Composition and Financial Statement Fraud. *Accounting Review*, 71: 443 -460.

174. McNichols Maureen F. 2000. Research design issues in earnings management studies. *Journal of Accounting and Public Policy*, 19 (4 -5): 313 -345.

175. McNichols Maureen F. , Wilson G. Peter. 1988. Evidence of Earnings Management from the Provision for Bad Debts. *Journal of Accounting Research*, 26 (Supplement): 1 -31.

176. Mecklin William H. , Jensen Michael C. 1976. Theory of the Firm: Managerial Behavior, Agency Costs and Ownership Structure. *The Journal of Financial Economics*, 3 (4): 305 -360.

177. Merle Erickson, Wang Shiing-Wu. 1999. Earnings Management by Acquiring Firms in Stock for Stock Mergers. *Journal of Accounting and Economics*, 27: 149 - 176.

178. Michael C. Jensen, William H. Mecklin. 1975. Heory of the Firm Managerial Behaviour, Agency Costs and Ownership Structure. *Journal of Financial Economics*, 13: 305 -360.

179. Morck Randall, Shleifer Andrei, Vishny Robert W. 1988. Management Ownership and Market Valuation: An Empirical Analysis. *Journal of Financial Economics*, 20: 293 -315.

180. Murphy K. J. , Zimmerman J. L. 1993. Financial Performance Surrounding CEO Turnover. *Journal of Accounting and Economics*, 16 (1 - 3): 273 - 315.

181. Peasnell K. V. , Pope P. F. , Young S. 2000. Detecting earnings management using cross-sectional abnormal accruals models. *Accounting and Business Research*, 30 (4): 313 - 326.

182. Peasnell K. V. , Pope P. F. , Young S. 2000. Board Monitoring and Earnings Management: Do Outside Directors Influence Abnormal Accruals? *Journal of Business Finance & Accounting*, 32 (7 - 8): 1311 - 1346.

183. Petroni K. R. 1992. Optimistic Reporting in the Property Casualty Insurance Industry. *Journal of Accounting and Economics*, 15 (4): 485 - 508.

184. Pi Lynn, Timme Stephen G. 1993. Corporate control and bank efficiency. *Journal of Banldng and Finance*, 17 (2 - 3): 515 - 530.

185. Pourciau Susan. 1993. Earnings Management and Nonroutine Executive Changes. *Journal of Accounting and Economics*, 16 (April): 317 - 336.

186. Rajan R. Zingales. 1995. What do we know about capital structure? *Journal of Finance*, 50: 1421 - 1460.

187. Ramsay Ian, Blair Mark. 1993. Ownership Concentration, Institutional Investment and Corporate Governance: An Empirical Investigation of 100 Australian Companies. *Melbourne University Law Review*, 19 (1).

188. Rangan Srinivasan. 1998. Earnings Management and the Performance of Seasoned Equity Offerings. *Journal of Financial Economics*, 50 (1): 101 - 122.

189. Robert W. Holthausen, David F. Larcker, Richard G. Sloan. 1995. Annual bonus schemes and the manipulation of earnings. *Journal of Accounting and Economics*, 19 (1): 29 - 74.

190. Ronen Joshua, Yaari Varda Lewinstein. 2007. Earnings Management: Emerging Insights in Theory, Practice, and Research (Springer Series in Accounting Scholarship) . New York: Springer - Verlag.

191. Ross L. Watts, Jerold L. Zimmerman. 1986. Positive Accounting Theory: A Ten Year Perspective. Englewood Cliffs: Prentice Hall.

192. Schipper Katherine. 1989. Commentary On Earnings Management. *Accounting Horizons*, 3 (4): 91 - 102.

193. Shleifer Andrei, Vishny Robert. 1994. The Politics of Market Socialism. *Journal of Economic Perspectives*, 8 (2): 165 - 176.

194. Shleifer Andrei, Vishny Robert. 1997. A Survey of Corporate Governance. *The Journal of Finance*, 52 (2): 737 - 783.

195. Siew Hong Teoh, Ivo Welch T. 1998. Earnings Management and the Long-Run Market Performance of Initial Public Offerings. *The Journal of Finance*, 53 (6): 1935 – 1974.

196. Simon Johnson, Peter Boone, Alasdair Breach, et al. 2000. Corporate Governance In the Asian Financial Crisis 1997 – 1998. *Journal of Financial Economics*, 58 (1 – 2): 141.

197. Sonda Marrakchi Chtourou, Jean Bedard, Lucie Courteau. 2004. Corporate Governance and Earnings Management. *Auditing: A Journal of Practice and Theory*, 27 (2): 87 – 112.

198. Steven Young. 1999. Systematic Measurement Error in the Estimation of Discretionary Accruals: An Evaluation of Alternative Modelling Procedures. *Journal of Business Finance & Accounting*, 26 (7&8): 833 – 862.

199. Stigler George J. 1958. Perfect Competition, Historically Contem plated. *Journal of Political Economy*, 65 (1): 1 – 17.

200. Stiglitz. 1985. Credit Markets and the Control of Capital. *Journal of Money, Credit and Banking*, 17 (2): 133 – 152.

201. Teoh Siew Hong, Wong T. J. 1993. Perceived auditor quality and the earnings response coefficient. *The Accounting Review*, 68(2): 346 – 366.

202. Teoh Siew Hong, Welch Ivo, Wong T. J. 1998. Earnings management and the underperformance of seasoned equity offerings. *Journal of Financial Economics*, 50 (1): 63 – 99.

203. Teoh Siew Hong, Wong T. J., Gita R. Rao. 1998. Are Accruals during Initial Public Offerings Opportunistic? *Review of Accounting Studies*, 3 (1): 175 – 208.

204. Wahlen J. 1994. The Nature of Information in Commercial Bank Loan Loss Disclosures. *The Accounting Review*, 69 (3): 455 – 478.

205. Warfield Terry D., Wild John J., Wild Kenneth L. 1995. Managerial ownership, accounting choices, and informativeness of earnings. *Journal of Accounting and Economics*, 20 (1): 61 – 91.

206. Weisbach Michael S. 1988. Outside directors and CEO turnover. *Journal of Financial Economics*, 20 (1 – 2): 431 – 460.

207. Williams P. A. 1996. The Relation Between a Prior Earnings Forecast by Management and Analyst Response to a Current Management Forecast. *The Accounting Review*, 71 (1): 103 – 113.

208. Xie Biao, Wallace N. Davidson, Peter J. Dadalt. 2003. Earnings Man-

agement and corporate governance: The role of the board and the audit committee. *Journal of Corporate Finance*, 9: 295 – 316.

209. Yermack David. 1996. Higher market valuation of companies with a small board of directors. *Journal of Financial Economics*, 40 (2): 185 – 211.

210. Yu Qiao, Du Bin, Sun Qian. 2006. Earnings Management at Rights Issues thresholds: Evidence from China. *Journal of Banking & Finance*, 30 (12): 3453 – 3468.

致　谢

　　本书是在我的博士论文《盈余管理影响因素研究——基于公司治理的视角》基础上修改而成的。回首四年的学习生活，有太多的事值得记忆，有太多的人需要感谢。这篇论文的完成，除了自身的努力，更与各位老师、同学和朋友的关心、支持和鼓励是分不开的。

　　首先要感谢我的导师秦江萍教授，论文从选题、立意、构思到撰写、修改、定稿无不凝聚着导师的心血。秦老师不仅在学业上给予我悉心的指导和教诲，在生活与工作上也给了我很多帮助。她严谨的治学态度、敏锐的学术洞察力、孜孜不倦的学者风范，以及对学生的关爱之心将使我终身受益。

　　四年来，有幸聆听了经贸学院导师组高继宏教授、刘俊浩教授、李万明教授、杨兴全教授、龚新蜀教授、张红丽教授、陈旭东教授、朱磊教授、谢丽教授的谆谆教诲，言传身教，点拨指引，使我受益匪浅。他们积极的人生态度、高尚的人格魅力和严谨的治学精神，是我今后学习的榜样。

　　特别要感谢杨兴全教授、白俊博士和英国赫尔大学的 Dr. Liang. H，感谢他们对论文提出的建设性意见。在论文写作陷入困境时，与他们的有益探讨常常使我豁然开朗，思路顿开。

　　感谢我的硕士生导师刘永萍教授，是她引领我走入学术的殿堂，开启了我学术探究的历程。感谢经贸学院、网络中心以及大学研究生处的同仁，感谢你们四年来在学习和工作上给予我的关心，没有你们的支持，我也没有时间来完成本书的写作。

　　感谢四年来一起奋斗的同学白萍、王力、孔令英等，谢谢你们的鼓励与帮助。感谢硕士研究生王会娟、林俊、袁振超等同学在本书数据整理与论文校对方面的帮助，感谢张为栋、林萍、徐江平、谢军老师，感谢杨健、刘新磊同学。

　　深深地感谢我的父母给予我的理解与支持，感谢弟弟与妹妹对父母的照顾。衷心感谢我的岳母白素美女士对我与女儿在生活上无微不至的关心与照顾。感谢女儿王子涵对我未能充分关心她体现出的大度与谅解。最后由衷感谢我的妻子白俊博士，她是本书的第一读者和审稿人，作为同行，她许多直率中肯的意见和批评对本书的完成起到了重要的指导作用。

王生年

2009 年 4 月